D1722388

MOSAIK

DER GESCHICHTE AUF DER SPUR

B9

Herausgegeben
von Joachim Cornelissen • Martin Ehrenfeuchter •
Christoph Henzler • Michael Tocha • Helmut Winter

Erarbeitet
von Joachim Cornelissen • Martin Ehrenfeuchter •
Christoph Henzler • Dorina Jechnerer • Jan Koppmann •
Norbert Lorch • Gertrud Lübbecke • Julia Möhle •
Kirsten Müller • Bettina Nitsche • Wolfgang Opel •
Stefan Schipperges • Michael Tocha • Stefan Weih •
Helmut Winter

Beraten
von Christoph Cornelißen

Oldenbourg

Herausgeber und Autoren:

Joachim Cornelissen, Meerbusch

Dr. Martin Ehrenfeuchter, Königsfeld

Dr. Christoph Henzler, Krumbach

Dorina Jechnerer, Ansbach

Jan Koppmann, Berg

Dr. Norbert Lorch, Harthausen-Rettenbach

Gertrud Lübbecke, Arnstadt

Julia Möhle, Augsburg

Kirsten Müller, Ratingen

Bettina Nitsche, Ingolstadt

Wolfgang Opel, Sachsen bei Ansbach

Dr. Stefan Schipperges, Offenburg

Michael Tocha, VS-Pfaffenweiler

Stefan Weih, Karlsruhe

Helmut Winter, Meerbusch

Wissenschaftlicher Berater:

Prof. Dr. Christoph Cornelißen, Universität Kiel

Zu den Kapiteleingangsbildern:

S. 10–11: Reichsparteitag in Nürnberg (1938); Werbeprospekt für den Kraft-durch-Freude-Wagen (1938); Leichenverbrennung in Dresden (1945); Tor zum Konzentrationslager Auschwitz; Kinder am Tag der Befreiung von Auschwitz, (27. Januar 1945)

S. 70–71: Einmarsch westalliierter Truppen in Bensheim (Hessen) im Frühjahr 1945; Unterzeichnung des Grundgesetzes durch Konrad Adenauer am 23. Mai 1949

S. 96–97: Titelseite der „Bildzeitung" vom 16. August 1961; ein Soldat der Nationalen Volksarmee nutzt die Chance zum Sprung in den Westteil von Berlin (16. August 1961)

S. 130–131: Koreakrieg 1950; US-amerikanische Truppen treffen in Pusan (Südkorea) ein; „Non Violence" (Denkmal von Karl Reuterswärd auf dem Platz der Vereinten Nationen in New York); „Guten Morgen, Afrika!" (sowjetisches Plakat, 1960); französisches Plakat für die Europäische Verteidigungsgemeinschaft „Vereintes Europa – Garantie für den Frieden. Frieden und Freiheit" (1951)

Das Papier ist aus chlorfrei gebleichtem Zellstoff hergestellt, ist säurefrei und recyclingfähig.

© 2007 Oldenbourg Schulbuchverlag GmbH, München, Düsseldorf, Stuttgart
www.oldenbourg-bsv.de

1. Auflage 2007 R06
Druck 10 09 08 07
Die letzte Zahl bezeichnet das Jahr des Drucks.

Alle Drucke dieser Auflage sind untereinander unverändert und im Unterricht nebeneinander verwendbar.

Umschlagkonzept: Mendell & Oberer, München
Umschlaggestaltung und Layoutkonzept: Groothuis · Lohfert · Consorten GmbH, Hamburg
Lektorat: Dr. Karin Friedrich, Margret Bartoli (Assistenz)
Herstellung: Eva Fink
Karten und Grafiken: Achim Norweg, München
Satz und Reproduktion: artesmedia GmbH, München
Druck: Himmer AG, Augsburg

ISBN 978-3-486-**00019**-1
ISBN 978-3-637-**00019**-3 (ab 1.1.2009)

Was ich bisher gelernt habe (1750 – 1927/28)

Revolution in Frankreich. Gegen Ende des 18. Jh. kam es in Frankreich zu gewaltsamen Auseinandersetzungen zwischen dem Bürgertum und den herrschenden Schichten, dem Adel und dem König. Statt absolut regierender Monarchen sollte die Vernunft des Volkes stehen und die Herrschaft durch Verfassungen gesichert werden.

Aufgrund der stetig steigenden Staatsschulden und der damit einhergehenden hohen Abgabeforderungen kam es im Sommer 1789 zu revolutionären Unruhen. Der dritte Stand, Hauptträger dieser Abgabenlast und ohne jegliche politische Mitspracherechte, erreichte die Ausarbeitung einer Verfassung mit Freiheits- und Gleichheitsrechten für den Großteil der männlichen Bürger (1791). Die Stimmung in Frankreich wurde in den folgenden Jahren immer gewaltbereiter. Die Gruppe der Jakobiner unter ihrem Führer Maximilien Robespierre setzte sich für die Gleichheit aller Bürger ein und forderte erfolgreich die Hinrichtung des Königs (1793). Unter dem Vorwand, Tugend und Gerechtigkeit durchzusetzen, wurden zwischen 1793 und 1794, der Zeit des sogenannten „Terreur", an die 30000 Bürger als Gegner der Revolution unter der Guillotine hingerichtet. Erst als Robespierre selbst angeklagt und hingerichtet wurde, endete diese Schreckensherrschaft. Die Macht ging in die Hände des Besitzbürgertums über. Ein Direktorium von fünf Männern übernahm die Regierungsgeschäfte.

Napoleon verändert Europa. Im Verlauf der Kriege Frankreichs mit den Gegnern der Revolution, Österreich, Preußen und England, war ein junger General populär geworden: Napoleon Bonaparte. Als die Unruhen im Inneren immer größer wurden, stürzte er 1799 das Direktorium, erklärte die Revolution für beendet und ernannte sich selbst zunächst zum „Ersten Konsul", 1804 sogar zum Kaiser der Franzosen.

Unter Napoleon setzte man wichtige Forderungen der Revolution dauerhaft um. Die Festschreibung bürgerlicher Freiheitsrechte im „Code Civil" wurde zum Vorbild für das Rechtswesen in großen Teilen Europas.

Napoleon wollte die liberalen Ideen Frankreichs auf ganz Europa ausweiten und begann einen einzigartigen Eroberungszug. 1806 besiegte er Preußen, löste das „Heilige Römische Reich Deutscher Nation" auf und ordnete die Gebiete in Deutschland neu. Bereits zu Beginn des Jahres erhob er Bayern zum Königreich. Sein Eroberungsdrang scheiterte 1812/13 in Russland, wo seine über 600 000 Mann starke Armee im Winter fast völlig aufgerieben wurde. 1813 erlitt Napoleon in der Völkerschlacht bei Leipzig eine Niederlage und wurde anschließend verbannt. Nach über 25 Jahren Revolution und Krieg legten Herrscher und Staatsmänner auf dem Wiener Kongress 1814/15 eine neue Friedensordnung für Europa fest und stellten die Herrschaft der Fürsten wieder her („Restauration").

Restauration und Revolution in Deutschland. In den deutschen Ländern waren die nationalen und liberalen Kräfte über die politische Entwicklung tief

enttäuscht. Unruhen wurden von den Monarchen unter Führung des österreichischen Kanzlers Metternich niedergeschlagen, jegliche Opposition verboten (1819 Karlsbader Beschlüsse). Als es 1830 in Frankreich zu revolutionären Aufständen kam, regten sich auch im Deutschen Bund wieder nationale Kräfte. Auf Schloss Hambach trafen sich 1832 ca. 30000 Menschen zu einer ersten demokratisch-republikanischen Massenveranstaltung.

Anfang 1848 fanden in weiten Teilen Europas revolutionäre gewaltsame Erhebungen von Bürgern statt, die im März auch auf die deutschen Länder übergriffen. Die Revolution schien zunächst erfolgreich zu verlaufen. Nach den ersten freien Wahlen in Deutschland konstituierte sich in der Frankfurter Paulskirche eine gesamtdeutsche Nationalversammlung. Die Abgeordneten entschieden sich für eine konstitutionelle Monarchie mit Grundrechten für alle Bürger, an deren Spitze der preußische König als deutscher Kaiser stehen sollte. König Friedrich Wilhelm IV. hatte allerdings inzwischen militärisch die Lage wieder in der Hand und verabscheute die bürgerliche Nationalversammlung, weswegen er die Kaiserkrone ablehnte, die ihm eine Abordnung des Parlaments 1849 antrug. Damit war die Revolution gescheitert.

Die Industrialisierung in Deutschland. Sie setzte Jahrzehnte nach der englischen Entwicklung ein. Grund dafür waren die vielen Kleinstaaten mit ihren Handelsbeschränkungen und Zöllen sowie die Ständegesellschaft mit fehlenden persönlichen Freiheiten. Schrittmacher der Industrie wurde die Eisenbahn. Die Vereinheitlichung des Wirtschaftsraumes durch den Zollverein, später durch die Reichsgründung 1871, ermöglichten ein rasches Wirtschaftswachstum und führten zu einem wirtschaftlichen Boom, der Deutschland zu einer der größten Industrienationen der damaligen Zeit machte. Spitzenprodukte aufgrund von neuen Erfindungen, u. a. im Bereich Motorenbau, Elektrotechnik und Chemie, ließen die Bezeichnung „Made in Germany" zum Gütezeichen der Industrialisierung werden.

Die soziale Frage. Bereits vor der Industrialisierung hatte das gewaltige Bevölkerungswachstum mangels fehlender Nahrungsgrundlagen und Arbeitsmöglichkeiten zu Massenarmut geführt. Es kam zur verstärkten Abwanderung von Arbeitskräften vom Land zu den Fabriken in die Städte, wo die Arbeitsuchenden unter menschenunwürdigen Bedingungen in Mietskasernen auf engstem Raum wohnten. Überlange Arbeitszeiten, fehlende soziale Absicherung im Krankheitsfall oder bei Unfällen, niedrige Löhne sowie Kinder- und Frauenarbeit verschärften das

Elend der Fabrikarbeiter. Immer wieder gab es Bestrebungen, die soziale Frage zu lösen. Karl Marx und Friedrich Engels fassten die Kritik an den bestehenden Verhältnissen im „Kommunistischen Manifest" (1848) zusammen. Die Arbeiterschaft begann, sich in Gewerkschaften und sozialistischen Parteien zu organisieren. Aber auch die Kirchen, die Unternehmer und der Staat suchten nach Lösungen. 1883 schließlich wurde die staatliche Sozialpolitik mit Gesetzen zur Kranken-, Unfall- und Altersversicherung begründet.

Das deutsche Kaiserreich (1871–1918). Otto von Bismarck wurde 1862 von König Wilhelm I. zum preußischen Ministerpräsidenten ernannt. Er wollte Deutschland unter preußischer Vorherrschaft einen. Krieg war für ihn ein legitimes Mittel zur Durchsetzung seiner Ziele. In drei Kriegen gegen Dänemark (1864), Österreich (1866) und Frankreich (1870/71) schuf er die Voraussetzungen für das deutsche Kaiserreich, das am 18. Januar 1871 im Spiegelsaal des Schlosses von Versailles bei Paris ausgerufen wurde. Damit war Deutschland geeint.

Das Parlament hatte im Verhältnis zum Kaiser und dem Reichskanzler eine relativ schwache Stellung, die Verfassung enthielt weder Menschen- noch Grundrechte. Da das Kaiserreich mit militärischen Erfolgen erfochten wurde, besaß das Militär sehr großes Ansehen. Gehorsam gegenüber Autoritäten war von großer Wichtigkeit. Andersdenkende und Minderheiten wurden verfolgt und in ihren Rechten eingeschränkt: Sozialdemokraten, Katholiken oder auch die polnische Minderheit im Osten des Reichs waren lange Zeit harten Verfolgungen und Schikanen ausgesetzt. Nicht zuletzt hatte die jüdische Bevölkerung bereits im Kaiserreich mit starkem Antisemitismus zu kämpfen. Zugleich konnte das Kaiserreich auch viele Erfolge verzeichnen: Ein beispielloser wirtschaftlicher Aufschwung sorgte für wachsenden Wohlstand breiter Schichten.

Imperialismus – Streben nach der Weltmacht. Die Suche nach Rohstoffen und Absatzmärkten, aber auch ein Gefühl der Überlegenheit der europäischen Kultur und der weißen „Rasse" führten dazu, dass die europäischen Mächte große Gebiete Afrikas und Asiens zu gewinnen such-

EN CHINE
Le gâteau des Rois et... des Empereurs

ten. Wie viele andere wollte auch Deutschland die Macht des eigenen Staates weit über seine Grenzen hinaus ausdehnen. Seine größten Besitzungen waren Deutsch-Ostafrika (heute Tansania) und Deutsch-Südwestafrika (heute Namibia). Immer wieder kam es zu Aufständen der kolonisierten Völker gegen die meist nur ihre eigenen Ziele verfolgenden europäischen Kolonialherren (z. B. zum Hereroaufstand).

Der Erste Weltkrieg (1914–1918). Während Bismarck durch seine Bündnispolitik bemüht war, Frieden in Europa zu erhalten, änderte sich dieses Bestreben nach Bismarcks Entlassung unter der Regentschaft Wilhelms II. Das Wettrüsten in Europa begann. Deutschland und Österreich-Ungarn standen England, Russland und Frankreich gegenüber. Jeder Konflikt drohte in einen europäischen Krieg zu münden. Als im Juni 1914 in Sarajewo der österreichische Thronfolger von einem serbischen Nationalisten ermordet wurde, löste dies ab dem 1. August 1914 eine Kettenreaktion der Kriegserklärungen aus. Schon nach wenigen Kriegswochen kam es an den Fronten zu einem mörderischen Stellungskrieg. Die Schlacht um die Festung Verdun 1916 wurde zum Symbol die-

ses sinnlosen, maschinellen und massenhaften Tötens. Der Eintritt Amerikas 1917 entschied den Krieg zugunsten der Westalliierten. Neun Millionen Menschen hatten bei Kriegsende 1918 ihr Leben verloren. Alte Mächte gingen unter, neue Staaten entstanden. Eine weltgeschichtliche Folge des Ersten Weltkriegs war die Revolution in Russland 1917. Das Zarenreich zerbrach, Russland wurde Republik. 1922 kam es zur Gründung der „Union der Sozialistischen Sowjetrepubliken" (UdSSR).

„In Europa gehen die Lichter aus", hatte bei Kriegsbeginn 1914 der englische Politiker Sir Edward Grey geurteilt. Würde es den Politikern gelingen, durch eine gerechte Friedensordnung die Lichter Europas im 20. Jh. wieder anzumachen?

Die Weimarer Republik (1918/19–1928). Mit der Novemberrevolution 1918 in Deutschland gingen sowohl das Kaiserreich als auch die Monarchien in den einzelnen deutschen Ländern des Reichs unter. In Berlin hatte der letzte kaiserliche Reichskanzler sein Amt dem SPD-Vorsitzenden Friedrich Ebert übergeben. Dieser suchte zur Stabilisierung der politischen Lage die Verbindung zu den Militärs, die linksradikale Aufstände im ganzen Reich niederschlugen. Im Januar 1919 kam es zur Wahl einer Verfassunggebenden Nationalversammlung, die in Weimar eine Verfassung für die neue Republik ausarbeitete. Friedrich Ebert wurde der erste Präsident.

Doch die Anfangsjahre der Weimarer Republik, grundsätzlich unter dem Schatten des Versailler Friedensvertrags stehend, waren von Putschversuchen, politischen Morden und 1923 von einer verheerenden Inflation geprägt. Auch Adolf Hitler versuchte in diesem Jahr erfolglos, in München an die Macht zu kommen. Die dann folgenden Jahre, die sogenannten „Goldenen Zwanziger", zeigten, dass sich die Situation innenpolitisch beruhigte, nicht zuletzt durch die sich erholende Wirtschaft verbunden mit einer Reihe von sozialpolitischen Errungenschaften (z. B. Achtstundentag, Anerkennung der Gewerkschaften, Einrichtung von Arbeitslosenversicherungen). Auf den Gebieten der Technik, Wissenschaften und der Kunst kam es zu einem weltweit beachteten Aufschwung. Gleichzeitig gelang es Außenminister Stresemann, Deutschland wieder in den Kreis der europäischen Mächte zurückzuführen. Mit der Verleihung des Friedensnobelpreises 1926 an Stresemann und seinen französischen Kollegen Briand verband man die Hoffnung auf einen neuen politischen Weg in Europa.

1919 – 1933 Weimarer Republik | **1933 – 1945 NS-Diktatur/„Drittes Reich"**

1928/29   1930   1935   1940   19

1930 – 1933
Präsidialkabinette

1938
Münchner Abkommen
9. Nov. 1938
Novemberpogrom

1944 – 1948 Flucht u
Vertreibung von Deutsche
aus den Ostgebiete

ab 1943
„totaler Krieg"

20. Juli 194
Attentat auf Hitle

30. Januar 1933
Hitler Reichskanzler
„Ermächtigungsgesetz"

1. Sept. 1939
Beginn des Zweiten Weltkriegs

1929
Weltwirtschafts-
krise

1934 Bayern wird gleichgeschaltet

ab 1942 Auschwitz Vernichtungslager

systematische Vernichtung
der europäischen Juden

Alliierte Herrschaft Besatzungszonen	1949 Gründung der beiden deutschen Staaten

| 1945 | | | | | 1950 | | | | 1955 | | | | 1960 | 1961 | | 1963 |

1 9 4 9 – 1 9 6 3 „Ä r a A d e n a u e r "

April 1949 Gründung der NATO

23. Mai 1949 Grundgesetz der Bundesrepublik Deutschland
Oktober 1949 Verfassung der DDR

1950 – 1953 Koreakrieg

17. Juni 1953
Volksaufstand in der DDR

1963 Dt.-Frz.
Freundschafts-
vertrag

8./9. Mai 1945
bedingungslose Kapitulation
der deutschen Wehrmacht

Juni Gründung der UNO

Juli/August Konferenz
von Potsdam

1955 Gründung des Warschauer Pakts

1956 Aufstand in Ungarn

1957 Gründung der Europäischen
Gemeinschaft (EWG)

1961 Bau der Berliner Mauer

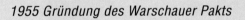

August
Atombombenabwurf
über Hiroshima und Nagasaki
Japan kapituliert

1946 Verfassung Bayerns
ab 1947 Containment-Politik /
Marshallplan

1948 Währungsreform
Berlinblockade

MARSHALL·PLAN

72 Deutschland nach dem Krieg 1945–1949

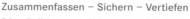

Nationalsozialismus – Zweiter Weltkrieg – Völkermord

Das politische Gesicht Europas wandelt sich

Wunsch nach einem autoritären Staat. Nach dem Ende des Ersten Weltkriegs sehnten sich die Menschen nach Ruhe und Ordnung und einem gesicherten wirtschaftlichen Leben. Doch nicht selten wurden die demokratischen Politiker als zu schwach empfunden, um die vielerorts fast als unlösbar erscheinenden wirtschaftlichen und sozialen Probleme zu lösen. Zugleich kam in konservativen Teilen der Bevölkerung die Befürchtung auf, dem Kommunismus könnte kein Einhalt geboten werden. Hier hatten radikale politische Gruppierungen mit ihren oft nationalistischen Parolen und einfachen Antwortmustern im Rahmen eines autoritären Staates für nicht wenige einen akzeptablen Lösungsweg. Denn eine derartige Staatsform beließ dem Einzelnen immer noch dessen privaten Bereich und vereinnahmte die Bürger nicht vollständig in einem straff geführten Staatsbetrieb. Träger dieser Gesellschaftsordnung waren kleine privilegierte Schichten, wie Großgrundbesitzer, Offiziere oder Parteifunktionäre.

Von diesen autoritären Strukturen waren es nur kleine Schritte, um in einem Staat ein totalitäres Herrschaftssystem, also die totale Durchdringung der Gesellschaft auf allen Ebenen und auf der Basis einer Ideologie als politisches Lehrgebäude durchzusetzen (▷ Totalitarismus).

Das 20. Jahrhundert gilt als „Zeit der Ideologien" (deutscher Historiker Karl D. Bracher), die in drei verhängnisvollen diktatorischen Herrschaftssystemen politische Gestalt angenommen haben: im italienischen ▷ Faschismus, im russischen Kommunismus und im deutschen Nationalsozialismus. Letzterer war das folgenschwerste, riss er doch Europa und schließlich die Welt in den Zweiten Weltkrieg und verübte in seinem ideologisch begründeten Rassenwahn einen Völkermord ohne Beispiel.

Faschismus. Der Begriff „totalitär" für ein, den Staat völlig beherrschendes politisches Regime war erstmals in den 20er-Jahren von italienischen Liberaldemokraten für die Herrschaft Mussolini benutzt worden. Die Faschisten (lat. fascio = Rutenbündel mit Beil, das als Zeichen der Strafgewalt den höchsten römischen Beamten vorangetragen worden war) hatten eine Parteidiktatur errichtet, in der die Befehlsstruktur klar von oben nach unten organisiert war (▷ Führerprinzip). Sie besaßen uniformierte und bewaffnete Abteilungen und bejahten ausnahmslos die Gewalt in der politischen Auseinandersetzung. Mit Massenkundgebungen, Aufmärschen oder Fahnenweihen versuchten sie, eine „Volksgemeinschaft" zu propagieren. Ihnen allen war ein kompromissloser Vernichtungswillen gegenüber politischen Gegnern (besonders Kommunisten) sowie – letztlich willkürlich ausgewählten – Minderheiten (besonders gegen jüdische Mitbürger) eigen. Die nationalsozialistische Diktatur in Deutschland bezeichnete sich aber selbst nicht als faschistisch, um ihren Charakter als deutsche und nicht als internationale Bewegung zu betonen.

▷ **Stalinismus.** Nach der Oktoberrevolution 1917 und dem anschließenden Bürgerkrieg hatte sich die Kommunistische Partei unter Lenin durchgesetzt. Mithilfe der Partei begann er, die Sowjetunion nach der Ideologie des Kommunismus umzugestalten. Nach Lenins Tod setzte sich Josef Stalin an die Spitze der Partei und errichtete ein ganz auf seine Person zugeschnittenes diktatorisches und bürokratisches Herrschaftssystem. Ziel war es, in relativ kurzer Zeit die Sowjetunion von einem rückständigen Agrarstaat zu einer modernen Industrie- und Militärmacht zu führen. Radikal und menschenverachtend ging Stalin dabei vor und ordnete alle Bereiche des Staates seinem Ziel unter. Millionen von Menschen verloren ihr Leben als Gegner seines Regimes.

Antworten für heute und die Zukunft. Um Gefahren für Demokratie, Freiheit und Menschenrechte frühzeitig wahrzunehmen und diesen richtig zu begegnen, müssen wir viele Fragen beantworten: Welche wesentlichen Elemente beinhaltete die Ideologie von Diktatoren wie Hitler, Stalin und Mussolini? Wie konnten diese Diktaturen entstehen? Wie kamen die Nationalsozialisten an die Macht und wie sicherten sie ihre Herrschaft? Was war daran so anziehend für einen Großteil des Volkes? Welche Mittel und Methoden wurden zur Beeinflussung der Bevölkerung eingesetzt? Wie konnte es geschehen, dass der Einzelne und seine Rechte nicht mehr zählten? Was kennzeichnete die Art der deutschen Kriegsführung? Wodurch unterscheidet sich der nationalsozialistische Terror und Völkermord von anderen historischen Beispielen? Welche Möglichkeiten der Reaktion auf die Diktatur gab es?

M1 Politische Systeme – Europa 1937

Legende:
- Faschistische Diktaturen
- Autoritäre Regime
- Kommunistische Diktatur
- Parlamentarische Demokratien
- 1926 Jahr der Errichtung einer Diktatur bzw. eines autoritären Regimes
- Staatsgrenzen 1937

M2 Gemeinsamkeiten unterschiedlicher Regime

Der Historiker Imanuel Geiss vergleicht die Systeme in Russland und Deutschland, die er unter dem Begriff „Totalitarismen" zusammenfasst:

Sie entsprangen russischen bzw. deutschen Niederlagen im Ersten Weltkrieg, waren totalitäre Verarbeitungen des „Kriegserlebnisses". Beide beriefen sich auf den seit dem 19. Jahrhundert als fortschrittlich und modern geltenden
5 Sozialismus, unterdrückten die in komplexen Gesellschaften üblichen Differenzen und Spannungen gewaltsam hinter der Fassade blockartig geschlossener Einparteienherrschaft. Gemeinsam war ihnen der totale Zugriff auf Individuum und Gesellschaft, u. a. zur Schaffung eines „Neuen Menschen".
10 Die Methoden politischer Organisation, die Militarisierung des Lebens und die Unterdrückung (Repression) waren ähnlich und zeugten von gegenseitiger Beeinflussung.
Das hoch industrialisierte Deutschland lenkte seine unterdrückten Spannungen nach außen, in die Expansion, die rie-
15 sige, noch überwältigend agrarische UdSSR nach innen: Die Opfer der NS-deutschen Massenverbrechen waren meist Nichtdeutsche, die Hitler erst mit Krieg überzog, um ihrer habhaft zu werden, die kommunistischer Massenverbrecher meist eigene Staatsangehörige.

Zitiert nach Imanuel Geiss: Europa – Vielfalt und Einheit: eine historische Erklärung, Mannheim (BI-Taschenbuch-verlag) 1993, S. 106f.

1 Betrachte die Karte M1. Stelle die europäischen Staaten nach ihren Entstehungsdaten zusammen, in denen sich autoritäre, faschistische oder kommunistische Diktaturen entwickelten. Was fällt dir an der Entwicklung der Herrschaftsformen in Europa auf?

2 Ordne tabellarisch die verschiedenen diktatorischen Systeme (Autorentext) und arbeite ihre Gemeinsamkeiten und Unterschiede heraus. Beziehe dann die Quelle M2 mit ein.

3 Die Nationalsozialisten nannten das von ihnen beherrschte Deutschland „Drittes Reich". Finde heraus, welche zwei deutschen Reiche es vorher gegeben hat und wie lange sie existierten.

4 Führt zu zweit oder dritt ein stilles Schreibgespräch. Schaut euch dazu die Bilder auf den Seiten 10–11 an. Entscheidet euch für ein Bild, schreibt auf, was euch dazu einfällt. Nach ein bis zwei Sätzen wechselt jeweils der Schreiber. Bezieht euch auf das vorher Notierte und setzt es mit euren Gedanken fort. Nach 5–6 Runden könnt ihr euer Schreibgespräch anderen Gruppen vorstellen.

Die Sowjetunion unter Stalin

Stabilisierung nach dem Bürgerkrieg. 1926 erreichte die Sowjetunion wieder den Produktionsstand der Vorkriegszeit. Diese enorme Leistung war aufgrund einer „gemischten" Wirtschaft aus staatlicher Lenkung und privater Initiative möglich geworden. So standen z. B. die industrielle Produktion, das Bankwesen und der Außenhandel unter strenger staatlicher Kontrolle. Die für den Markt produzierenden kleinen Bauernwirtschaften blieben – im Gegensatz zu den kommunistischen Ideen – in privater Hand. Die 20er-Jahre bedeuteten für den jungen Staat eine Blütezeit des kulturellen Lebens. Die Experimentierfreudigkeit der russischen Malerei der Moderne und die Filmproduktion strahlten in andere Länder aus. Intellektuelle, Künstler und Journalisten aus Europa und den USA bereisten die Sowjetunion und berichteten begeistert von den Neuerungen im Erziehungswesen, von den Anstrengungen einer allgemeinen Alphabetisierung der Bevölkerung und der konsequenten Politik einer Gleichberechtigung der Frauen.

Der Aufstieg eines neuen Diktators. In den Machtkämpfen nach dem Tode Lenins 1924 setzte sich der Georgier Josef W. Dschugaschwili, genannt Stalin (1879–1953), durch. Als Generalsekretär der Kommunistischen Partei verfügte er seit 1922 über eine große Machtfülle und baute den Parteiapparat zu seinem Machtinstrument aus. Mithilfe treu ergebener Funktionäre gelang Stalin die Ausschaltung aller seiner Kritiker innerhalb der Partei. Zwischen 1927 und dem Zweiten Weltkrieg entstand unter ihm ein bürokratisch-diktatorisches Regime ohne jede Kontrolle durch unabhängige Gerichte. Stalin konzentrierte alle Macht in seinen Händen und errichtete einen Polizeistaat, der mit systematischem Terror alle Menschen verfolgte, die sich angeblich gegen Stalin verschworen ▸ „Stalinismus". In der „Großen Säuberung" von 1936 bis 1939 wurden Hunderttausende nach erpressten Geständnissen und Schauprozessen getötet, darunter führende Revolutionäre von 1917, der überwiegende Teil der Generäle und des Offizierskorps. Die Zahl der Toten des Stalinschen Terrors ist schwierig zu ermitteln; die Historiker sprechen von 800 000 Ermordeten während der Zeit der „Großen Säuberung" und von sieben bis neun Millionen Toten in den Arbeitslagern und bei Deportationen.

Industrialisierung um jeden Preis. Zur Zeit der Weltwirtschaftskrise verlegte sich die Sowjetunion auf die „wissenschaftliche oder sowjetische Planung", um unter Aufbietung aller Kräfte wirtschaftlich den Anschluss an die fortgeschrittenen Industrieländer zu finden. Außerdem sollte durch diese Anstrengungen die Überlegenheit der Planwirtschaft gegenüber der von der Weltwirtschaftskrise geschüttelten Marktwirtschaft bewiesen werden. Der Fünfjahresplan von 1929 legte die Mengen der zu produzierenden Güter, die Löhne und die Preise fest. Die ehrgeizigen Planziele wurden nie erfüllt, doch gelang in den Bereichen Kohleförderung, Stahlerzeugung, Elektrizitätsgewinnung und in der Rüstungsindustrie ein gewaltiger Entwicklungssprung. Neue Industrieanlagen entstanden überall im Land abseits der traditionellen Industriegebiete, damit die Vorteile der Modernisierung in allen Provinzen spürbar wurden. Zugleich fehlte es aber an Konsumgütern für den täglichen Bedarf der Menschen.

Die Kollektivierung der Landwirtschaft. Parallel zur Industrialisierung des Landes wurden alle privaten Bauern enteignet. Jeweils zehn Dörfer sollten sich zu Genossenschaften (Kolchosen) oder Staatsgütern (Sowchosen) zusammenschließen und nach vorgegebenen Plänen produzieren. Die Parteipropaganda richtete sich insbesondere gegen die Kulaken (Großbauern). Nach westeuropäischen Maßstäben waren die Kulaken arme, aber selbstständige Bauern. Beschäftigte ein Kulak auch nur einen einzigen Landarbeiter, dann galt er als reich. Mit grausamsten Methoden wurden die freien Bauern ihres Besitzes beraubt, viele nach Sibirien deportiert. Die Betroffenen reagierten auf die anrückenden Parteifunktionäre mit Massenschlachtungen ihres Viehs und dem Verzehr aller ihrer Vorräte. Stalin sah sich gezwungen, die übereifrigen Funktionäre zurückzurufen. Als unmittelbare Folge der Zwangskollektivierung sank der sowjetische Viehbestand in der Zeit von 1928 bis 1933 um die Hälfte; eine gewaltige Hungersnot brach aus. Diese Katastrophe, der an die sechs bis zehn Millionen Menschen zum Opfer fielen, wurde vor der Weltöffentlichkeit verheimlicht. Erst allmählich erhöhte sich die landwirtschaftliche Produktion, sie blieb aber bis zum Ende der Sowjetunion 1991 weit hinter denen der Länder des Westens zurück.

M1 Geschichte erzählt

Eine Bäuerin erinnert sich an die Zwangskollektivierung

Ein Journalist interviewte 1988 eine ukrainische Bäuerin und schrieb deren Erinnerungen auf:

Wir wurden im Winter 1929 „entkulakisiert" ... Vater arbeitete damals in Mittelasien und war nicht bei uns. Man nahm uns alles weg: Geschirr, Möbel, Kleider. Der Großmutter wurden die Filzstiefel von den Füßen gezogen; sogar Mutters
5 Schal, den sie dem kleinen Frossja in die Wiege gelegt hatte, wurde mitsamt der Decke beschlagnahmt. Kurze Zeit wohnten wir in der Küche fremder Leute, dann deportierte man uns. Bis heute steht dieser Tag vor meinen Augen: Winter, Kälte, ich bin sieben Jahre alt, wir sind sechs Kinder, Brüder
10 und Schwestern, teils älter, teils jünger als ich. Die 15 Kilometer bis zur nächsten Bahnstation gingen wir zu Fuß. Großmutter und Frossja waren bereits in der Küche der fremden Leute gestorben. An der Bahnstation angekommen, kampierten wir mit anderen Enteigneten ein paar Tage unter
15 freiem Himmel. Ärzte gab es nicht, auch keine Feldküchen oder andere Einrichtungen. Dann wurden wir in Viehwagen verladen und am Ziel in einer Kaserne untergebracht. Mutter arbeitete rund um die Uhr in einer Fabrik. Das war zuviel für sie, sie wurde krank und kam ins Krankenhaus, wo sie drei
20 Tage später starb. Manja starb zwei Wochen später; uns brachte man in einem Kinderheim unter. Es herrschte Hunger. Wir bettelten die Köchin um Brotkrusten an ... So kam auch ich ins Krankenhaus, wo ich bis zum Frühjahr blieb. In der Zwischenzeit starb unser Bruder Lonja ...

Zitiert nach: Süddeutsche Zeitung vom 14./15. Mai 1988, Wochenendbeilage.

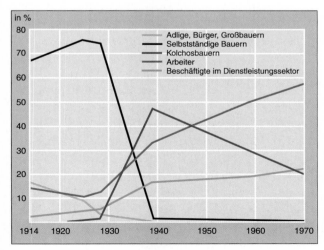

M2 Veränderungen in der Bevölkerungsstruktur Russlands und der Sowjetunion 1914–1970

M3 „Der Sieg des Sozialismus in unserem Land ist garantiert" *(Plakat, 1932, Lithografie von Gustav Klucis)*

Auf dem Plakat steht: „Der Sieg des Sozialismus in unserem Land ist garantiert, die Basis der sozialistischen Wirtschaft ist geschaffen! Die Realität unseres Produktionsplans sind die Millionen Arbeiter, die ein neues Leben erschaffen. (J. Stalin)"

1 Schildere die Kollektivierung der Landwirtschaft aus der Sicht der Betroffenen (M1).

2 Deute mithilfe der Grafik M2 die Folgen der kommunistischen Revolution und des „Stalinismus" für die Bevölkerungsstruktur der Sowjetunion.

3 Wie wollte Stalin gesehen werden? Diskutiert seinen Anspruch und die Wirklichkeit (M3 und Autorentext).

4 Zu den schärfsten Kritikern Stalins gehörte Leo Trotzki, der Organisator der Roten Armee im Bürgerkrieg. Stelle Trotzkis Lebenslauf und seine Haltung zu Stalin vor.

Der italienische Faschismus

Italien nach dem Ersten Weltkrieg. Der Ausgang des Ersten Weltkriegs war auch für einige Siegermächte wie Italien enttäuschend. Teile der erhofften „Kriegsbeute", wie Gebietsgewinne an der Ostküste der Adria, blieben den Italienern versagt. Zusätzlich kam es zu großen inneren Spannungen, hervorgerufen durch hohe Arbeitslosigkeit, Inflation und Armut. Diese wirtschaftlichen und gesellschaftlichen Probleme bildeten den Nährboden für radikale politische Bewegungen, die durch eine Revolution einen neuen Staat erzwingen wollten. Im politisch linken Lager waren dies die Sozialisten und vor allem die Kommunisten, die sich an der Russischen Revolution unter Lenin orientierten. Der Wortführer des rechten Lagers wurde Benito Mussolini (1883–1945). Mit seinen 1919 gegründeten Kampfbünden („fasci di combattimento"; s.S.12) wollte er gegen den Kommunismus und für ein neues und großes Italien kämpfen.

Der „Marsch auf Rom". Mussolini scharte unzufriedene nationale Kräfte um sich und gründete 1921 zusammen mit den Kampfbünden die Nationalfaschistische Partei, die ihn zu ihrem „Führer" (ital. = „Duce") machte. Mit seinen Versprechungen, die Bürger vor einem kommunistischen Umsturz zu schützen, die Ordnung im Staate wiederherzustellen und den Menschen Arbeit zu geben, konnte er die Massen für sich gewinnen. Immer wieder erinnerte er an die ehemalige Größe des Römischen Reichs und beschwor seine historische Aufgabe, Italien an diese antike Tradition anknüpfen zu lassen und zu neuer nationaler Größe zu führen.
Im Oktober 1922 heizte sich die Situation auf: Tausende von seinen Anhängern brachen nach einem Generalstreik der Sozialisten nach Rom auf, um angeblich die Monarchie zu retten; Mussolini kam im Schlafwagen nach. Dieser „Marsch auf Rom", wie er später von der faschistischen Propaganda als revolutionärer Akt zur Rettung Italiens dargestellt wurde, führte zum Rücktritt der Regierung. König Viktor Emanuel III. hatte ihr aus Angst vor einem Bürgerkrieg und vor einem Thronverzicht sein Vertrauen entzogen und Mussolini zum Ministerpräsidenten ernannt. Damit war Mussolini Regierungschef und Parteivorsitzender mit diktatorischen Vollmachten.

Die faschistische Herrschaft. Schritt für Schritt wandelte Mussolini das Königreich in einen totalitären Staat um und setzte sich, ähnlich wie später Hitler, als „Duce" an die Spitze von Volk und Staat. Offiziell blieben die monarchische Staatsform und die Verfassung zwar erhalten, bis 1926 wurden aber alle oppositionellen Parteien und Organisationen aufgelöst, die Pressefreiheit wurde aufgehoben; Kritiker sperrte man ein oder verbannte sie. Die Faschisten kontrollierten das gesamte politische und wirtschaftliche Leben. Auch die Erziehung und Ausbildung schrieben sie vor. Gewalt war die Grundlage der faschistischen Herrschaft. Große Teile des italienischen Volkes nahmen die Einschränkungen ihrer Grundrechte hin, weil es Mussolini gelang, die allgemeinen Lebensverhältnisse durch seine Wirtschaftspolitik (Arbeitsbeschaffung) und soziale Maßnahmen, wie Arbeitslosen- und Krankenversicherung nebst Altersversorgung, zu verbessern. Außerdem kam es 1929 zu einem Ausgleich mit der katholischen Kirche (Lateranverträge) und der Errichtung des Vatikans als Staat. Damit wurde der seit der Gründung des italienischen Staats 1870 schwelende Streit endgültig beigelegt.

M1 Benito Mussolini, der „Duce", in Rom. *Im Hintergrund die Statue eines römischen Kaisers (Foto, 1935).*

M2 Mussolini bei einer Rede *(1938)*

M4 Mussolini über den Faschismus *(1932)*

... Der Faschismus fordert den tätigen, mit allen Willenskräften einsetzenden Menschen, der bereit ist, allen Schwierigkeiten männlich entgegenzutreten und sich ihm zu stellen. Ihm ist das Leben ein Kampf ... Als antiindividualistische Idee
5 tritt der Faschismus für den Staat ein. Er ist auch für das Individuum, soweit es im Staate aufgeht, der das universale Bewusstsein und den Willen des Menschen in seiner geschichtlichen Existenz darstellt ... Der Faschismus wendet sich gegen die Demokratie, die das Volk mit Mehrheit gleich-
10 setzt und es auf den Stand der Masse herabdrückt ... Der Faschismus lehnt den Pazifismus ab, der einen Verzicht auf den Kampf und eine Feigheit gegenüber dem Opfer in sich birgt. Der Krieg allein bringt alle menschlichen Energien zur höchsten Anspannung ... (Er) lehnt in der Demokratie die ab-
15 surde konventionelle Lüge von der politischen Gleichheit und kollektiven Verantwortungslosigkeit und von dem Mythus des Glücks und des unbegrenzten Fortschritts ab ... Der faschistische Staat ist Wille zur Macht und Herrschaft. Für den Faschismus ist das Streben zum imperium (= zur Ausdehnung
20 des eigenen Machtbereichs) ein Ausdruck der Vitalität ...

Zitiert nach: Benito Mussolini: Der Geist des Faschismus. Ein Quellenwerk hrsg. von Horst Wagenführ, München Beck) ⁵1943, S. 2ff.

M3 „Mann der Vorsehung"
(Gemälde von Alfredo Ambrosi, 1930)

1 Mussolini auf dem Weg zur Diktatur: Gib stichpunktartig die wesentlichen Stationen wieder (Autorentext). Weise dabei auch auf die Mittel hin, die die Faschisten einsetzten, um an die Macht zu gelangen (M2 und Autorentext). Lies auch auf Seite 12 nach.
2 Der italienische Diktator nahm in vielen Bereichen Bezug zum antiken Römischen Reich. Nenne Beispiele (M1, M3–M4 und Autorentext).
3 Gib Mussolinis Gedanken in eigenen Worten wieder. Was sieht er als Kernelemente der von ihm geprägten Ideologie?
4 Der italienische Faschismus stellte auch die Kunst in den Dienst der Propaganda. Erkläre (M4).

◀ *Auch städtebaulich wurde Rom von den Faschisten geprägt. So ließen sie eine Straße quer durch Rom bis zum Hafen Ostia legen. Das Gemälde verklärt Mussolinis Bauvorhaben, etwa die Via dei Fori Imperiali, die quer durch das Ausgrabungsgebiet am antiken Forum Romanum verlief.*

Die Weltwirtschaftskrise

Folgen des Ersten Weltkriegs. Die Ursachen der Weltwirtschaftskrise hängen vor allem mit dem Ersten Weltkrieg zusammen. Um diesen Krieg finanzieren zu können, hatten sich besonders England und Frankreich bei den USA verschuldet. Kredite amerikanischer Banken ermöglichten seit 1924 auch der deutschen Wirtschaft, zu investieren und einen leichten Aufschwung herbeizuführen. Mit dem so erworbenen Geld konnte Deutschland seine Reparationen an Frankreich und Großbritannien ratenweise begleichen. Diesen wiederum war es dadurch möglich, ihre Schulden an die USA zurückzuzahlen.

Im Ersten Weltkrieg hatten amerikanische Industrie und die Landwirtschaft davon profitiert, dass Europa weitaus mehr Waffen, Waren und Nahrungsmittel als üblich aus den USA importierte. Der Frieden bedeutete für die US-Wirtschaft zunächst eine schwierige Umstellung: Statt Waffen waren jetzt Konsumartikel gefragt, z. B. Radios oder Autos. Als erste Nation der Erde erreichten die Amerikaner das Zeitalter des Massenkonsums. Die neuen Wolkenkratzer der amerikanischen Metropolen waren eindrucksvolle Symbole für Wohlstand und Zukunftsoptimismus.

Die Schattenseiten des Booms. Die positive Sichtweise übersah allerdings die negativen Seiten, die sich schon früh abzeichneten. Die amerikanischen Farmer litten darunter, dass sie für ihre Produkte immer weniger Geld bekamen, obgleich sie mehr erzeugten. Neue Maschinen hatten sie auf Kredit gekauft, konnten nun aber ihre Schulden bei den Banken nicht zurückzahlen. Doch zunächst blickten alle auf den wachsenden Wohlstand in den Städten, wo beträchtliche Gewinne gemacht wurden und die Aktienkurse der New Yorker Börse scheinbar unaufhaltsam stiegen. Genügte das eigene Einkommen nicht, kauften viele auf Raten. Immer mehr Menschen wollten von den steigenden Kursen der Börse profitieren und Gewinne machen, sodass selbst auf Kredit Aktien gekauft wurden. Da diese Papiere scheinbar immer weiter im Wert stiegen, glaubte man, nach einiger Zeit seine Aktien verkaufen, seine Schulden bei Banken und Geschäften bezahlen und dabei noch reich werden zu können. So spekulierten viele und trieben damit die Aktienkurse immer weiter in die Höhe.

Börsencrash und Depression. Am 24. Oktober 1929, dem „Schwarzen Freitag", begannen die Aktienkurse an der New Yorker Börse abzustürzen. Der Markt war überschwemmt mit Waren, die keinen Absatz fanden. Die Preise fielen und die Hoffnung auf große Gewinne schwand. Innerhalb von Wochen verloren Aktienbesitzer den Großteil ihres Vermögens. Wer Wertpapiere auf Kredit gekauft hatte, konnte ihn seiner Bank nicht zurückzahlen. Dadurch brachen auch die Banken zusammen. Sie hatten zu viel Geld ausgeliehen und bekamen es nun nicht mehr zurück.

Die Krise schwappt über den Atlantik. Die amerikanischen Banken brauchten dringend Geld und kündigten daher die Kredite, die sie den europäischen Bankhäusern gegeben hatten. Damit gingen auch in Europa große Banken bankrott. Deutsche Unternehmen, die durch Krieg und Inflation schon einen schweren Stand hatten, verloren das Kapital, das ihnen von Amerikanern geliehen wurde. Eine Welle von Firmenpleiten in Deutschland und Europa war die Folge, Millionen Menschen verloren ihren Arbeitsplatz. Ersparnisse waren schnell verbraucht. Bald wusste man nicht mehr, wie man seine Miete bezahlen und woher das Geld kommen sollte, um die bescheidenen täglichen Einkäufe zu bestreiten. Die Unterstützung durch die öffentliche Fürsorge oder durch die Arbeitslosenversicherung war viel zu gering, um sich selbst und die Familie zu ernähren. Viele Menschen hungerten, einige saßen buchstäblich „auf der Straße". Wer das Glück hatte, unter Hunderten von Bewerbern eine Stelle zu ergattern, musste zu einem Hungerlohn arbeiten; es gab ja genug Ersatz. Die seit 1928 regierende große Koalition unter Hermann Müller (SPD, Zentrum/Bayerische Volkspartei, DDP und DVP) zerbrach im März 1930 an der Frage, ob und wie die Beiträge zur Arbeitslosenversicherung erhöht werden sollten. Die Skepsis der Menschen gegen die Demokratie und ihre Politiker nahm zu. Die Neuwahlen im September 1930 zeigten, dass die Zahl derer, die einen radikalen Ausweg aus der Krise suchten, sich ständig erhöhte. In ihrer Not hofften viele auf einen „starken Mann" als Retter.

M1 Auswirkungen der Krise *(Foto, 1932)*

M2 Wahlplakat der Nationalsozialistischen Arbeiterpartei *(NSDAP)* **aus dem Jahre 1932**

M3 Aus einem Wahlplakat der NSDAP von 1932

Hältst Du den Hunger für notwendig? Du hast Dich vielleicht schon dreingefunden? 20 Millionen Deutsche hungern ja mit – aber für Kinder wäre es vielleicht doch besser, sie hätten mehr Milch, und man könnte ein kräftiges Essen kochen? 5 Morgen gehst Du wieder zum Arbeitsamt und Stempeln. Sonst hast Du morgen nichts zu tun. – Du bekommst ja immer neue Genossen. Seit die Regierung von Reichskanzler Brüning im Amt ist, haben die Arbeitslosen um vier Millionen zugenommen. Glaubst Du, dass sie abnehmen werden, ohne 10 dass man die Methoden verändert? ... Die Nationalsozialisten können helfen! Die Nationalsozialisten wollen helfen! Aber Du musst ihnen die Macht dazu geben! Deshalb wählt Nationalsozialisten ...

Zitiert nach: Heinrich Bennecke: Wirtschaftliche Depression und politischer Radikalismus 1918-1938, München (Olzog) 1970, S. 354.

M4 Arbeitslose in Deutschland und in den USA

Jahr	Deutschland		USA	
	in Mio.	in %*	in Mio.	in %*
1929	1,892	9,6	1,550	3,2
1930	3,076	15,7	4,340	8,7
1931	4,520	23,9	8,020	15,9
1932	5,575	30,8	12,060	23,6
1933	4,804	26,3	12,830	24,9
1934	2,718	14,9	11,340	21,7
1935	2,151	11,6	10,610	20,1
1936	1,600	8,3	9,030	16,9

* in % der Arbeitnehmer

1 Erstelle eine Grafik, die den Zusammenhang von Weltkrieg und Weltwirtschaftskrise darstellt (Autorentext).

2 Nenne die sozialen und die politischen Folgen der Weltwirtschaftskrise (M1–M4 und Autorentext).

3 Vergleiche die Entwicklung in Deutschland und den USA, indem du die Zahlenangaben von M4 in ein Diagramm umwandelst.

4 Untersuche anhand von M2 und M3, welche Wählerschichten die Nationalsozialisten bzw. Hitler angesprochen haben. Welche Versprechungen machten ihnen die Nationalsozialisten?

Hitler wird an die Macht gebracht

Die Phase der Präsidialkabinette. Die Reichstagswahlen vom September 1930 hatten eine verhängnisvolle Auswirkung. Mit ihrem Ergebnis konnte keine Regierung gebildet werden, die von der Mehrheit der Abgeordneten getragen wurde. Nach der Verfassung gab es nur die Alternative, die Wähler erneut abstimmen zu lassen oder eine Regierung zu bilden, die ganz vom Vertrauen des Reichspräsidenten getragen war. Die Parteien der Mitte lehnten Neuwahlen ab. Sie befürchteten, die NSDAP würde dabei noch mehr Stimmen bekommen. Damit lag die Verantwortung für die Bildung einer Regierung bei Reichspräsident von Hindenburg. Die folgenden Reichskanzler und ihre Kabinette waren von seinem Vertrauen abhängig; sogenannte ▷ „Präsidialkabinette". Den greisen Reichspräsidenten berieten konservative Männer mit Abneigungen und Zielen, die den seinen glichen: Sie waren gegen die parlamentarische Demokratie; sie erstrebten die Rückkehr zum autoritären System des Kaiserreichs; sie wollten die KPD und die SPD von politischen Entscheidungen fernhalten.

Brüning als Reichskanzler. Hindenburg ernannte den Finanzexperten und Zentrumspolitiker Heinrich Brüning wieder zum Kanzler. Er hatte ihm dieses Amt erstmals im März 1930 übertragen. Als ehemaliger Offizier und kaisertreuer Weltkriegsteilnehmer genoss er das besondere Vertrauen des Präsidenten. Brüning setzte sich zum Ziel, den Reichshaushalt nicht durch weitere Schulden zu belasten und versuchte so auch der Angst der Bürger vor einer neuen Inflation zu begegnen. Deshalb setzte er auf konsequente Sparsamkeit. Kürzungen der Staatsausgaben und Erhöhungen der Einnahmen durch Steuern verschärften allerdings die Krise. Um Neuwahlen zu verhindern, wurde Brünings Politik von der SPD im Reichstag mitgetragen. Nach beinahe zwei Jahren kam es zum Bruch zwischen Hindenburg und Brüning, gerade weil er sich auf die SPD stützte. Als Hindenburg erkannte, dass er seine Wiederwahl zum Reichspräsidenten 1932 vielen Stimmen von SPD-Wählern verdankte, machte er Brüning auch dafür verantwortlich. Der Kanzler hatte Hindenburg überredet, sich noch einmal zur Wahl zu stellen, um eine Präsidentschaft Hitlers zu verhindern.

Drei Kanzler in acht Monaten. Seinen Vertrauten, Baron Franz von Papen, ernannte von Hindenburg am 1. Juni 1932 zum nächsten Kanzler. Der parteilose von Papen fand im Reichstag kaum Unterstützung. Um weiter mit ▷ Notverordnungen Politik machen zu können, lösten der Reichspräsident und sein neuer Kanzler das Parlament am 4. Juni 1932 auf. Die Neuwahlen vom 31. Juli 1932 erwiesen sich als schwerer taktischer Fehler; sie brachten der NSDAP 37 % der Stimmen und 230 Sitze im Reichstag. Nachdem von Papen und sein Nachfolger General von Schleicher in kurzer Zeit als Kanzler gescheitert waren, überzeugten die Berater den Reichspräsidenten von folgendem Plan: Hitler sollte Kanzler werden, da er mehr als ein Drittel der Wähler hinter sich hatte. In seinem Kabinett sollte der Kanzler jedoch durch von Papen sowie Männern aus der Wirtschaft, dem Militär, dem Adel und andere Konservativen „eingerahmt" und damit unter Kontrolle gehalten werden. Diese Männer aus den alten Führungsschichten waren davon überzeugt, sie könnten mit Hitlers Anhang und mit Hindenburgs Autorität regieren und dabei ihre Ziele zum Umbau des Staates verfolgen. Hindenburg ernannte daraufhin Hitler am 30. Januar 1933 zum Reichskanzler. „Wir haben uns Herrn Hitler engagiert", formulierte von Papen.

M1 Wahlplakat der DNVP *(1928)*

M2 Das Sparprogramm des Kabinetts Brüning

Im Reichshaushalt fehlten 1930 über 700 Millionen Reichsmark. Deshalb legte Reichskanzler Brüning dem Reichstag folgendes Programm vor. Brüning drohte dem Reichstag mit dessen Auflösung, falls dieser dem Programm nicht zustimmen sollte. Dazu kam es Mitte Juli, worauf die Neuwahlen vom 14. September 1930 folgten:

- Kürzung der Gehälter der Beschäftigten im öffentlichen Dienst um 2 1/2 % als sogenannte „Reichshilfe"
- Erhöhung der Einkommenssteuer von 5 % für alle, die mehr als 8 000 Reichsmark im Jahr verdienen
5 • Zusatzsteuer für Ledige von 10 %
- Beitragserhöhung zur Arbeitslosenversicherung von 3 1/2 auf 4 1/2 % des Einkommens
- Leistungskürzungen bei der Arbeitslosenversicherung
- Vorschläge, gerichtet an die Gemeinden, neue Steuern ein-
10 zuführen, z. B. eine Getränkesteuer oder eine sogenannte Kopfsteuer.

Aufzählung vom Verfasser zusammengestellt.

M3 So funktionierten die Präsidialkabinette 1930–1933

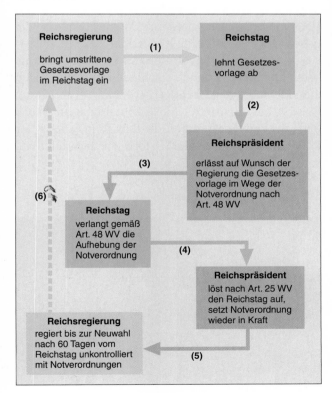

M4 Aus dem Schreiben von Vertretern der Wirtschaft an den Reichspräsidenten vom 19. November 1932

... Wir erachten es deshalb für unsere Gewissenspflicht, Eure Exzellenz ehrerbietigst zu bitten, dass zur Erreichung des von uns allen unterstützten Zieles Eurer Exzellenz die Umgestaltung des Reichskabinetts in einer Weise erfolgen möge,
5 die die größtmögliche Volkskraft hinter das Kabinett bringt ... Wir erkennen in der nationalen Bewegung, die durch unser Volk geht, den verheißungsvollen Beginn einer Zeit, die durch Überwindung des Klassengegensatzes die unerlässliche Grundlage für einen Wiederaufstieg der deutschen Wirt-
10 schaft erst schafft ...

Zitiert nach: Martin Broszat: Die Machtergreifung. Der Aufstieg der NSDAP und die Zerstörung der Weimarer Republik, München (Deutscher Taschenbuch Verlag) [5]1994, S. 199.

M5 Die Regierung Hitler am 30. Januar 1933

Sitzend (von links nach rechts): Hermann Göring, NSDAP (ohne Geschäftsbereich); Adolf Hitler, NSDAP (Reichskanzler); Franz von Papen, parteilos (Vizekanzler); dritter von rechts stehend: Wilhelm Frick, NSDAP (Reichsinnenminister)

1 Erkläre den Begriff „Präsidialkabinett" (M1 und M3).
2 Erläutere mithilfe von M2, wen Brünings Politik belastete und welche Folgen diese mit sich brachte.
3 Diskutiert, wer am meisten Verantwortung dafür hatte, dass Hitler die Macht übertragen wurde.
4 Stelle die Gründe zusammen, die das Kabinett Hitler vom 30. Januar 1933 als „Zähmungskabinett" erscheinen ließen (M5 und Autorentext).

Was dachten die Nationalsozialisten?

M1 Das Firmenschild *(Karikatur von Jacobus Belsen aus „Der Wahre Jakob", 1931)*

Hitlers Gedankenwelt. „Rasse" war der zentrale Begriff der nationalsozialistischen Ideologie. Nicht der vom Marxismus verbreitete „Klassenkampf" wurde als Motor der Geschichte gesehen, sondern der „Rassenkampf". Jede Rasse kämpfe um ihr Überleben. Dies sei als Naturgesetz im Tierreich zu beobachten, wo der Stärkere den Schwächeren fresse. Die Übertragung tierischen Verhaltens auf den Menschen (Sozialdarwinismus) verfälschte die Theorie des Naturforschers Charles Darwin. Die Nationalsozialisten teilten die Menschheit in höchst ungleiche Rassen ein. Sich selbst zählten sie, wie Engländer oder Skandinavier, zur „wertvollsten" Rasse der Arier. In den Augen der Nationalsozialisten waren diese meist groß gewachsen, blond, blauäugig sowie tapfer und heldenhaft. Franzosen und Italiener galten wegen ihres Anteils an „germanischem Blut" als „kulturfähige Mischvölker". Die Juden wurden als „wertlos" eingestuft und als „Schmarotzer" beschimpft. In den Vorstellungen Hitlers vereinten sich jüdische Kapitalisten in den USA und kommunistische Juden in der Sowjetunion zur „Weltverschwörung", die plante, die Arier zu unterwandern und zu vernichten. Zum erfolgreichen Kampf gegen diese Feinde müsse das Volk unter einem starken Führer geeint werden. Das ▶ Führerprinzip erforderte die unbedingte Unterordnung des Einzelnen und die Abschaffung der Demokratie. Eine Opposition wurde nicht zugelassen, um alle Kräfte auf den Rassenkampf zu konzentrieren. Zur Existenzsicherung der Rasse gehörte auch ein großer ▶ „Lebensraum". Dieser sollte im Osten erobert werden, wo die dort lebenden slawischen Völker als minderwertig galten und der deutschen „Herrenrasse" untertan sein sollten.

Revolutionäre Ideen und Ziele? Im Parteiprogramm sowie in seinem Buch „Mein Kampf" schrieb Hitler zwischen 1920 und 1924 seine Anschauungen nieder. Sie erhielten mit dem Aufbau der NSDAP seit Mitte der 20er-Jahre zunehmend politisches Gewicht. In der Krise am Ende der Weimarer Republik faszinierten diese Ideen große Teile der deutschen Gesellschaft. Aus Sicht der Nationalsozialisten waren sie revolutionär. Die wissenschaftliche Forschung dagegen zeigt ein anderes Bild: Hitler erschuf keineswegs eine neue, revolutionäre Weltanschauung. Vielmehr fügte er sehr verschiedene Vorstellungen zum ideologischen Grundgerüst seiner Partei zusammen. Dabei orientierte er sich an national- und sozialrevolutionären Ansätzen, die damals in Europa, vor allem in Deutschland und Österreich, verbreitet waren.

M2 Parteitagsrede in Nürnberg 1934

Hitler hatte vor 1933 seine Redeposen mithilfe seines Leibfotografen einstudiert.

M3 Aus einer Rede Hitlers vom 13. April 1923

... Stets hat vor Gott und der Welt der Stärkere das Recht, seinen Willen durchzusetzen. Die Geschichte beweist: Wer nicht die Kraft hat, dem nutzt das „Recht an sich" gar nichts!
... Die ganze Natur ist ein gewaltiges Ringen zwischen Kraft
5 und Schwäche, ein ewiger Sieg des Starken über den Schwachen. Nichts als Fäulnis wäre in der ganzen Natur, wenn es anders wäre.

Zitiert nach: Ernst Boepple (Hrsg.): Adolf Hitlers Reden, München (Deutscher Volksverlag) 1934, S. 44.

M4 „Das Vorgehen des Juden ist Folgendes ..."

Er macht sich an den Arbeiter heran, heuchelt Mitleid mit dessen Schicksal oder gar Empörung über dessen Los, dessen Elend und Armut, um auf diesem Wege das Vertrauen zu gewinnen. Er bemüht sich, alle die tatsächlichen oder auch
5 eingebildeten Härten seines Lebens zu studieren und die Sehnsucht nach Änderung eines solchen Daseins zu erwecken ... Er begründet die marxistische Lehre ... Das Finanzjudentum wünscht ... nicht nur die restlose wirtschaftliche Vernichtung Deutschlands, sondern auch die vollkom-
10 mene politische Versklavung. Die Internationalisierung unserer deutschen Wirtschaft, d. h. die Übernahme der deutschen Arbeitskraft in den Besitz der jüdischen Weltfinanz, lässt sich restlos nur durchführen in einem politisch bolschewistischen Staat ... Im russischen Bolschewismus haben wir
15 den im zwanzigsten Jahrhundert unternommenen Versuch des Judentums zu erblicken, sich die Weltherrschaft anzueignen ... Sein Streben liegt zutiefst begründet in der Art seines Wesens.

Zitiert nach: Adolf Hitler: Mein Kampf, München (Ausgabe 1934), S. 350f., S. 702 und S. 751.

M5 NS-Ideologie auch in der Schule

Aus Schulbüchern:

Große Aufgaben warteten des Führers bei der Machtübernahme. Das Volk war zerrissen in Parteien, Wirtschaftsgruppen, Klassen. Alle standen gegen alle. Jede Aufbauarbeit musste sinnlos bleiben, wenn es nicht gelang, die Klüfte im
5 deutschen Volk zu schließen ... (Es) galt, eine wahrhaft innere Volksgemeinschaft zu schaffen. Getragen von dem obersten Grundsatz des Nationalsozialismus „Gemeinnutz geht vor Eigennutz", muss einer für den anderen einstehen.

Unsere bisherigen Untersuchungen haben gezeigt, dass all das, was wir in der Wissenschaft der Geschichte zusammenfassen, letzthin eine Geschichte der Rassen ist. Ebenso ist erwiesen, dass geistiges Schaffen und kulturelles Gestalten
5 einen Ausdruck der rassischen Kräfte darstellt. Das trifft schon für die Verschiedenheit der Zahlensysteme zu. Ferner verdankt die Menschheit die Leistungen der Mathematik und die gewaltigen Errungenschaften der Technik nur wenigen Rassen.

Zitiert nach: Walther Gehl: Lehrbuch für Geschichte, 5. Klasse Oberschule, Breslau (Hirt) 1940, S. 14.
O. Steche/E. Stengel/M. Wagner: Lehrbuch der Biologie für Oberschulen und Gymnasien, Bd. 4, Leipzig (Quelle & Meyer) 1942, S. 370.

M6 Altersangaben zu NSDAP-Mitgliedern

1933	Joseph Goebbels, Propagandaminister	35 Jahre
	Heinrich Himmler, Reichsführer SS[1]	32 Jahre
	Martin Bormann, Stabsleiter Stellvertreter	32 Jahre
	Reinhard Heydrich, Chef des SD[2]	28 Jahre
	Albert Speer, Architekt	27 Jahre
	Baldur von Schirach, Reichsjugendführer	25 Jahre
Im	Durchschnitt in der Partei	34 Jahre
Krieg	Durchschnitt im Staat	44 Jahre

[1] ▶ SS = Schutzstaffel; NS-Elitetruppe
[2] SD = Sicherheitsdienst Reichsführer SS; parteiinterner Nachrichtendienst; später Überwachung von politischen Gegnern und Parteimitgliedern

1 Benenne stichwortartig die im Autorentext dargestellten Elemente des Nationalsozialismus. Ordne diesen Grundsätzen die Quellenauszüge M3–M5 zu und erläutere sie. Lege dar, was du für politisch fragwürdig oder unmoralisch hältst.

2 Analysiere M4: Zeige auf, wie Hitler versuchte, den Hass gegen die Juden zu schüren.

3 Zähle Gründe dafür auf, warum die nationalsozialistische Ideologie während der Krise der Weimarer Republik propagandistisch so wirksam war. Beschreibe und interpretiere dazu auch die Karikatur M1.

4 Beurteile, ob der Nationalsozialismus revolutionär ist. Beziehe den Autorentext und die Statistik M6 mit ein. Recherchiere, welche Karriere die in M6 genannten Nationalsozialisten gemacht haben.

5 Vergleiche Hitlers Redeposen (M2) mit denen Mussolinis (s. S. 17/M2).

Der Aufbau der Diktatur

Hitler als Reichskanzler. Reichspräsident Hindenburg übertrug am 30. Januar 1933 dem Führer der NSDAP die Macht. Im Kabinett saßen nur drei Nationalsozialisten unter mehrheitlich national-konservativ eingestellten Ministern (s. S. 21). Nach den Propagandafeiern über die „nationale Erhebung" erwirkte Hitler von Hindenburg am 1. Februar die Auflösung des Reichstags. Damit brach er seine früheren Zusagen an die Konservativen, die fürchteten, bei Neuwahlen viele Stimmen an die NSDAP zu verlieren. Drei Tage später wurde per Notverordnung unter Rückgriff auf den Artikel 48 der Weimarer Verfassung die Pressefreiheit aufgehoben. Am 27. Februar 1933 brannte der Reichstag; der holländische Kommunist Marinus van der Lubbe wurde als Brandstifter festgenommen. Der Anschlag bot Hitler einen willkommenen Anlass, bereits vorbereitete Gesetze gegen einen unterstellten „kommunistischen Umsturz" durch den Reichspräsidenten sofort in Kraft setzen zu lassen. Die Notverordnung „Zum Schutz von Volk und Staat" („Reichstagsbrandverordnung") hob demokratische Grundrechte, wie die Meinungs- und Versammlungsfreiheit, auf und schaffte das Postgeheimnis ab. Damit war der Rechtsstaat praktisch zerstört. Bis Mitte März 1933 wurden 10 000 Gewerkschafter, Kommunisten und Sozialdemokraten verhaftet. Der zur gleichen Zeit laufende Wahlkampf war geprägt von einer Atmosphäre der Einschüchterung und des Terrors der nationalsozialistischen Schlägertrupps, die vor allem aus Angehörigen der SA (= Sturmabteilungen) bestanden. Das Wahlergebnis des 5. März 1933 war für die Hitler-Partei enttäuschend, denn der erzielte Stimmenanteil von 43,9 % reichte nicht zur erwarteten absoluten Mehrheit. Mit dieser Mehrheit wollte Hitler die Verfassung nach seinen Vorstellungen ändern und das Recht der Gesetzgebung auf seine Regierung übertragen.

Das „Ermächtigungsgesetz". Um sein Ziel dennoch zu erreichen, änderte Hitler seine Taktik. Mit Versprechungen und Drohungen verlangte er von den Reichstagsabgeordneten, ihn für die Dauer von vier Jahren zu ermächtigen, unabhängig vom Parlament Gesetze zu erlassen; nur die SPD stimmte dagegen. Zum Zeitpunkt der Verabschiedung des „Ermächtigungsgesetzes" waren die kommunistischen Abgeordneten des Reichstags bereits verhaftet worden oder untergetaucht. In der Folgezeit begann eine Politik der „Gleichschaltung", eine Unterordnung aller politischen, wirtschaftlichen, kulturellen und sozialen Bereiche unter die nationalsozialistische Herrschaft. Denk- und Handlungsweisen schrieben die Nationalsozialisten vor, das Individuum sollte in einer sogenannten „Volksgemeinschaft" aufgehen.

■ **M1 Abstimmung zum „Ermächtigungsgesetz"**

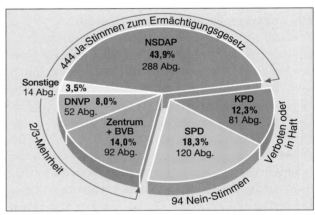

Die Aufteilung der Parteien und die Prozentzahlen basieren auf der Reichstagswahl vom 5. März 1933.

Die Vollendung der „Machtergreifung". Der einzige ernste Widerstand gegen das Vorgehen Hitlers kam aus den Reihen seiner eigenen Partei. Die rund drei Millionen Mitglieder umfassende SA sollte, nach den Vorstellungen ihres Anführers Ernst Röhm, mehr Einfluss erhalten und mit der ca. 100 000 Mann starken Reichswehr zu einem „revolutionären Volksheer" verschmolzen werden, wogegen sich die Führung der Reichswehr sträubte. Hitler benötigte aber das Fachwissen der Reichswehr für seine Kriegspläne. Daher beschloss er die Ausschaltung Röhms und seiner Getreuen, die am 30. Juni 1934 angeblich aus „Staatsnotwehr" erschossen wurden (s. S. 64).
Nach dem Tod Hindenburgs am 2. August 1934 machte sich Hitler auch zum Staatsoberhaupt und ließ sich durch Volksentscheid in diesem Amt bestätigen. Damit war Hitler zugleich Oberbefehlshaber des Heeres, das auf seinen Namen vereidigt wurde und hatte eine uneingeschränkte Herrschaft erlangt.

M2 Der britische Botschafter über den 30. Januar 1933

Überall im Lande nahm die Bevölkerung die Nachricht gleichgültig auf. In der Hauptstadt selbst konnte man ein gewisses Maß an öffentlichem Interesse feststellen, da die Naziführer ihr Talent für Propaganda und theatralische Auftritte bei ei-
5 nem improvisierten Fackelzug entfalteten ... Die Nazipresse behauptet, dass an die 500 000 Menschen an dem Fackelzug teilnahmen ... Mein Militärattaché, der an dem Zug teilnahm, schätzt die Zahl der Leute auf 15 000. Während der Demonstration nahm Herr Göring das Mikrofon und nach einer der
10 üblichen geschwollenen Reden gab er es an seinen Nachredner weiter. Die Hörer von Radio Berlin wurden so um ihre normale Abendunterhaltung gebracht ...

*Zitiert nach: Documents on British Foreign Policy 1919–
1939, Second series, Bd. IV, London 1950, S. 401f.
Übers. vom Verfasser.*

M3 Otto Wels zum „Ermächtigungsgesetz"

*Der SPD-Vorsitzende Otto Wels hielt die letzte freie Rede
im Reichstag am 23. März 1933:*

Freiheit und Leben kann man uns nehmen, die Ehre nicht ...
Nach den Verfolgungen, die die Sozialdemokratische Partei
in der letzten Zeit erfahren hat, wird billigerweise niemand
von ihr verlangen oder erwarten können, dass sie für das hier
5 eingebrachte Ermächtigungsgesetz stimmt ... Noch niemals,
seit es einen Deutschen Reichstag gibt, ist die Kontrolle der
öffentlichen Angelegenheit durch die gewählten Vertreter in
solchem Maß ausgeschaltet worden, wie es jetzt geschieht,
und wie es durch das neue Ermächtigungsgesetz noch mehr
10 geschehen soll. Eine solche Allmacht der Regierung muss
sich umso schwerer auswirken, als auch die Presse jeder Bewegungsfreiheit entbehrt.

*Zitiert nach: Herbert Michaelis und Ernst Schraepler:
Ursachen und Folgen, Bd. 9, Berlin (Dokumentenverlag)
o. J., S. 146f.*

**M4 Das Presseorgan der Nationalsozialisten,
„Völkischer Beobachter", am 24. März 1933**

M5 „Einer nach dem anderen musste sich ... beugen"

Der französische Botschafter am 4. September:

In der Tat konnte sich Hitler zum Zeitpunkt seiner Rede (am
1. September 1933) rühmen, alles, was in Deutschland außerhalb der Nationalsozialistischen Partei existiert, zerstört,
zerstreut, aufgelöst, angegliedert oder aufgesaugt zu haben.
5 Einer nach dem anderen mussten sich die Kommunisten, die
Juden, die Sozialisten, die Gewerkschaften ... unter sein
Gesetz beugen. Er hat alle Polizeikräfte in seiner Hand ...
Eine unerbittliche Zensur hat die Presse vollständig gezähmt
... Hitler beherrscht die einzelnen deutschen Länder durch
10 die Statthalter, die er an ihre Spitze gestellt hat. Die Städte
werden jetzt verwaltet durch Bürgermeister und Stadträte
aus seiner Anhängerschaft. Alle öffentlichen Verwaltungen
wurden gesäubert. Die politischen Parteien sind verschwunden. Der Reichstag setzt sich nur mehr aus einer einzigen rie-
15 sigen Partei zusammen, die mehr als zwei Drittel des Plenums ausmacht und die Verfassungsänderungen vornehmen
kann, die ihr gefallen ...

*Zitiert nach: Documents diplomatiques français 1932–1939,
1ère série, III, Paris o. J., S. 825. Übers. vom Verfasser.*

---

1 Die neue Regierung setzte die Politik der Notverordnungen fort. Erläutere, was sich unter Hitler änderte. Beziehe das Abstimmungsergebnis (M1) mit ein.

2 Gib den Stimmungsbericht des britischen Botschafters (M2) wieder. Welchen Eindruck mögen die Leser über die Situation in Deutschland gewonnen haben?

3 Nenne Grundrechte der Weimarer Verfassung, die von den Nationalsozialisten abgeschafft wurden. Wie gingen sie dabei vor (M5 und Autorentext)? Bis zu welchem Zeitpunkt versuchte Hitler, den Anschein der Legalität (Gesetzestreue) zu bewahren?

4 Vergleiche die Aussagen von M3 und M4.

Bayern unter dem Nationalsozialismus

Das Ende des demokratischen Bayern. Seit August 1930 regierte in Bayern eine Minderheitsregierung unter Ministerpräsident Held (BVP). Er hatte sich geweigert, mit der SPD eine Koalition einzugehen, seine Regierung wurde aber von den Sozialdemokraten toleriert. Bei der letzten freien Landtagswahl im April 1932 gelang es der BVP mit 32,6 % wieder stärkste Fraktion zu werden. Doch der gleichzeitige Wahlerfolg der NSDAP war erdrutschartig: Sie wurde mit 32,5 % zweitstärkste Kraft im Freistaat (1928 noch 6,1 %). Held lehnte erneut ein Zusammengehen mit der SPD bei der Regierungsbeteiligung ab, wollte aber auch keine mögliche Koalition mit der NSDAP eingehen. Der politische Terror auf den Straßen nahm zu, besonders als bei den Reichstagswahlen am 5. März 1933 die NSDAP in Bayern 43,1 % (reichsweit 43,9 %) der Stimmen erreichte und damit erstmals stärkste politische Kraft wurde (BVP 27,2 %).

Bereits in den ersten Märztagen waren – bis auf Bayern – alle Landesregierungen durch Einsetzungen von NS-Reichskommissaren „gleichgeschaltet" worden. Verzweifelt suchten bayerische Politiker, auch über die Parteigrenzen hinweg, nach einem Ausweg. Ein Plan war, den Sohn des letzten bayerischen Königs, Kronprinz Rupprecht, als Generalstaatskommissar vom Landtag einsetzen zu lassen, ihn vielleicht sogar zum König auszurufen. Der Wittelsbacher wäre bei ausdrücklicher Berufung durch das Parlament hierzu bereit gewesen.

Bayern wird „Provinz". Doch in Berlin wurde schnell gehandelt. Als der bayerische Ministerpräsident einen ultimativ geforderten Rücktritt verweigerte, setzte Hitler noch am Abend des 9. März 1933 den ehemaligen bayerischen General Ritter Franz von Epp – er war gegen die Räterepublik 1918/19 in München vorgegangen – als Reichskommissar ein. Chef der Polizei in München wurde SS-Führer Heinrich Himmler. Symbolisch war bereits in der Landeshauptstadt am Rathausturm die Hakenkreuzfahne aufgehängt worden. Mehrere Regierungsmitglieder wurden von SA-Trupps verschleppt und z. T. schwer misshandelt. Als ein sofortiger Protest bei Reichspräsident Hindenburg erfolglos blieb – dieser hatte sich dafür nicht zuständig erklärt –, löste sich die Landesregierung auf.

Ritter von Epp wurde zum „Reichsstatthalter" in Bayern ernannt und die Regierung mit eigenen Gefolgsleuten besetzt. Gleichzeitig gingen die neuen Machthaber gegen alle politischen Gegner mit äußerster Brutalität vor (s. S. 64f.). Am 30. Januar 1934 erhielt Bayern mit dem „Neuaufbaugesetz des Reiches" den Status einer Provinz im neu geschaffenen NS-Einheitsstaat.

M1 Das Wappen Münchens von 1936 bis 1945

München – „Hauptstadt der Bewegung". Einige Städte im Deutschen Reich erhielten von den Nationalsozialisten sogenannte „Ehrentitel", wie Wolfsburg – „Stadt des KdF-Wagens", Goslar – „Reichsbauernstadt" und Nürnberg – „Stadt der Reichsparteitage" (s. S. 32). Münchens Bedeutung für den Nationalsozialismus spiegelt sich in seinem Beinamen. So sollte sie zum einen „Hauptstadt der Kunst" (s. S. 34), zum anderen „Hauptstadt der Bewegung" sein. Letztere lässt sich historisch erklären, denkt man an die Jahre zwischen 1920 und 1923, an München als dem Gründungsort der Nationalsozialistischen Arbeiterpartei. Dort begann der Aufstieg Hitlers, dort scheiterte im November 1923 der gewaltsame Putschversuch. Obgleich Berlin Zentrum der politischen Macht war, sollte München auch weiterhin seine Bedeutung für die NS-Partei behalten. So blieb die Stadt Sitz der Reichsleitung der NSDAP, Sitz der Gauleitung München-Oberbayern und der Regierung des als Verwaltungseinheit fortbestehenden Landes Bayern. Zudem behielt Hitler auch seine Privatwohnung in der bayerischen Hauptstadt. Durch die städtebauliche Umgestaltung Münchens mit unzähligen Repräsentations- und Verwaltungsbauten der NSDAP sollte sich das Stadtbild stark verändern.

**M2 Aufmarsch
auf dem Königsplatz**
*(9. November 1936)
Links: „Führerbau", „Ehrentempel", dahinter „Braunes Haus"
(ehemalige Parteizentrale),
rechts: „Ehrentempel" und
„Verwaltungsbau". Die Grünfläche wurde zugunsten eines
großen Platzes für Aufmärsche
mit über 20 000 Granitplatten
belegt.*

M3 Wilhelm Hoegner erinnert sich

*In seinen Erinnerungen „Flucht vor Hitler" schildert der
damalige SPD-Reichstagsabgeordnete und spätere bayerische Ministerpräsident Wilhelm Hoegner den Abend des
9. März 1933 in München:*

Als ich über den Bahnhofsplatz kam, sah ich bewaffnete
Abteilungen der SA im Viereck aufgestellt ... Auf einmal
schrie die versammelte Menge „Hurra", und Lieder flatterten
auf. Auf dem Flaggenmast auf dem Dach des Bahnhofsge-
5 bäudes ging die schwarz-rot-goldene Fahne des Reichs nieder, und eine schwarz-weiß-rote sowie ein Hakenkreuz-
banner wurden hochgezogen ...
Nachher traf eine Hiobsbotschaft nach der anderen ein. Auf
dem Rathaus war die Hakenkreuzfahne gehisst. Vor dem
10 Landtagsgebäude war berittene Polizei gegen die andrängen-
den Nazihaufen angesetzt worden, aber nach einem schwäch-
lichen Versuch ... wieder zurückgewichen. Hierauf hatte die
SA den Landtag besetzt. An der Feldherrnhalle hielt der nationalsozialistische Reichstagsabgeordnete General von Epp
15 eine Versammlung unter freiem Himmel ab. Er teilte mit,
dass die „nationale Reichsregierung" ihn soeben zum Reichskommissar in Bayern eingesetzt habe, weil die Aufrechterhaltung der öffentlichen Sicherheit und Ordnung in Bayern
nicht mehr gewährleistet sei.
20 (Die aus dem Gewerkschaftshaus von der SA gedrängten
Funktionäre berichten:) An der Absperrung vor der Müller-
straße hatte sich die Landespolizei aufgestellt, die vom In-
nenminister zum Schutz des Gewerkschaftshauses geschickt
worden war. Ihr Anführer, ein blutjunger Offizier, schrie unse-
25 ren Leuten zu: „Hände hoch!" Als die meisten zögerten, halfen Kolbenstöße nach.
*Zitiert nach: Wilhelm Hoegner: Flucht vor Hitler. Erinnerungen an die Kapitulation der ersten deutschen Republik
1933, Frankfurt/M. (= Fischer-TB 3420) 1982, S. 77f.
© Nymphenburger Verlagsbuchhandlung*

1 Fasse mithilfe des Autorentextes die Entwicklung
in Bayern vom April 1932 bis März 1933 zusammen
und stelle sie den Ereignissen in Berlin (s. S. 26f.) gegenüber.

2 Beschreibe die Ereignisse am 9. März 1933 (M3).
Mit welchen Ereignissen von 1923 wird der Autor das
Erlebte verglichen haben?

3 Auch heute noch gibt es sehr viele Bauten in
München, die an die NS-Zeit erinnern. Informiere
dich im Internet über das geplante NS-Dokumentationszentrum (www.ns-dokumentationszentrum-muenchen.de/) und den „Themen-Geschichtspfad".
Eine Übersichtskarte im Internet ermöglicht einen
virtuellen Rundgang (www.muenchen.de/Rathaus/
kult/museen/nsdokumentationszentrum/themen-geschichtspfad/181356/Uebersichtskarte.html).

„Führerstaat" und „Volksgemeinschaft"

Die Grundlagen des totalitären Staates. Die nationalsozialistische Politik der Gleichschaltung veränderte den Staat und die Gesellschaft völlig. Länder und Parlamente wurden aufgelöst, Parteien und Gewerkschaften abgeschafft. Alle Arbeitnehmer und Arbeitgeber fasste man in der „Deutschen Arbeitsfront" (DAF) mit 23 Millionen Mitgliedern (1938) zusammen.

Die Propaganda baute die Person Hitler zu einem genialen Führer auf, der immer die richtigen Entscheidungen traf. Der Führerkult machte Hitler zu einer übermenschlichen Persönlichkeit und die „nationalsozialistische Bewegung" zur „Religion der neuen Zeit". Tausende von Augenzeugenberichten bestätigen die gelungene Verführung der Massen, z. B. bei Hitlerreden, Fahnenweihen oder Parteitagen (s. S. 30ff.). Aus heutiger Sicht wissen wir, dass Hitlers Art des Regierens viele widersprüchliche Entscheidungen aufwies. So bestand in Verwaltung und Justiz der traditionelle Staat mit den hergebrachten Regeln weiter. Das bestehende Recht wurde aber immer wieder von diktatorischen Maßnahmen der NS-Führer überlagert.

Ein neues Gesellschaftsmodell. In der nationalsozialistischen „Volksgemeinschaft" sollten alle gesellschaftlichen Gruppen zusammengeführt werden. Wer aus politischen Gründen nicht dazugehören wollte oder aus rassistischen Gründen nicht dazugehören durfte, wurde verfolgt. Besondere Beachtung genossen die Jugendlichen als „Zukunftsgaranten" und die Frauen als „Erhalterinnen des Volkes". Nach dem Zusammenbruch der NS-Herrschaft wurde nach den Gründen geforscht, warum ein auf Einschüchterung, Verfolgung und Terror gebautes Regime eine so breite Zustimmung in der Bevölkerung gefunden hatte. Die Befragten lobten die positiven Erlebnisse des Gemeinschaftsgefühls, die vorbildlichen Freizeit- und Sportangebote (▸ „Kraft durch Freude") und die ab 1933 massiv zurückgehende Arbeitslosigkeit (s. S. 42f.). Wer nach Jahren der Not ein bescheidenes Auskommen gefunden hatte, stellte keine kritischen Fragen. Nur wenige wussten, dass die dafür notwendigen Gelder zu einer immens hohen Staatsverschuldung führten. Kritiker des Regimes riskierten die Einlieferung in ein Konzentrationslager.

Das nationalsozialistische Herrschaftssystem

Staatsoberhaupt	Oberbefehlshaber der Wehrmacht
Führer der NSDAP	Der Führer und Reichskanzler
	Chef der Regierung

Kanzlei der NSDAP

Gliederungen der Partei z.B. HJ, SA, SS — Gauleiter

Reichsführer SS und Chef der deutschen Polizei — Polizei — Gestapo SD — SS

Reichsminister — Reichsstatthalter — Oberpräsidenten Ministerpräsid. — Regierungspräsid. — Landräte — Bürgermeister

Reichskanzlei — Reichsämter — Vorschlag

Angeschlossene Verbände z.B. DAF — Kreisleiter — Ortsgruppenleiter

Propaganda

Reichstag (Scheinparlament ohne Befugnisse) — Volksabstimmung

Mitglieder — Mitglieder — Zustimmung

Volk

© Erich Schmidt Verlag 50 088

ZAHLENBILDER

M1 Der Aufbau des ▸ „Führerstaates"
SS und SD s. S. 23. Gestapo = Geheime Staatspolizei: politische Polizei, überwachte die Bevölkerung; konnte jeden ohne Gerichtsverfahren in „Schutzhaft" nehmen. HJ = Hitlerjugend

M2 Die „Volksgemeinschaft"

Adolf Hitler in einer Rede am 1. Mai 1936:

Es war notwendig, dem deutschen Volk jenes große Gefühl der Gemeinschaft zu geben, so wie der einzelne Soldat nichts ist, aber alles im Rahmen ... seiner Armee, so ist auch der einzelne Volksgenosse nichts, aber alles im Rahmen sei-
5 ner Volksgemeinschaft. Hier wird persönlich aus dem schwachen Willen von 60 Millionen Einzelner ein gigantischer, gewaltiger, zusammengeballter Wille aller. Das muss jedem Volksgenossen sichtbar werden. Und deshalb hat auch unsere Bewegung dieses ganz besondere Gepräge bekommen,
10 deshalb diese Massenkundgebungen, diese Massendemonstrationen, diese Generalappelle der Nation.

Zitiert nach: Rudolf Herz: Hoffmann & Hitler. Fotografie als Medium des Führer-Mythos, München (Klinkhardt & Biermann) 1994, S. 215.

M3 Plakat zur „Volksgemeinschaft" *(ca. 1936)*

Frauen wurden nach Hitlers Machtübernahme massiv aus dem Berufsleben verdrängt und auf die Rolle als Frau und Mutter beschränkt. Ausnahmen waren Pflegeberufe und die Landwirtschaft.

M4 Bücherverbrennung *(Mai 1933)*

Bücher der vom Regime verbotenen und ausgegrenzten Autoren wurden in vielen deutschen Städten verbrannt. Darunter waren Werke von Schriftstellern wie Bertolt Brecht und Erich Kästner. Der bayerische Autor Oskar Maria Graf schrieb in Wien einen wütenden Kommentar, als seine Werke nicht verboten wurden: „Verbrennt mich!"

1 Erläutere den Aufbau des Führerstaates" (M1). Welche Funktionen hatte Hitler inne? Zeige auf, an welchen Stellen ein Nebeneinander von staatlichen und von Parteistellen entstand. Welche Schwierigkeiten konnten daraus entstehen?

2 Gib die Bedeutung des Begriffs „Volksgemeinschaft" wieder, wie ihn Hitler verstanden haben wollte (M2). Lege dar, wie diese Auffassung im Plakat M3 umgesetzt wurde.

3 Lies in einem Literaturlexikon nach. Suche unter dem Begriff „Bücherverbrennung" nach Beispielen für Ausgrenzung und Verfolgung. Stelle zwei Autoren vor, deren Bücher verbrannt wurden (M4). Du kannst dir aber auch aus der Schul- oder Stadtbibliothek das Buch von Jürgen Serke „Die verbrannten Dichter" ausleihen. Dort findest du viele Biografien von verfolgten Autoren mit zahlreichen Dokumenten.

4 Suche Material zu einem Kurzvortrag zum Thema: Die Rolle und Rechte der Frau in der Zeit des Nationalsozialismus. Beziehe M3 mit ein.

Massenmanipulation durch Propaganda

Alte und neue Massenmedien. An den Reichsparteitagen in Nürnberg wirkten über eine Million Menschen mit bzw. waren als Zuschauer beteiligt. Um möglichst die gesamte „Volksgemeinschaft" (s. S. 28f.) im Sinne des Nationalsozialismus zu beeinflussen, nutzte die NSDAP alle Medien, sei es die Presse oder – damals ganz modern – Rundfunk und Film. Zeitnah zu den Reichsparteitagen berichteten Zeitschriften in Sondernummern über die Vorbereitungen. In den Berichten vom Parteitag stand der „Führer" im Mittelpunkt; er wurde über Doppelseiten hinweg auf großformatigen Bildern gefeiert. Die Exklusivfotos lieferte Hitlers Leibfotograf Heinrich Hofmann, das Textmaterial gab das Deutsche Nachrichtenbüro (DNB) oder die Reichspressestelle der NSDAP vor.

Der Rundfunk im Dienst der Partei. Bereits ab 1933 berichtete der Rundfunk von den Parteitagen. Es gab Live-Übertragungen von Reden oder Massenversammlungen mit den dazugehörenden Reportagen, dazu abendliche Zusammenfassungen und ein musikalisches Begleitprogramm. Der Programmablauf blieb in den ersten Jahren gleich, wurde aber 1937 propagandistisch intensiver gestaltet. Neue Sprecher sollten die Hörer durch ihre Erzählweise zu stärkerem Miterleben bringen. Man wollte faszinieren, sich auf die wesentlichen Botschaften konzentrieren, zugleich ein Zuviel vermeiden. Daher durften während der Parteitage keine anderen politischen Themen gesendet werden. Im täglichen Rahmenprogramm sollten sich weder Vorträge oder Hörspiele noch Opern- oder moderne Tanzmusik finden lassen.

Dokumentation, Information oder Propaganda? Unter dem Deckmantel der Dokumentation wurde das neue Medium des Tonfilms propagandistisch genutzt. Hitler beauftragte 1933 die junge Regisseurin Leni Riefenstahl, den Reichsparteitag filmisch festzuhalten. Ihr erster Film, „Sieg des Glaubens", gefiel Hitler so sehr, dass Riefenstahl weitere Aufträge erhielt. So verfilmte sie mit großem finanziellen Aufwand und riesigen Mitarbeiterteams in den Jahren 1934 bis 1936 zwei weitere Reichsparteitage sowie die Olympischen Spiele in Berlin.

M2 Premiere in Berlin *(1935)*
Die NSDAP finanzierte und förderte Riefenstahls zweistündiges Werk „Triumph des Willens". Bereits in der ersten Woche besuchten allein im westdeutschen Raum 180 000 erwachsene Zuschauer und 60 000 Schüler die Filmvorführung.

Unter dem Vorwand informierender Filmberichterstattung liefen in allen deutschen Kinos spätestens seit 1938 „Wochenschauen", die den Vorgaben des Propagandaministeriums entsprachen. Ging es 1939 z. B. noch darum, Hitlers 50. Geburtstag zu würdigen, kam es während des Zweiten Weltkriegs immer mehr darauf an, militärische Erfolge an der Front zu zeigen, um die Stimmung im Volk zu verbessern.

M1 Propagandaplakat *(1936)*
Dieses vergleichsweise preiswerte Radiogerät stand 1938 in fast drei Millionen Haushalten.

Methode:
Analyse propa-
gandistischer
Mittel in moder-
nen Bild- und
Tonmedien

Moderne Medien sind schwieriger zu untersuchen als geschriebene Texte, weil sie Ohr oder Auge nur flüchtig berühren und über verschiedene Informationsebenen (Rundfunk: Musik, Geräusche, Sprache oder Film: zusätzlich Bild und Schrift) verfügen. Dennoch lassen sie sich wie ein Text lesen, analysieren und interpretieren. Folgende Schritte können dabei hilfreich sein:

1. Schritt: Historischen Zusammenhang erfassen
Notiere Titel, Thema und wichtige inhaltliche Aspekte: Was wird herausgestellt (Einzelheiten oder Personen)? Warum? Wann ist das Material entstanden? In welcher Beziehung stehen Entstehungszeit und Darstellung? Wer sind Autor bzw. Produzent?

2. Schritt: Art und Funktion feststellen
Stelle fest, ob es sich beispielsweise um Rundfunkansprachen oder -reportagen, Nachrichten, Dokumentar-, Werbe- oder Propagandafilme handelt. Kläre auch, welche Adressatengruppe(n) und welche Wirkung(en) – z.B. Bericht, Anklage, Agitation – dabei erreicht werden sollen.

3. Schritt: Einen Ausschnitt analysieren
Untersuche eine Sequenz des Materials, indem du das Zusammenwirken von Inhalten, sprachlichen und akustischen – gegebenenfalls auch optischen – Mitteln überprüfst. Dabei kannst du auf Argumentation (Behauptung, Begründung, Beweis), auf Wortwahl und sprachliche Mittel (z.B. Schlagwörter, Superlative, Wiederholungen, Metaphern und Ironie), auf den Einsatz von Geräuschen und Musik sowie auf technische Mittel (Ton, Kommentierung, Kameraführung, etc.) achten. Untersuche den Abschnitt mehrmals und konzentriere dich stets auf Teilaspekte.

4. Schritt: Gesamtbewertung durchführen
Werte die Teilergebnisse aus. Formuliere ein Gesamtresultat, bei dem Mittel, Adressaten, Funktion bzw. Wirkung des Materials sowie die Absicht des Produzenten zueinander in Bezug gesetzt werden.

M3 Der Zweck der Propaganda
Die Aufgabe der Propaganda liegt ... in einem Hinweisen der Masse auf bestimmte Tatsachen, Vorgänge usw., deren Bedeutung dadurch erst in den Gesichtskreis der Masse gerückt werden soll. Die Kunst liegt nun ausschließlich darin, dies in
5 so vorzüglicher Weise zu tun, dass eine allgemeine Überzeugung ... entsteht ... Ihr Wirken (muss) auch immer auf das Gefühl gerichtet sein und nur sehr bedingt auf den Verstand.
Zitiert nach: Adolf Hitler: Mein Kampf, a.a.O., S. 157.

■ M4 Über den Film „Triumph des Willens"
a) In einem Buch von Leni Riefenstahl heißt es:
... sie habe sich nicht an die Chronologie und das Geschehen des Reichsparteitags gehalten. Es sei ihr vielmehr darauf angekommen, „... das Bild noch stärker wirken zu lassen, als es in Wirklichkeit schon war."

b) Ein Historiker:
Die Reproduktion des Parteitags als authentisches Kinoerlebnis bedeutet die Überhöhung der bereits idealisierten Inszenierung der Parteitagswirklichkeit zum Idealparteitag.
Zitiert nach: Martin Loiperdinger: Rituale der Mobilmachung. Der Parteitagsfilm „Triumph des Willens" von Leni Riefenstahl, Opladen (Leske & Budrich) 1987, S. 59 u. S. 53.

1 Sowohl die Bundeszentrale als auch die Bayerische Landeszentrale für politische Bildung bieten Bild- und Tondokumente zum Nationalsozialismus an. Entscheidet euch für ein Thema/Medium und bittet euren Lehrer/eure Lehrerin, dieses zu bestellen. Untersucht das Material, indem ihr in der Reihenfolge der vier methodischen Schritte vorgeht.
2 Was machte den Reichsparteitag in Rundfunk und Film zu einem „Erlebnis"? Beziehe bei der Beantwortung die Materialien dieser und der nächsten Doppelseite sowie den Autorentext mit ein.
3 Vergleiche M3 und M4. Inwieweit entspricht Riefenstahls Film Hitlers Auffassung von Propaganda?

Nürnberg – „Stadt der Reichsparteitage"

Spurensuche. Nürnberg ist eine geschichtsträchtige Stadt. Jahrhundertelang waren hier Kaiser und Könige des Heiligen Römischen Reiches Deutscher Nation die Stadtherren; die kaiserliche Residenz ist noch immer sichtbares Wahrzeichen der Stadt. Immer wieder wurde Nürnberg von Kriegen heimgesucht, zerstört und wieder aufgebaut. Während der Zeit der Nationalsozialisten galt die Stadt als zentraler Punkt, insbesondere durch die bis 1938 alljährlich stattfindenden Reichsparteitage. Die Gesamtanlage und die einzelnen Bauten des ehemaligen Reichsparteitagsgeländes sind zum großen Teil auch heute noch vorhanden.

Beispiel Kongresshalle. Das Gebäude sollte für Tagungen der NSDAP dienen. Im Zentrum der Halle war eine Rednerkanzel für Adolf Hitler, umrahmt von Zuschauertribünen, vorgesehen. Eine freitragende Dachkonstruktion aus Stahl sollte die Haupthalle überspannen, die 50 000 Menschen Platz geboten hätte. Sie wäre doppelt so groß wie das Kolosseum in Rom geworden. Im Zweiten Weltkrieg wurden die Bauarbeiten für den Monumentalbau eingestellt; der Rohbau blieb unvollendet.

M1 Luftbild von der Kongresshalle heute
Unten rechts ist das Dokumentationszentrum Reichsparteitagsgelände (2001 eröffnet) zu erkennen. Es bohrt sich wie ein Pfahl durch den nördlichen Kopfbau, um eine Gegenposition zum Bau der Nationalsozialisten zu beziehen und ein Zeichen gegen die steinerne Monumentalität zu setzen. In der Dauerausstellung „Faszination und Gewalt" werden vor allem die Geschichte der Reichsparteitage und die Baugeschichte des Reichsparteitagsgeländes gezeigt.

GESAMTPLAN:
① Luitpoldhalle
② Luitpoldarena
③ Turm d. Ehrentribüne in der Luitpoldarena
④ Gefallenendenkmal
⑤ Kongreßbau
⑥ Bau für die Kulturtagungen
⑦ Ausstellungsbau
⑧ Zeppelinfeld
⑨ Tribünenbau des Zeppelinfeld
⑩ Altes Stadion
⑪ Das Deutsche Stadion
⑫ Märzfeld

Reichsparteitag-Gelände in Nürnberg Entw.: Arch. Prof. Speer

M2 Plan des Reichsparteitagsgeländes *(Postkarte 1937)*

M3 Luitpoldarena *(Reichsparteitag 1936)*

Ein Granitplattenweg verband eine „Führerempore" mit dem 1929 errichteten Gefangenendenkmal. Auf diesem Platz konnten bis zu 150 000 Menschen antreten. Er diente in erster Linie für Massenaufmärsche von SA und SS. 1958/59 verwandelte man das Gelände wieder in einen Erholungspark.

M4 Plakat zum Reichsparteitag in Nürnberg

1 Auf dem Plan des Reichsparteitagsgeländes (M1) werden zahlreiche Gebäude genannt. Informiert euch in Gruppen über diese Bauten und berichtet darüber. Findet auch heraus, ob die Gebäude noch bestehen und wenn, welche Funktion sie heute noch haben.

Die Informationen des Dokumentationszentrums Reichsparteitagsgelände im Internet können dabei sehr hilfreich sein: www.museen.nuernberg.de/dokuzentrum/index.html. Dort findest du Hinweise auch über andere aus der NS-Zeit erhaltene Gebäude in Nürnberg und deren heutigen Verwendungszweck.

2 In vielen Städten haben sich noch Überbleibsel aus der NS-Zeit erhalten. Diskutiert darüber, was mit ihnen geschehen sollte.

3 M3 und M4 gehören zu den propagandistischen Bildmaterialien. Analysiere sie: Welche Botschaft soll beim Betrachter „ankommen" und mit welchen Mitteln wird dies erreicht?

Die Reichsparteitage erhielten stets einen Zusatz:
1933: Parteitag des Sieges
1934: Parteitag der Einheit und Stärke
1935: Parteitag der Freiheit
1936: Parteitag der Ehre

Kunst und Architektur im Dienst der Diktatur

Die „Gleichschaltung" der Künste. Schon bald nach der Ernennung Hitlers zum Reichskanzler begann das Propagandaministerium, Künstler zu überwachen und ihre Werke zu zensieren. Wer im Bereich Film, Theater, Literatur und bildender Kunst tätig war, musste der „Reichskulturkammer" angehören. Hitler hatte, bevor er sich der Politik zuwandte, seinen Beruf mit Kunstmaler angegeben; später sah er sich allerdings in erster Linie als Architekt. Schnell wurde deutlich, dass in der offiziell genehmigten Kunst nur der Geschmack Hitlers galt.

Die Eröffnung des „Hauses der Deutschen Kunst" in München 1937 war ein Staatsakt. Er wurde begleitet von einem Festumzug mit Modellen und Kostümen aus „2000 Jahren Deutscher Kultur", der seinen Abschluss in einer Militärparade fand. Die jährlich stattfindende „Große Deutsche Kunstausstellung" veranschaulichte die künstlerischen Vorstellungen der Nationalsozialisten und unterstrichen Münchens Rolle als „Hauptstadt der Kunst".

Viele Bilder und Gemälde, z. B. des Expressionismus, und der abstrakten Kunst, galten von da an als „entartet". Unter den Verfemten waren berühmte Künstler wie Max Beckmann, Marc Chagall, Ernst Ludwig Kirchner, Paul Klee, Franz Marc und Emil Nolde. Ihre Bilder verschwanden aus Galerien und Museen oder wurden zum Zwecke der Devisenbeschaffung ins Ausland verkauft. Die Kunst sollte sich am „gesunden Volksempfinden" orientieren. So sollten z. B. die Bildhauer das Ideal des kämpferischen Menschen darstellen.

M1 Arno Breker „Die Kameraden" *(Relief)*

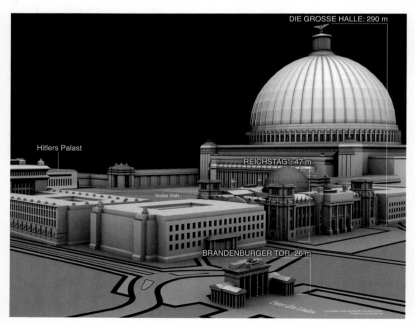

M2 Beispiel für Monumentalarchitektur: Teil des Modells der Welthauptstadt „Germania" *(Nord-Süd-Achse)*

Hitlers Architekt Albert Speer sollte Berlin bis 1950 in eine Welthauptstadt umbauen. Geplant wurde die Aufgliederung der Stadt durch eine Ost-West-Achse von 50 km Länge und eine 40 km lange Nord-Süd-Achse, beide je 100 m breit. Als eigentliche Prachtstraße mit Regierungsgebäuden war die Nord-Süd-Achse vorgesehen. Dort sollte auch die „Große Halle", ein Kuppelbau, für 180 000 Menschen Platz bietend, stehen. Fertiggestellt wurden aber nur Pläne und Modelle. Auch für München gab es derartige Vorhaben, die ebenfalls nicht ausgeführt wurden.

M3 Arbeiter, Bauern und Soldaten

(Gemälde von Adolf Schmitz-Wiedenbrück, erstmalig zu sehen auf der „Großen Deutschen Kunstausstellung", 1941)

M4 Drei Figuren aus dem „Fries der Lauschenden"
(Ernst Barlach, 1938)

M5 „Die Sünderin"
(Emil Nolde, 1926)

2 Betrachte das Modell M2. Wodurch wollten die Nationalsozialisten das Volk beeindrucken? Vergleiche die „Große Halle" mit dir bekannten heutigen Bauwerken in Bezug auf die Größe.
3 Halte ein Kurzreferat über den Architekten Albert Speer und seine Rolle im Nationalsozialismus.

1 Beschreibe anhand der Abbildungen (M1 und M3) wesentliche Stilelemente der nationalsozialistischen Kunst. Stelle Beispiele „entarteter" Kunst (M4 und M5) gegenüber und zeige Unterschiede auf. Beziehe auch M3 auf Seite 17 mit ein.

„Du bist nichts, dein Volk ist alles!"

Die Jugend wird organisiert. Die NSDAP versuchte nach der Machtübernahme, die deutsche Jugend möglichst schnell für sich zu gewinnen. Sie warb daher für den Eintritt in die Hitler-Jugend (HJ). Dort wurden Zehnjährige wie Soldaten gemustert, um als „Pimpf" zum Dienst im Jungvolk einberufen zu werden. Mit 14 Jahren kamen die Jungen in die eigentliche HJ. Die Aufnahme erfolgte in einer Feier jeweils am Vorabend des 20. April, dem Geburtstag Hitlers, und sie ähnelte im Ablauf einer Vereidigung von Soldaten. Mädchen traten mit zehn Jahren der NS-Jugend bei und gehörten zunächst dem „Jungmädelbund" und dann dem „Bund Deutscher Mädel" (BDM) an.

„Führer befiehl, wir folgen!". Die Aufnahmeprüfung, nach der ein „Pimpf" seinen ersten Dolch erhielt, bestand in der Beantwortung von Fragen zur nationalsozialistischen Weltanschauung, vor allem in Rassenkunde und Geschichte der NSDAP. Weiterhin mussten bestimmte sportliche Leistungen erbracht werden, z.B. ein 60-Meter-Lauf in 12 Sekunden, ein Weitsprung von 2,75 Metern, ein Schlagballweitwurf von 25 Metern und die Teilnahme an einem anderthalb Tage dauernden Geländemarsch. Wie die Jungen wurden auch die Mädchen durch lange Wanderungen und Sportwettkämpfe fit gemacht. Die körperliche Ertüchtigung stand im Vordergrund, da dies ihre spätere Aussicht auf viele Geburten gesunden Nachwuchses steigern sollte. Das Ziel des BDM war es, die weibliche Jugend auf ein traditionelles Leben als Hausfrau und Mutter vorzubereiten. Das „Gesetz über die Hitlerjugend" vom 1. Dezember 1936 verpflichtete alle deutschen Kinder ab 10 Jahren, der HJ beizutreten. Damit wurden die erzieherische Rolle der Schule und die des Elternhauses immer weiter zurückgedrängt. Eltern, die sich weigerten, ihre Kinder Mitglieder der HJ werden zu lassen, wurden durch Geld- und Haftstrafen sowie berufliche Benachteiligung unter Druck gesetzt.

Erziehung und Ausbildung. Ob an wöchentlichen „Heimabenden" oder bei Wettbewerben, immer fand eine massive Beeinflussung der Jugendlichen im Sinne der nationalsozialistischen Anschauungen statt. Rassismus und Antikommunismus wurden nicht nur verstandesmäßig gelehrt. Zahlreiche Filme und Erzählungen, die bewusst die historische Wahrheit verzerrten, putschten die Jugendlichen regelrecht auf, immer und überall für die Ideen des Nationalsozialismus einzutreten – auch gegen die eigene Familie. So war das Leben in der Hitlerjugend durch eine sorgfältig geplante Kombination von Gemeinschaftserlebnis und Indoktrination, Begeisterung, Zwang und Disziplin geprägt, wobei von allen Aktivitäten der sportliche Wettkampf als die wichtigste angesehen wurde. Die Führung der HJ lag – nach dem Grundsatz „Jugend muss von Jugend geführt werden" – in den Händen der Jugendlichen selbst und war streng hierarchisch organisiert.

Auch das Bildungssystem wurde ganz auf die nationalsozialistische Ideologie ausgerichtet, was zur radikalen Änderung der Unterrichtsinhalte führte. Auf dem Plan standen nun Fächer wie Vererbungslehre, Rassenkunde, Rassenhygiene, Familienkunde und Bevölkerungspolitik. Auch im Biologieunterricht nahmen die Themen Vererbungslehre und Rassenkunde breiten Raum ein (s. S. 23/M5). Dafür reduzierte man die Stundenzahl für Mathematik und Fremdsprachen.

M1 „Pimpfe" im Zeltlager *(Foto, 1936)*

M2 Die sieben „Schwertworte" *(aus einem Jugendbuch, 1936)*

Tapferkeit   Treue   Haltung   Härte   Wahrheit   Kameradschaft   Ehre

M3 Kameradschaft

Aus einem Schullesebuch von 1938:

Der Tag war heiß und der Weg weit. Die Sonne glutete in der
fast baumlosen Heide. Der Sand flimmerte. Ich war müde.
Meine Füße brannten in den neuen Halbschuhen, jeder Tritt
schmerzte, und ich dachte immer nur an Rast und Wasser
5 und Schatten. Ich biss die Zähne zusammen, um nicht
schlappzumachen. Ich war der Jüngste und zum ersten Mal
auf Fahrt. Vor mir ging Rudolf, der Führer. Er war groß und
stark. Sein Tornister wuchtete schwer und drückend auf den
Schultern. Rudolf trug das Brot für uns sechs Jungen, den
10 Hordentopf und eine Reihe von Büchern, aus denen er uns
des Abends in der Bleibe immer so feine und spannende
Geschichten vorlas ... Die Kameraden waren alle etwas älter
und schon viel gewandert ... Immer mehr blieb ich zurück.
Dann wieder versuchte ich, durch Laufen den Abstand zu ver-
15 ringern. Auf einmal schaute Rudolf sich um. Er stutzte, sah
mich in der Ferne heranschleichen und wartete ... „Müde?",
fragte Rudolf mich freundlich. Ich bejahte verschämt. Wir
gingen langsam nebeneinander her. Ich humpelte. Aber ich
wollte es Rudolf nicht wissen lassen. Als wir an eine Wachol-
20 derstube kamen, setzte sich der Führer und sagte: „Etwas
verschnaufen!" Erleichtert warf ich mich nieder. Ich wollte
nicht sprechen. Ich hatte Scheu. Rudolf gab mir zu trinken.
Ich dankte und lehnte mich behaglich nach hinten über, froh
die wehen Füße ausstrecken zu können.
*Zitiert nach: Michael H. Kater: Hitlerjugend, Darmstadt
(Wissenschaftliche Buchgesellschaft) 2005, S. 17.*

M4 Ein Hitlerjunge erinnert sich

Wir waren Hitler-Jungen, Kindersoldaten, längst ehe wir mit
zehn Jahren für wert befunden wurden, das Braunhemd zu
tragen. Schon vorher waren wir dauernd im „Einsatz". Wir
sammelten Altpapier und Altmetalle, suchten Heilkräuter,
5 schwangen fürs Winterhilfswerk die Sammelbüchse, bastel-
ten Spielzeug für Babies, führten zur Erheiterung der
Soldatenfrauen politische Spielchen auf ...
Wenn andere von der Pimpfzeit schwärmen (als sei das Ganze nur ein Pfadfinderklub mit anderem Vorzeichen gewesen),
10 so kann ich diese Begeisterung nicht teilen. Ich habe beklem-
mende Erinnerungen. In unserem Fähnlein bestanden die
Jungvolk-Stunden fast nur aus „Ordnungsdienst", das heißt
aus sturem militärischen Drill. Auch wenn Sport oder Schießen oder Singen auf dem Plan stand, gab es erst immer „Ord-
15 nungsdienst": endloses Exerzieren mit „Stillgestanden",
„Rührt euch", „Links um", „Ganze Abteilung – kehrt" – Kom-
mandos, die ich heute noch im Schlaf beherrsche.
*Karl-Heinz Jansen, Jahrgang 1931. Zitiert nach: Klaus-Jörg
Ruhl: Brauner Alltag. 1933–1939 in Deutschland, Düsseldorf (Droste) 1990, S. 48.*

2 Welche „Schwertworte" (M2) lassen sich sinnge-
mäß in dem Auszug aus dem Schullesebuch (M3)
wiederfinden? Welches Ziel verfolgten die Nationalsozialisten mit dieser Geschichte bei den Lesern?
Welche Werte würden wir heute für wichtig halten?
Vergleiche sie mit den „Schwertwörtern".
3 Nimm Stellung zu der Kapitelüberschrift „Du bist
nichts, dein Volk ist alles!".
4 Erkundige dich über den Film „Napola" (2004) von
Regisseur Dennis Gansel und berichte kurz vor der
Klasse darüber.

1 Betrachte M1. Was konnte Jugendliche an dieser
Art staatlicher Erziehung fasziniert, was abgestoßen
haben? Beziehe auch M2–M4 und den Autorentext
mit ein.

Alltag in der NS-Diktatur: zwischen Zustimmung und Ablehnung

Zustimmung und Begeisterung. Die großen Inszenierungen der NS-Propaganda bei Gedenktagen oder anlässlich der Nürnberger Reichsparteitage (s. S. 30ff.) waren wichtig für die Aufrechterhaltung der Zustimmung zur Diktatur und dienten dazu, die Begeisterung der Massen für die nationalsozialistische „Volksgemeinschaft" immer wieder neu anzufachen.

M1 Begeisterte Anhänger jubeln dem Führer zu.
Solche Propagandafotos wurden ständig verbreitet, um die Beliebtheit des Führers zu zeigen.

Wie weit geht die Anpassung? Die Partei war der Karriere förderlich. Ihre Mitgliederzahl explodierte 1933 in nur fünf Monaten auf 2,5 Millionen und stieg später auf 8,5 Millionen. Publikumsliebling wurde nur, wer sich den Vorstellungen des Regimes anpasste. Das galt für Sänger und Schauspieler wie Zarah Leander, Marika Rökk, Hans Albers oder Johannes Heesters. Sie alle trugen dazu bei, mit Operetten, Schlagern und harmlosen Filmkomödien das Volk bei Laune zu halten. In den damaligen Medien der Massenunterhaltung, Reichsrundfunk und Filmindustrie, lenkten sie von der nationalsozialistischen Politik ab. Der hoch bezahlte Filmstar Heinz Rühmann beispielsweise wirkte zwischen 1933 und 1945 in über 30 Filmen als Schauspieler und Regisseur. Er trennte sich von seiner jüdischen Frau und hatte beste Beziehungen zu nationalsozialistischen Politikern wie Goebbels.

Denunzianten – Helfer der Gestapo. Offene Kritik an den zahllosen Unrechtstaten der nationalsozialistischen Machthaber war selten; Denunziantentum wurde dagegen alltäglich. So leitete man, z. B. in der Düsseldorfer Gestapo-Dienststelle, jede vierte geheimpolizeiliche Ermittlung durch eine Anzeige aus der Bevölkerung ein. Doch nicht nur Parteigänger der NSDAP, sondern viele Bürger ohne Parteizugehörigkeit nutzten dieses wirksame Mittel, um Menschen, die ihnen im Wege standen, mithilfe und auf Kosten des Staates „beiseitezuschaffen". Keiner durfte sich sicher fühlen, selbst innerhalb von Familien fanden sich zahlreiche Helfer für die Gestapo.

Zwischen Distanz und Ablehnung. Trotz der augenfälligen Begeisterung oder des passiven Akzeptierens der NS-Herrschaft gab es immer wieder Einzelne oder Gruppen, die sich nicht anpassen wollten. Im reglementierten Alltag sorgte die Gestapo für die Überwachung Verdächtiger. Für die Kontrolle junger Leute wurde 1938 ein besonderer Streifendienst der HJ eingerichtet. Seine Mitglieder hielten Ausschau nach Vergehen wie Trinken, Rauchen, Singen verbotener Lieder, Hören verbotener Musik, nachlässigem Grüßen, Übertreten der Polizeistunde oder Unruhestiftung in Tanzhallen. Mit „Swing-Heil" begrüßten sich die Mitglieder der sogenannten „Swing-Jugend", die durch ihre lässige Haltung und Kleidung sowie durch ihre Vorliebe für amerikanische Wörter und Musik, wie den Swing, als „Volksschädlinge" galten. Für kriminelle bzw. nicht anpassungswillige Jugendliche gab es eigene Konzentrationslager, im niedersächsischen Moringen für Jungen und in der Uckermark für Mädchen.

M2 „Ich habe in der Schule nur gesagt, dass ihr immer über den Führer schimpft."

M3 Flüsterwitz

„Mein Vater ist SA-Mann, mein älterer Bruder in der SS, mein kleiner Bruder in der HJ, die Mutter in der NS-Frauenschaft und ich im BDM." „Ja, seht ihr euch denn bei dem vielen Dienst auch einmal?" „O ja, wir treffen uns jedes Jahr auf dem Parteitag in Nürnberg!"

M4 Aussagen einer Zeitzeugin *(1980)*

Dem Blockwart ging man am besten aus dem Weg. Zum Beispiel waren ab und zu Büchersammlungen neben all den anderen Sammlungen. Diese Bücher mussten beim Block-

5 wart abgegeben werden ... Dabei war genau aufzupassen, dass man nicht aus Versehen ein falsches Buch abgab. Viele Bücher standen auf dem Index (Verzeichnis von verbotenen Büchern), die hätte man schon 1933 zur Verbrennung abgeben müssen ... Der Blockwart kannte den Index ganz genau,

10 sah sich die Bücher an und prüfte damit auch die Gesinnung der Volksgenossen ... Aber kein Buch abzugeben war genauso verräterisch, denn dann fragte der Blockwart, ob man sich denn gar nicht der Volksgemeinschaft zugehörig fühle ...
In manchen Läden stand: „Hier grüßt man mit dem Deutschen Gruß". Meine Mutter ist lieber vier Straßen weiterge-

15 gangen, in ein anderes Geschäft, als in diesem Eckladen zu kaufen, der bei uns gegenüber lag. Wenn sie einmal reingegangen ist, dann hat sie „Guten Tag" gesagt. Dann hat die Besitzerin laut und deutlich „Heil Hitler" geantwortet. Ich habe meine Mutter immer sehr bewundert ...

20 Wenn Adolf Hitler oder Goebbels gesprochen haben, wenn diese Reden durch den Rundfunk gingen, dann waren die Straßen leer, und im Sommer waren die Fenster offen, damit auch jeder hörte, dass man den Volksempfänger anhatte. Jeder musste eigentlich hören. Wer da wegging, in einen

25 Schrebergarten, der hat sich schon verdächtig gemacht ...
Geflaggt haben wir nie. Meine Mutter hat sich immer herausgeredet, dass der Hauswirt schon so eine große Fahne aufziehen würde. Damals wurden wir Mädchen von unseren BDM-Führerinnen gefragt, ob die Eltern Feindsender hören

30 oder Kontakte zu Kriegsgefangenen hätten. (Die Eltern haben natürlich Feindsender gehört.) Ich war zwölf ... und damals hatte man in diesem Alter schon so wichtige Entscheidungen zu treffen. Man musste gewitzt sein, man durfte sich nicht anmerken lassen, wie die Eltern dachten ... Und man musste sei-

35 ne Freunde kennen, mit denen man sich unterhalten wollte ...
Anne Betz im Gespräch 1980. Zitiert nach: Reinhard Bein: „Wer nicht für uns ist, ist gegen uns". Mitmachen, ertragen, verweigern in den Jahren 1939–1945 (= Praxis Geschichte 5/1990), Seite 24.

M5 Wilhelm Furtwängler begrüßt bei einem seiner Konzerte Adolf Hitler

Der berühmteste Dirigent seiner Zeit war Chef der Berliner Philharmoniker und 1930/40 auch der Wiener Philharmoniker. Er entsprach mit seiner Musik dem nationalsozialistischen Zeitgeist. 1933 hatte er sich noch für jüdische Kollegen stark gemacht. Nach dem Aufführungsverbot einer Oper von Paul Hindemith war er von seinen Ämtern zurückgetreten. Doch später passte er sich dem Regime an.

1 Stelle dar, wie das ideale „Leben im Zeichen des Nationalsozialismus" aussehen sollte (Autorentext).
2 Nenne Beispiele für die unterschiedlichen Haltungen der deutschen Bevölkerung gegenüber dem NS-Regime (M1–M5 und Autorentext).
3 Bewerte die Rolle der Denunzianten für die Aufrechterhaltung des NS-Systems (M4 und Autorentext).
4 Recherchiere unter dem Begriff „Jugendschutzlager", welche Jugendliche für welche „Vergehen" nach Moringen oder in die Uckermark gebracht wurden.

Wer gehört nicht zur nationalsozialistischen „Volksgemeinschaft"?

Juden in Deutschland. Mit den preußischen Reformen erhielten die Juden 1812 erstmals die rechtliche Gleichstellung („Judenemanzipation"). Lange vor dem Machtantritt der Nationalsozialisten formulierten in der 2. Hälfte des 19. Jh. europäische Rassefanatiker Thesen zum Judenhass (Juden als „Rasse" definiert). Dieser moderne ▸ Antisemitismus war unter Konservativen und Nationalisten im Kaiserreich sehr verbreitet; das Adjektiv „jüdisch" wurde aber auch sinngleich für „demokratisch", „liberal" oder „sozialistisch" verwendet. Heutige Historiker sehen daher in diesem Antisemitismus eine Auflehnung gegen die Veränderungen der Moderne.

Die rund 500 000 deutschen Juden gehörten allen Schichten der Bevölkerung an; jeder achte von ihnen war, nach der Statistik des Jahres 1930, mittellos.

Rassengesetze und Pogrome. Kaum jemand ahnte 1933, mit welcher Schnelligkeit und Unmenschlichkeit Hitler und seine Gefolgsleute ihren Judenhass umsetzen würden. Aufrufe zum Boykott jüdischer Geschäfte, die Entlassung jüdischer Beamter und die schrittweise Entziehung der Berufserlaubnis für jüdische Anwälte, Ärzte und Apotheker standen am Anfang einer Kette von immer brutaleren staatlich befohlenen Maßnahmen, mit denen Juden aus der deutschen Gesellschaft gedrängt werden sollten. Wer Jude war, bestimmten die Nationalsozialisten. Mit den „Nürnberger Gesetzen" verloren Juden 1935 die deutsche Staatsbürgerschaft; Ehen zwischen Juden und Nichtjuden wurden verboten oder für ungültig erklärt.

In der Nacht vom 9. zum 10. November 1938 brannten überall in Deutschland Synagogen sowie jüdische Geschäfte und Betriebe. In Paris hatte ein 17-jähriger Jude aus Verzweiflung über die Ausweisung seiner Eltern aus Deutschland nach Polen einen Diplomaten der deutschen Botschaft erschossen. Die SA organisierte eine „Nacht der Vergeltung": Jüdische Bürger wurden durch die Straßen gehetzt, etwa einhundert ermordet und über 25 000 in Konzentrationslager gesperrt. Die Propaganda sprach von einem „Akt des Volkszorns", doch das Volk reagierte widersprüchlich auf die Ereignisse des Novemberpogroms. Viele schauten ängstlich oder verlegen weg, wenn der ihnen bekannte jüdische Nachbar, Arzt oder Handwerker verhaftet wurde. Einige halfen den Ver-

folgten, andere beteiligten sich aktiv an den Brandschatzungen und Plünderungen. Nach dem Pogrom wurde den Juden eine „Sühneleistung" als Sondersteuer von 20–25 % des Vermögens abverlangt. Wer ein Aufnahmeland fand, wanderte aus.

M 1 Textilgeschäft der Familie Silberstein am Botanischen Garten in Berlin (ca. 1938)

Interview mit Alfred Silberstein (September 1996):
„Ich erinnere mich sehr genau an die Nacht des 9. November 1938. Sie zertrümmerten unseren Laden und nahmen meinen Vater in Haft. Als mein Vater sechs Wochen später zurückkam, erkannten wir ihn kaum wieder. Sein Geist war gebrochen. Äußerlich war er völlig heruntergekommen."
Zitiert nach: Katalog der Ständigen Ausstellung – Haus der Wannsee-Konferenz, Berlin 2006, S. 51.

Terror gegen Mitbürger. Das nicht sesshafte Volk der Sinti und Roma bildete eine weitere Zielscheibe nationalsozialistischer Rassenpolitik: Viele Frauen und Kinder wurden zwangssterilisiert, die Jugendlichen durften keine öffentlichen Schulen besuchen und die Männer brachte man in Arbeitslager. Während des Zweiten Weltkriegs wurden die Angehörigen dieser Volksgruppen wie die europäischen Juden Opfer des geplanten Völkermords (s. S. 54ff). Aus der NS-„Volksgemeinschaft" ausgeschlossen waren auch alle diejenigen, die durch ihren Glauben (z. B. Ernste Bibelforscher oder Zeugen Jehovas), ihre politischen Überzeugungen (z. B. Pazifisten, Kommunisten, Sozialdemokraten) oder ihre Lebensführung (z. B. Homosexuelle) als Außenseiter galten. Ein Programm zur „Vernichtung unwerten Lebens" sah die staatlich angeordnete Tötung von Menschen mit geistigen und körperlichen Behinderungen vor; in speziellen Anstalten ermordeten die Nationalsozialisten ohne Wissen der Angehörigen über 100 000 dieser Menschen.

M2 Ausgrenzung aus der Gesellschaft: Auszug aus den Tagebüchern Victor Klemperers

Victor Klemperer war bis zu seiner Entlassung durch die Nazis 1935 Professor für romanische Sprachen in Dresden. Er überlebte in Dresden dank der Hilfe seiner nichtjüdischen Frau Eva:

Dienstag, 2. Juni 1942: Neue Verordnungen gegen die Juden. Der Würger wird immer enger angezogen, die Zermürbung mit immer neuen Schikanen betrieben. Was ist in diesen letzten Jahren alles an Großem und Kleinem zusammengekom-
5 men! Und der kleine Nadelstich ist manchmal quälender als der Keulenschlag. Ich stelle einmal diese Verordnungen zusammen: 1) Nach acht oder neun Uhr abends zu Hause sein. Kontrolle! 2) Aus dem eigenen Haus vertrieben. 3) Radioverbot, Telefonverbot. 4) Theater-, Kino-, Konzert-, Museums-
10 verbot. 5) Verbot, Zeitschriften zu abonnieren oder zu kaufen. 6) Verbot zu fahren, Autobusse verboten, nur Vorderperron der Tram (= der offene Teil der Straßenbahn) erlaubt, auch zur Arbeit zu Fuß unter sieben Kilometer, Autodroschke (Taxi) verboten. 7) Verbot, „Mangelware" zu kaufen.
15 8) Verbot, Zigarren zu kaufen oder irgendwelche Rauchstoffe. 9) Verbot, Blumen zu kaufen. 10) Entziehung der Milchkarte. 11) Verbot, zum Barbier (Friseur) zu gehen. 12) Handwerker nur nach Antrag bei der Gemeinde bestellbar. 13) Zwangsablieferung von Schreibmaschinen, 14) von Pelzen und Woll-
20 decken, 15) von Fahrrädern – zur Arbeit darf geradelt werden (Sonntagsausflug und Besuch zu Rad verboten), 6) von Liegestühlen, 17) von Hunden, Katzen, Vögeln. 18) Verbot, die Bannmeile Dresdens zu verlassen, 19) den Bahnhof zu betreten ... 22) seit dem 19. September der Judenstern.
25 23) Verbot, Vorräte an Esswaren zu haben. 24) Verbot der Leihbibliotheken. 25) Durch den Stern sind uns alle Restaurants verschlossen ... 26) Keine Kleiderkarte. 27) Keine Fischkarte. 28) Keine Sonderzuteilung wie Kaffee, Schokolade, Obst, Kondensmilch ... 31) Einkaufsbeschränkung auf
30 eine Stunde (drei bis vier). Sonnabend zwölf bis eins. Ich glaube, diese 31 Punkte sind alles. Sie sind aber alle zusammen gar nichts gegen die ständige Gefahr der Hausdurchsuchung, der Misshandlung, des Gefängnisses, Konzentrationslagers und gewaltsamen Todes.

Zitiert nach: Victor Klemperer: Ich will Zeugnis ablegen bis zum letzten. Tagebücher 1933–1945, Berlin (Aufbau-Taschenbuch-Verlag) 1996, S. 107f.

Hinweis: Von den Aufzeichnungen Victor Klemperers gibt es auch eine Auswahl für junge Leser in Taschenbuchform.

M3 Zerstörte Synagoge in Nürnberg
(10. November 1938)

Der Historiker Wolfgang Benz schrieb 1988: „Der Novemberpogrom, als ‚Reichskristallnacht' im Umgangston verniedlicht, bedeutete einen Rückfall in die Barbarei; in einer Nacht wurden die Errungenschaften der Aufklärung, der Emanzipation, der Gedanke des Rechtsstaats und die Idee von der Freiheit des Individuums zuschanden".

1 Zeige an M2 den wachsenden Druck auf die jüdische Bevölkerung in Deutschland. Stelle die einzelnen Maßnahmen dar und bewerte die persönlichen, wirtschaftlichen und politischen Konsequenzen für den Einzelnen. Nenne Menschenrechte, die verletzt wurden.

2 Bis zur Pogromnacht 1938 betrachteten viele Menschen die judenfeindlichen Maßnahmen noch als eine vorübergehende Erscheinung. Deute vor diesem Hintergrund die Aussage des Historikers Benz (M3).

3 Vorschlag für ein Referat: Das Buch von Hans P. Richter: „Damals war es Friedrich".

4 Stelle Nachforschungen zur Pogromnacht in deiner Stadt bzw. Gegend an (Bibliothek, Archiv). Lies dazu auch die Tipps auf S. 63.

5 Welche Fluchtmöglichkeiten boten sich 1938 für Juden aus Deutschland? Suche unter dem Begriff „Reichsfluchtsteuer".

6 Referiere über das Schicksal einer der Opfergruppen, die im Autorentext nur gestreift werden (z. B. unter www.sintiundroma.de oder unter dem Suchbegriff „NS-Völkermord").

Die nationalsozialistische Wirtschafts- und Sozialpolitik

Der Staat schafft Arbeit für alle. Hitler ordnete die gesamte Wirtschaftspolitik dem Hauptziel unter, aus Deutschland eine bedeutende Militärmacht zu machen, die spätestens 1940 „kriegsfähig" sein sollte. Die staatlichen Investitionen wurden stark ausgeweitet. Das meiste Geld floss in Aufrüstungsprogramme. Dazu gehörten der Bau militärisch wichtiger Anlagen wie Kasernen, Flugplätze oder Befestigungen, so z.B. der Westwall entlang der französischen Grenze. Die Industrie fertigte Flugzeuge, Panzer, Kriegsschiffe, Lastkraftwagen, Kanonen und Gewehre. Auch für den Ausbau des Straßennetzes wurden hohe Summen bereitgestellt. Die Ausgaben für zivile Zwecke, wie den Wohnungsbau, gingen hingegen zurück. Im Bau- und Verkehrswesen griff man auf Pläne aus der Weimarer Republik zurück. Die propagandistisch verkündete Halbierung der Arbeitslosigkeit im ersten Jahr der Diktatur beruhte noch auf manipulierten Statistiken. Doch bereits 1936 bestand Mangel an Facharbeitern.

Das Arbeitsordnungsgesetz von 1934 bedeutete meist niedrigere Löhne; die Arbeitszeit stieg von durchschnittlich 40 auf 44 Wochenstunden. Damit sanken die Lohnkosten für die Industrie. Trotz der niedrigen Kaufkraft gab es bei Arbeitern und Angestellten nach den verheerenden Auswirkungen der Weltwirtschaftskrise keine nennenswerten Proteste gegen die Lohneinbußen. Erst als 1938 die Vollbeschäftigung erreicht war, nahmen unentschuldigtes Fehlen, Verspätungen und Alkoholgenuss am Arbeitsplatz wieder zu.

Junge Menschen zwischen 18 und 25 Jahren mussten ein halbes Jahr Arbeitsdienst gegen geringe Entlohnung leisten. Dieser „Ehrendienst am deutschen Volk" bestand zumeist aus Arbeiten in der Forstwirtschaft oder im Straßenbau und sollte helfen, Standesunterschiede einzuebnen. Auch die Einführung der allgemeinen Wehrpflicht 1935 trug zur Verringerung der Arbeitslosigkeit bei.

Wirtschaft im Dienste der Kriegsvorbereitung.
Das „Reichserbhofgesetz" verbot die Aufteilung von landwirtschaftlichem Besitz. Damit sollte verhindert werden, dass der Besitz zersplitterte und somit unproduktiv wurde und die Bauern in die Industrie abwanderten. Es ging vorrangig darum, die Eigenversorgung mit Nahrungsmitteln zu sichern und zu verbessern. Die Preise für landwirtschaftliche Erzeugnisse wurden durch staatliche Zuschüsse künstlich niedrig gehalten.

Das Deutsche Reich sollte in möglichst vielen Bereichen wirtschaftlich autark (unabhängig von Importen) sein. Zur Vermeidung von Rohstoffankäufen im Ausland wurden unter immensen Kosten in Deutschland Eisenerze abgebaut, die z. B. in Schweden für einen Bruchteil des Geldes zu bekommen waren. Die Forschungslaboratorien arbeiteten an der Entwicklung künstlicher Ersatzstoffe. So gelang es, Benzin synthetisch aus Kohle herzustellen und aus Braunkohle Buna zu fertigen, einen Ersatz für Naturkautschuk. Die Ausrichtung der Wirtschaft auf die Rüstungsindustrie begünstigte die chemische, die Elektro- und die Schwerindustrie. Das Angebot an Konsumgütern blieb dagegen knapp und die Qualität verschlechterte sich: Textilien waren überwiegend aus Synthetikgewebe und Schuhe hielten selten länger als eine Saison. Das Privateigentum blieb trotz der staatlichen Eingriffe in die Wirtschaft unangetastet. Zu keinem Zeitpunkt konnte Deutschland jedoch die angestrebte Unabhängigkeit von Einfuhren erreichen; es blieb auf Importe von Erdöl, Gummi und Buntmetallen angewiesen.

Eine hohe Staatsverschuldung. Die sehr hohen Ausgaben für die Arbeitsbeschaffungsprogramme mussten auf Kosten einer hohen Verschuldung des Staates von der Reichsbank finanziert werden. Deren Präsident Hjalmar Schacht entwickelte zur Finanzierung ein ausgeklügeltes System durch Handelswechsel, eine Art Ersatzgeld. 1938 drohte der Staat zahlungsunfähig zu werden. Vor diesem Hintergrund bedeuteten die nach dem Pogrom im November 1938 von der Reichsregierung verhängte „Sühneleistung" der deutschen Juden in Form einer Sondersteuer vom Vermögen (s. S. 40) sowie die Reichsfluchtsteuer eine willkommene Sondereinnahme in Höhe von fast einem Zehntel der gesamten Staatseinnahmen. Hierbei sind die Verkäufe von Hausrat, Antiquitäten, Kunst und Schmuck nicht eingerechnet. Die Ausplünderung der deutschen Juden war das Fallbeispiel, nach dem in den Folgejahren die von den Deutschen unterworfenen Länder ausgebeutet werden sollten.

M1 Statistiken zur NS-Wirtschaft

a) *Öffentliche Investitionen in Milliarden Reichsmark:*

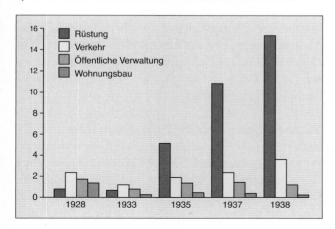

b) *Staatsverschuldung des Deutschen Reichs in Milliarden:*

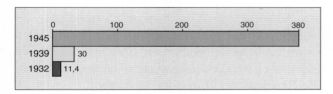

c) *Durchschnittlicher Jahresverbrauch in einem Vier-Personen-Arbeiterhaushalt:*

	1928	1937
Fleisch (kg)	146,5	118,5
Eier (Stück)	472	258
Milch (l)	481	358
Fette (kg)	55,4	37,3
Kartoffeln (kg)	507,8	530,3
Gemüse (kg)	127,3	117,8
Obst (kg)	96,2	64,9

d) *Entwicklung der Tarifstundenlöhne (in Pfennig):*

	1929	1932	1936	1939
Facharbeiter	101,1	81,6	78,3	79,1
Hilfsarbeiter	79,4	64,4	62,3	62,8
Facharbeiterin	63,4	53,1	51,6	51,5
Hilfsarbeiterin	52,7	43,9	43,4	44,0

M2 Wirtschaft und Kriegsvorbereitung

Aus einer geheimen Niederschrift Hitlers, August 1936:
Wir sind überbevölkert und können uns auf der eigenen Grundlage nicht ernähren ... Die endgültige Lösung liegt in einer Erweiterung des Lebensraumes bzw. der Rohstoff- und Ernährungsbasis unseres Volkes. Es ist die Aufgabe der poli-
5 tischen Führung, diese Frage dereinst zu lösen. Ähnlich der militärischen und politischen Aufrüstung bzw. Mobilmachung unseres Volkes hat auch eine wirtschaftliche zu erfolgen, und zwar im selben Tempo, mit der gleichen Entschlossenheit und wenn nötig auch mit der gleichen Rücksichtslosigkeit. Zu
10 diesem Zweck sind auf allen Gebieten ... Devisen einzuspa-ren, um sie jenen Erfordernissen zuzulenken, die unter allen Umständen ihre Deckung nur durch Import erfahren können. In diesem Sinne ist die deutsche Brennstofferzeugung in schnellem Tempo vorwärtszutreiben und binnen 18 Monaten
15 zum restlosen Abschluss zu bringen. Es ist ebenso die Massen-fabrikation von synthetischem Gummi zu organisieren und si-cherzustellen ... Die Frage des Kostenpreises dieser Roh-stoffe ist gänzlich belanglos ... Es ist weiter notwendig, ohne Rücksicht auf die Kosten, die deutsche Erzförderung zu stei-
20 gern ...
Kurz zusammengefasst: Ich halte es für notwendig, dass nun-mehr mit eiserner Entschlossenheit auf allen Gebieten eine 100 %ige Selbstversorgung eintritt ... Ich stelle damit folgen-de Aufgabe: 1. Die deutsche Armee muss in vier Jahren ein-
25 satzfähig sein. 2. Die deutsche Wirtschaft muss in vier Jah-ren kriegsfähig sein.
Zitiert nach: Wilhelm Treue: Hitlers Denkschrift zum Vierjahresplan. In: Vierteljahreshefte für Zeitgeschichte, Jg. 3/1955, S. 184ff.

1 Nenne Bereiche, in die der Staat nach 1933 beson-ders stark investierte (M2 und Autorentext). Stelle dar, inwieweit die Statistiken (M1) erkennen lassen, dass die Wirtschaftspolitik auf einen künftigen Krieg ausgerichtet war. Beschreibe die Entwicklung des Lebensstandards.
2 Stelle Vermutungen an, warum sich noch viele Jahre nach dem Zweiten Weltkrieg ein positives Bild der NS-Wirtschaftspolitik hielt. Der Kernsatz lautete „Aber Hitler hat doch die Arbeitslosigkeit beseitigt und die Autobahnen gebaut." Schreibe eine kurze Entgegnung.

Außenpolitik: Der Weg in den Krieg 1933–1939

Was will Hitler: Kanonen oder Friedenstauben?
Nach Stabilisierung der nationalsozialistischen Herrschaft (s. S. 24ff.) meldete sich Hitler auf internationalem Parkett. Bereits im Sommer 1933 hatte er mit dem Vatikan ein Konkordat (Staatsabkommen) geschlossen. Im Oktober 1933 ließ er die Welt durch den plötzlichen Austritt Deutschlands aus dem Völkerbund aufhorchen, denn damit entzog er Deutschland der Rüstungskontrolle. Überraschend schloss er im Januar 1934 einen Neutralitätspakt mit Polen auf zehn Jahre. Nur wenige erkannten Hitlers Taktik der verschleierten Kriegsvorbereitung.

M 1 Amerikanische Karikatur zur Friedensrede Hitlers am 17. Mai 1933 vor dem Reichstag

Erfolgreiche Revisionspolitik? Als ein wichtiges Ziel deutscher Außenpolitik galt seit 1919 die Rücknahme (Revision) des Versailler Vertrags. Im Gegensatz zu Frankreich war Großbritannien bereit, dies zum Teil zuzulassen, gleichzeitig aber hoffte man, Hitler kontrollieren zu können. Hitler wollte ein gutes Verhältnis zu den Briten haben, denn sie waren in seinen Augen als „überlegene Rasse" (s. S. 22f.) der ideale Partner bei der geplanten Eroberung und Aufteilung der Welt. Im Juni 1935 schloss London ein Flottenabkommen mit Berlin und ließ eine begrenzte Flottenrüstung zu. Die scheinbar erfolgreiche Revisionspolitik bis 1938 brachte Hitler den Jubel des Volkes und den Beifall der Militärs. Dabei profitierte er von der Uneinigkeit des westlichen Auslands. Die Franzosen waren innenpolitisch abgelenkt, die Engländer wollten einen Krieg vermeiden (Appeasementpolitik, to appease = beschwichtigen), indem sie Zugeständnisse machten. Die Amerikaner hatten 1935 per Gesetz festgelegt, sich nicht in Europa einzumischen. Die Welt schaute zu, als Hitler 1935 die allgemeine Wehrpflicht einführen, 1936 die Wehrdienstzeit erhöhen und die Aufrüstung beschleunigen ließ. Man glaubte anlässlich berauschend inszenierter Olympischer Spiele 1936 eher den Friedensparolen aus Berlin.

Von der Aggression zur Expansion. Hitler brauchte Partner für seine aggressive Politik. Seit der deutschen Unterstützung bei der Eroberung Abessiniens 1935/36 kamen sich Hitler und der italienische Diktator Mussolini näher. Letzterer sprach 1936 von einer „Achse Berlin–Rom". Während eines Besuchs in Berlin wurden beider Interessen abgegrenzt: Das Mittelmeergebiet sollte italienischem, Osteuropa deutschem Einfluss unterstehen. Mit der Großmacht Japan wurde ein Bündnis gegen die Kommunistische Internationale (Antikominternpakt) geschlossen.
Durch Verträge gestärkt, konnte Hitler nun offen Gewaltpolitik betreiben. Er sicherte sich durch Erpressung und Drohung weitere Gebiete, auch über die Revision des Versailler Vertrags hinaus. Nach dem „Anschluss" Österreichs 1938 wurde Hitler in Wien von 250 000 Menschen bejubelt. Das westliche Ausland begann verstärkt zu rüsten, blieb aber bei der Appeasementpolitik. Um einen Krieg zu vermeiden, trafen sich im gleichen Jahr der britische Premier Chamberlain, der französische Ministerpräsident Daladier, Hitler und Mussolini in München. Ohne die Regierung in Prag handelten sie im Münchner Abkommen die Angliederung des Sudetenlandes an das Deutsche Reich aus; zugleich wurde dem slowakischen Landesteil eine größere Selbstständigkeit zugebilligt. Der Frieden schien nochmals gerettet: Europa atmete auf. Doch Hitler bereitete schon die völlige Zerschlagung des Nachbarstaates vor. Unter erheblichem Druck erklärte sich die Slowakei für souverän und stellte sich unter den Schutz des Deutschen Reichs. Die „Rest-Tschechei" wurde von der deutschen Wehrmacht kampflos besetzt und Hitler verkündete in Prag die Errichtung des „Reichsprotektorats Böhmen und Mähren". Zielsicher steuerten die Nationalsozialisten auf einen europäischen Krieg zu.

M2 Erweiterung des deutschen Machtbereichs bis 1939

— Staatsgrenzen 1937

▨ Deutsches Reich und angegliederte Gebiete = Großdeutschland 1939

① Januar 1935 Saarland: fünfzehn Jahre unter Verwaltung durch den Völkerbund; überwältigende Mehrheit der Bevölkerung stimmt für die Eingliederung ins Deutsche Reich

② März 1936 Rheinland: Einmarsch ins entmilitarisierte Rheinland (Bruch des Versailler Vertrags)

③ März 1938 Einmarsch deutscher Truppen in Österreich

④ Oktober 1938 deutschsprachiges Sudentenland an das Deutsche Reich abgetreten

⑤ März 1939 „Rest-Tschechei" ohne Widerstand besetzt („Reichsprotektorat Böhmen und Mähren")

⑥ März 1939 Memelgebiet: seit 1919 unter der Verwaltung des Völkerbundes; durch Verhandlungen wieder Teil des Deutschen Reichs

M3 Hitler im Reichstag am 17. Mai 1933

Wir aber haben keinen sehnlicheren Wunsch, als dazu beizutragen, dass die Wunden des Kriegs und des Versailler Vertrags endgültig geheilt werden. Deutschland will keinen
5 anderen Weg dabei gehen als den, der durch die Verträge selbst als berechtigt anerkannt ist. Die deutsche Regierung wünscht, sich über alle schwierigen Fragen mit den Nationen friedlich auseinanderzusetzen.

Zitiert nach: Max Domarus: Hitler. Reden und Proklamationen, Bd. 1, Würzburg (Domarus) 1962, S. 277.

M4 Auszug aus dem Hoßbach-Protokoll

Am 5. November 1937 erläuterte Hitler über vier Stunden lang seinen militärischen Oberbefehlshabern sowie dem Außen- und dem Kriegsminister unter strenger Geheimhaltung seine Kriegspläne. Eine Zusammenfassung der wichtigsten Punkte erstellte der damals anwesende Oberst Hoßbach wenige Tage danach:

Das Ziel der deutschen Politik sei die Sicherung und Erhaltung der Volksmasse und deren Vermehrung. Somit handele es sich um das Problem des Raumes ... Stelle man an die Spitze der nachfolgenden Ausführungen den Entschluss zur
5 Anwendung von Gewalt unter Risiko, dann bleibe noch die Beantwortung der Fragen „wann" und „wie". Hierbei seien drei Fälle zu entscheiden:

Fall 1: Zeitpunkt 1943–1945. Nach dieser Zeit sei nur noch eine Veränderung zu unseren Ungunsten zu erwarten. Die
10 Aufrüstung der Armee, Kriegsmarine, Luftwaffe sowie die Bildung des Offizierskorps seien annähernd beendet ... Sollte der Führer noch am Leben sein, so sei es sein unabänderlicher Entschluss, spätestens 1943/45 die deutsche Raumfrage zu lösen. Die Notwendigkeit zum Handeln vor
15 1943/45 käme im Fall 2 und 3 in Betracht.

Fall 2: Wenn die sozialen Spannungen in Frankreich sich zu einer derartigen innenpolitischen Krise auswachsen sollten, dass durch letztere die französische Armee absorbiert (abgelenkt) und für eine Kriegsverwendung gegen Deutschland
20 ausgeschaltet würde, sei der Zeitpunkt zum Handeln gegen die Tschechei gekommen ...

Fall 3: Wenn Frankreich durch einen Krieg mit einem anderen Staat so gefesselt ist, dass es gegen Deutschland nicht „vorgehen" kann ...

Zitiert nach: Walther Hofer (Hrsg): Der Nationalsozialismus. Dokumente 1933-1945, Frankfurt/M. (S. Fischer) 1960, S. 193ff.

1 Beschreibe die Karikatur M1 und deute die Aussageabsicht. Vergleiche M3 und M4 und setze die beiden Texte in Bezug zu M1.

2 Erarbeite aufgrund des Autorentextes und der Karte M2 eine Chronologie der Ereignisse, kennzeichne darin verschiedenfarbig Hitlers scheinbar friedliche Absichten und sein expansives Vorgehen.

3 Erläutere mithilfe eines Lexikons den Begriff „Appeasement". Nimm Stellung zur These, diese Art der Politik habe Hitlers außenpolitische Erfolge sowie die deutschen Kriegsvorbereitungen ermöglicht.

Vom Blitzkrieg zum Einmarsch in die Sowjetunion

Deutsche Siege im Blitzkrieg (1939–1940). Die Besetzung der „Rest-Tschechei" war für Hitler nur eine Durchgangsstation bei der Eroberung von „Lebensraum im Osten" – die nächste Etappe war Polen. Der Nichtangriffspakt von 1934 wurde vorzeitig gekündigt und Polen mit unannehmbaren Forderungen bedrängt. Völlig unerwartet schlossen das Deutsche Reich und die Sowjetunion nach Geheimverhandlungen im Sommer 1939 einen Nichtangriffspakt. So bekam Hitler freie Hand und konnte am 1. September 1939 den Angriff gegen Polen wagen. Langwierige Stellungskriege wie im Ersten Weltkrieg wollte die militärische Führung vermeiden. Motorisierte Verbände der Wehrmacht sollten schnell vorrücken und den Gegner niederwerfen.

Der erste „Blitzkrieg" dieser Art führte nach drei Wochen zur Niederlage Polens. Es folgte im Frühjahr 1940 ein Wettlauf zwischen der deutschen Marine und der britischen Navy um die Besetzung Dänemarks und Norwegens, den die Deutschen für sich entschieden. Auch Frankreich kapitulierte nach nur sechs Wochen Krieg.

M1 Englische Karikatur *(1940/41)*

Die erste empfindliche Niederlage musste Hitler im Kampf gegen Großbritannien einstecken, das unter Premierminister Winston Churchill entschlossen Widerstand leistete. Nachdem das britische Heer nach der Niederlage Frankreichs in Dünkirchen über den Ärmelkanal nach England entkommen konnte, befahl Hitler im Juli 1940 den Angriff der deutschen Luftwaffe. Die Bombardierung richtete vor allem in den Großstädten wie London und in der Industriestadt Coventry große Schäden an. Doch die deut-

schen Verluste in der „Luftschlacht über England" waren so hoch, dass das Ziel einer Landung in England nicht erreicht wurde und Hitler den Luftkrieg im Frühjahr 1941 abbrach.

Auch Mussolini hoffte auf Blitzkriege, doch seine Truppen gerieten nach ersten Siegen in Albanien bzw. Griechenland und Nordafrika in Bedrängnis. Die Unterstützung durch deutsche Truppen war aber anfangs sehr erfolgreich.

Krieg gegen die Sowjetunion (ab 1941). Überfallartig, den Nichtangriffspakt missachtend und ohne Kriegserklärung, begann im Juni 1941 Hitlers „Weltanschauungs- und Vernichtungskrieg" (s. S. 48f.) gegen die Sowjetunion. In zehn Wochen wollte man auch Russland bezwungen haben. In mehreren Kesselschlachten wurden bis zum Oktober an die drei Millionen russische Soldaten getötet oder gefangen genommen; doch zeigte sich, dass in der Sowjetunion ein Blitzkrieg wegen der gewaltigen Entfernungen und der Witterungsbedingungen nicht möglich war. Kälte, Eis und Schnee sowie nach Tauwetter aufgeweichter Boden stoppten die deutschen Truppen und behinderten den Nachschub erheblich. Stalin erreichte mit seinem Aufruf zum „Großen Vaterländischen Krieg", dass der russische Abwehrwille gestärkt wurde und die Rote Armee zum Gegenangriff überging.

Für Deutschland wurde die Lage noch schwieriger, als die Sowjetunion im Juni 1941 mit Großbritannien ein Bündnis schloss. Außerdem hatte sich der europäische Krieg zu einem Weltkrieg ausgeweitet: Unmittelbar nach dem japanischen Angriff im Dezember 1941 auf Pearl Harbor, einem wichtigen Flottenstützpunkt der amerikanischen Pazifikflotte

auf Hawaii, erklärte Hitler den USA den Krieg. Somit hatte das Deutsche Reich ab 1941 die drei Großmächte der Alliierten zum Gegner.

M2 Englische Karikatur *(1941)*

M3 Kriegsverlauf in Europa (1939–1942)

Legende:
- Deutsches Reich 1937
- 1938/39 angegliederte Gebiete
- besetzte Länder
- Verbündete Deutschlands
- neutrale Staaten
- alliierte Mächte

Dezember 1941 nach Hitlers Kriegserklärung tritt die USA in den Krieg ein

Nordkap
Narvik 1940
SCHWEDEN
NORWEGEN
FINNLAND
Kristiansand 1940
Oslo 1940
ESTLAND
vor Leningrad 1941
Moskau
SOWJETUNION
IRLAND
GROSS-BRITANNIEN
DÄNEMARK
LETTLAND
LITAUEN
Woronesch 1942
Normandie 1940
NIEDER-LANDE 1940
Berlin
BELGIEN 1940
DEUTSCHES REICH
POLEN 1939
Kiew 1941
Stalingrad 1942/43
Paris 1940
TSCHECHOSLOWAKEI
FRANKREICH
SCHWEIZ
ÖSTERREICH
UNGARN
Krim 1942
Kaukasus 1942
Südfrankreich 1942
RUMÄNIEN
Schwarzes Meer
PORTUGAL
SPANIEN
ITALIEN
JUGOSLAWIEN
BULGARIEN
TÜRKEI
ALBANIEN 1941
Atlantik
GRIECHENLAND 1941
SYRIEN
FRANZ.-MAROKKO
Malta
Kreta 1941
Mittelmeer
PALÄSTINA
IRAK
TRANS-JORDANIEN
ALGERIEN
TUNESIEN 1942
Tobruk 1942
El Alamein 1942
SAUDI-ARABIEN
Tripolis 1941
LIBYEN
ÄGYPTEN

0   500   1000 km

M4 Aus Feldpostbriefen von der Ostfront (1941)

Gefreiter F. am 3. Juli:

Adolf und ich marschieren gegen unseren großen Feind Russland. Somit geht einer meiner Wünsche in Erfüllung; nach die-
5 sem gotteslästerlichen Land wollte ich schon immer gerne ziehen. Diesmal wird bestimmt Schluss gemacht mit einer gott-feindlichen Macht ...

Soldat R. L. am 1. August:

Die Rohheit allerdings, die der Russe immer wieder zeigt, lässt sich nur aus der Verhetzung er-klären. Es ist ein Volk, das lan-
5 ger und guter Schulung bedarf, um Mensch zu werden. Charak-ter und Wesen der Russen ge-hören vielmehr ins Mittelalter als in die Neuzeit. Darum ge-
10 nügt es nicht, den russischen Massen moderne Maschinen zum Fliegen und raffinierte Tanks zu geben. Sie wüssten damit nur wenig anzufangen ...

Zitiert nach: Ortwin Buchbender und Reinhold Sterz (Hrsg.): Das andere Gesicht des Krieges. Deutsche Feld-postbriefe 1939–1945, München (C. H. Beck) 1983, S. 72f.

M5 Der harte Winter und die Schlammperiode stoppten den Vormarsch der deutschen Truppen in der Sowjetunion (1941/42)

1 Der französische Botschafter in Moskau nannte Hitlers Politik 1939 geprägt von „Zynismus, Hinter-hältigkeit der Planung und Geheimhaltung der Vor-bereitung". Nimm dazu Stellung.

2 Beschreibe anhand der Karte (M3) unter Zuhilfe-nahme des Autorentextes den Frontverlauf im Zwei-ten Weltkrieg von 1939–1942. Berücksichtige dabei auch die Karikatur M1 und die Abbildung M5.

3 Beschreibe das Russlandbild, das aus den Feldpost-briefen der beiden Soldaten (M4) deutlich wird.

4 Propaganda und Wirklichkeit: Lege dies anhand der beiden Bilder M2 und M5 dar.

Der Krieg im Osten

Die Brutalisierung des Kriegs. Der deutsche Feldzug im Osten war nicht nur ein Krieg zur Eroberung neuen „Lebensraumes" und um die Vorherrschaft in Europa, die Nationalsozialisten führten ihn auch als Vernichtungskrieg gegen Juden und andere von ihnen als „minderwertig" erachtete Bevölkerungsgruppen. Moralische und völkerrechtliche Normen wurden dabei von Beginn an missachtet. So ließ sich jener Rahmen schaffen, der den Völkermord an den Juden ermöglichte, denn mit den eroberten Gebieten gerieten auch Millionen jüdischer Einwohner in den Machtbereich deutscher Herrschaft. Dieser „Hauptfeind" aus Sicht des Besatzungsregimes sollte gesellschaftlich isoliert und möglichst bald „entfernt" werden. Demütigungen, Aussonderungen und willkürliche Morde an Juden gehörten sehr bald ebenso zum Kriegsalltag wie Verbrechen gegenüber der slawischen Zivilbevölkerung sowie Misshandlungen und Tötungen von Kriegsgefangenen. Vor allem sollte die Lebensgrundlage der Einwohner durch Terror und wirtschaftliche Ausbeutung zerstört, die staatliche und soziale Infrastruktur zerschlagen – langfristig die Bevölkerung auf ein Sklavendasein herabgedrückt und für die deutschen Kriegszwecke ausgebeutet werden.

Gewaltherrschaft in Polen und in der Sowjetunion. Schon beim deutschen Angriff auf Polen wurde die brutale Art der Kriegsführung gegen einen angeblich „minderwertigen" Gegner deutlich. Massive Luftangriffe führten zu Opfern unter der Zivilbevölkerung. Sonderkommandos der SS, Polizei und Wehrmacht ermordeten mehrere zehntausend Menschen – meist Angehörige der polnischen Elite wie hohe Beamte, Ärzte und katholische Priester. Um Siedlungsland für Deutsche in den polnischen Westgebieten zu gewinnen, wurden Hunderttausende in das Generalgouvernement (besetztes polnisches Gebiet, das nicht ins Deutsche Reich eingegliedert wurde) oder in das von der UdSSR besetzte Gebiet abgeschoben. Die Gewaltanwendung deutscher Soldaten geschah oft ohne ausdrücklichen Befehl, aber von den Vorgesetzten geduldet. Die Wehrmachtsführung akzeptierte Hitlers Vorgaben weitgehend. Verbrechen von Deutschen an der Zivilbevölkerung wurden selten abgeurteilt, ein „Gnadenerlass" am 4. Oktober 1939 sicherte den Tätern Straffreiheit zu.

Auch in dem besetzten Teil der Sowjetunion wurde die Führungsschicht ausgelöscht. Etwa die Hälfte von den über 6 Millionen gefangenen sowjetischen Soldaten überlebten die Kriegsgefangenschaft nicht – viele davon starben als Zwangsarbeiter in den KZ. Die sowjetische Zivilbevölkerung hatte am stärksten unter dieser menschenverachtenden Behandlung zu leiden. Weit mehr als 50 % aller Kriegsopfer in der UdSSR waren Frauen, Kinder und alte Menschen. Sie verhungerten massenweise, weil die besetzten Gebiete mitleidlos wirtschaftlich ausgebeutet wurden, um die deutschen Truppen zu versorgen.

Weitere Radikalisierung. Beim Völkermord an den sowjetischen Juden unterstützte die Wehrmacht, mindestens durch Duldung, die „Einsatzgruppen" von Polizei und SS, die den Auftrag hatten, die Besatzungsgebiete zu „befrieden" (s. auch S. 54). Im Wechsel zwischen lokaler Aktivität und Anweisungen der Führung wurde das Vorgehen sehr bald immer radikaler. Die Verfolgung von kommunistischen Funktionären und männlichen Juden entwickelte sich zum Massenmord an der gesamten jüdischen Bevölkerung. Dienststellen der zivilen Besatzungsverwaltung beteiligten sich dabei in allen Bereichen – von der Entrechtung und Ausplünderung der Juden bis hin zu ihrer Ermordung. Im Dezember 1941 begann im Konzentrationslager bei Chelmno (Kulmhof) die Ermordung polnischer Juden durch die SS.

M1 Deutsches Propagandaplakat im besetzten Polen *(1943)*

„Europas Schicksal? Arbeite unverdrossen, höre nicht auf Gerüchte, bewahre die Ruhe – der deutsche Soldat erspart dir dieses Schicksal."

M2 Als „Partisanen" gehängte russische Zivilisten in Charkow *(November 1941)*

Nicht nur im Osten, sondern im gesamten besetzten Europa wurde gegen Widerstand auf brutale Weise vorgegangen.

M3 Die Einstellung der Nationalsozialisten gegenüber den osteuropäischen Völkern

Aus der Rede Heinrich Himmlers, Reichsführer SS und Chef der deutschen Polizei, vor den SS-Gruppenführern in Posen am 4. Oktober 1943:

… Ein Grundsatz muss für den SS-Mann absolut gelten: Ehrlich, anständig, treu und kameradschaftlich haben wir zu Angehörigen unseres eigenen Blutes zu sein und zu sonst niemanden. Wie es den Russen geht, wie es den Tschechen
5 geht, ist mir total gleichgültig. Das, was in den Völkern an gutem Blut unserer Art vorhanden ist, werden wir uns holen, indem wir ihnen, wenn notwendig die Kinder rauben und sie bei uns großziehen. Ob die anderen Völker in Wohlstand leben oder ob sie verrecken, das interessiert mich nur so weit,
10 als wir sie als Sklaven für unsere Kultur brauchen … Ob bei dem Bau eines Panzergrabens 10 000 russische Weiber an Entkräftung umfallen oder nicht, interessiert mich nur insoweit, als der Panzergraben für Deutschland fertig wird. Wir werden niemals roh und herzlos sein, wo es nicht sein muss;
15 das ist klar. Wir Deutsche, die wir als Einzige auf der Welt eine anständige Einstellung zum Tier haben, werden ja auch zu diesen Menschentieren eine anständige Einstellung einnehmen.
Zitiert nach: Der Prozess gegen die Hauptkriegsverbrecher vor dem Internationalen Militärgerichtshof, Bd. 29, Nürnberg 1949, S. 122ff.

M4 Eine Aussage einer Zeitzeugin vor der deutschen Justiz am 29. März 1967

Die 18 000 Einwohner zählende Stadt Dubno in der Ukraine wurde am 25. Juni 1941 von der 11. deutschen Panzerdivision besetzt:

An demselben Tage, an dem die deutschen Truppen in Dubno einrückten habe ich selbst beobachtet, wie ein älterer Jude, dessen Namen mir nicht mehr bekannt ist, von Angehörigen der deutschen Wehrmacht … vor einen Panzerwagen ge-
5 spannt und sodann zu Tode geprügelt wurde. Vorher hatte man ihm ein Stalinbild umgehängt … Vom Hörensagen weiß ich, dass etwa 2 Wochen nach dem Einmarsch der deutschen Truppen in Dubno – es war an einem Dienstag – etwa 25 jüdische Männer festgenommen, in das Gefängnis gebracht
10 und dort erschossen worden sind … (und) etwa 2 Wochen nach diesem Vorfall weitere 150 Juden, darunter 1–2 Frauen, festgenommen und zum Gefängnis gebracht wurden. Dort wurde von den deutschen Soldaten und den sie unterstützenden Ukrainern (der ukrainischen Schutzmannschaft) ein
15 Spalier gebildet, durch das die festgenommenen Juden laufen mussten. Dabei wurden sie von beiden Seiten geschlagen, und zwar mit Stöcken und Knüppeln. Nach einer anschließenden Befragung wurde etwa die Hälfte wieder nach Hause geschickt. Die andere Hälfte, darunter die Frau eines
20 Rechtsanwalts, eine geborene Daibach und deren Sohn wurden bei dieser Aktion erschossen.
Zitiert nach: Zentrale Stelle der Landesjustizverwaltungen in Ludwigsburg, 204 AR-Z 255/57, Bd. 1, Bl. 258f.

1 Stellt dem Propagandaplakat M1 die tatsächliche Kriegsführung des Deutschen Reichs gegenüber. Nutzt dazu die Materialien der Doppelseite und sammelt weitere Informationen zu Kriegszielen, Kriegsführung, zur Situation der Soldaten und der Zivilbevölkerung.
2 Bezieht M2, M3 und M4 aufeinander. Diskutiert die Abfolge von Ursache und Wirkung im Hinblick auf die Eskalation von Widerstand und „Vergeltung".
3 Recherchiert und berichtet über die Geschehnisse in Lidice (1942), in Kalavrita (1943) oder Oradour (1944).
4 Informiert euch über die Haager Landkriegsordnung (1907) und die Genfer Konvention (1929). Vergleicht deren rechtliche Bestimmungen mit M3 und M4. Beurteilt das deutsche Vorgehen.

Kriegswende 1943 – die Niederlage zeichnet sich ab

M1 Elendsmarsch der Überlebenden von Stalingrad in die Gefangenschaft

Die 6. Armee umfasste ursprünglich an die 250 000 Mann; etwa 150 000 deutsche Soldaten fielen in den Kämpfen. Von den rund 91 000 Mann, die in Kriegsgefangenschaft gerieten, kehrten bis 1956 ca. 6 000 Männer zurück.

Stalingrad. Dass die Wehrmacht ihre Kräfte weit überspannt hatte, wurde im Winter 1942/43 in Stalingrad deutlich, als die eingeschlossene 6. Armee vor einer sowjetischen Übermacht kapitulieren musste. Der Ruf Hitlers als unbesiegbarer Feldherr war dahin, das große Sterben in Stalingrad kennzeichnete den Anfang vom Ende des „Dritten Reichs". Trotz der militärisch immer bedrohlicher werdenden Situation entschied sich Reichspropagandaminister Goebbels zu einer letzten großen Inszenierung: In seiner Rede im Berliner Sportpalast forderte er fanatisch den ▶ „totalen Krieg" ein. Die hysterische Menge jubelte ihm ekstatisch zu.

M2 Rüstungsproduktion der wichtigsten kriegsteilnehmenden Nationen

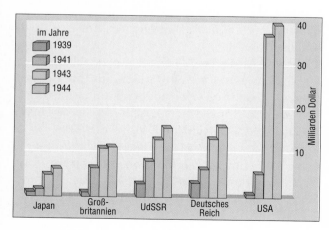

im Jahre
- 1939
- 1941
- 1943
- 1944

Milliarden Dollar

40
30
20
10

Japan | Großbritannien | UdSSR | Deutsches Reich | USA

Die Fronten bröckeln. 1943 trat an fast allen Fronten die Wende ein: Die Rote Armee warf im Osten die deutschen Verbände auf breiter Front zurück, die deutschen und italienischen Truppen in Afrika mussten kapitulieren, die Bombenangriffe auf deutsche Städte wurden weiter verstärkt (s. S. 52f.). Auch der Kriegseintritt der USA machte sich nun in Europa bemerkbar: Die USA lieferten Kriegsgerät u. a. in die UdSSR, unterstützten massiv die Luftangriffe auf Deutschland; außerdem waren US-amerikanische Truppen maßgeblich an der Eröffnung einer weiteren Front beteiligt, indem 1943 alliierte Einheiten in Süditalien landeten und im Juni 1944 in Rom einziehen konnten. Mit über 3 100 Landungsbooten setzte schließlich in der Nacht zum 6. Juni 1944 die erste Welle der Invasionsarmee von Großbritannien nach Frankreich über. Im Morgengrauen landeten unter dem Befehl des amerikanischen Generals Dwight D. Eisenhower rund 150 000 Amerikaner und Briten sowie Soldaten weiterer verbündeter Nationen an fünf verschiedenen Stränden der Normandie. Die deutsche Westfront brach daraufhin innerhalb weniger Wochen zusammen; Ende August 1944 war Paris befreit. Im Dezember 1944 hatten die alliierten Truppen die deutsche Reichsgrenze erreicht.

M3 Feldpostbrief aus Stalingrad *(1943):*

... Was haben wir vom Heldentod? ... Der Tod muss immer heroisch sein, begeisternd, mitreißend, für eine große Sache und aus Überzeugung. Und was ist es in Wirklichkeit hier? Ein Verrecken, Verhungern, Erfrieren, nichts weiter wie eine bio-
5 logische Tatsache, wie Essen und Trinken. Sie fallen wie die Fliegen und keiner kümmert sich darum und begräbt sie. Ohne Arme und Beine und ohne Augen, mit zerrissenen Bäuchen liegen sie überall ... Es ist ein viehisches Sterben, das später einmal auf Sockeln aus Granit mit „sterbenden Krie-
10 gern", die Binde um den Kopf oder den Arm, veredelt wird.
Zitiert nach: Letzte Briefe aus Stalingrad, Frankfurt/ Heidelberg (Quadriga) 1950, S. 21.

M4 Berliner Sportpalast *(18. Februar 1943)*
Publikum während der Rede Joseph Goebbels zur Proklamation des „totalen Kriegs":

Der Auftritt von Joseph Goebbels im Berliner Sportpalast stellte den Höhepunkt der nationalsozialistischen Propa-gandamanöver dar. Der Taumel der rund 10 000 aus-gesuchten Zuhörer fand gegen Ende der Rede seinen Höhepunkt, als der Propagandaminister an die Menge eine Reihe von „Fragen" richtete:
Die Engländer behaupten, das deutsche Volk habe den Glau-ben an den Sieg verloren. (*Stürmische Rufe: „Nein!", „Nie!", „Niemals!"*) Ich frage euch: Seid ihr entschlossen, dem Führer in der Erkämpfung des Sieges durch dick und

5 dünn und unter Aufnahme auch der schwersten persönlichen Belastungen zu folgen? (*Stürmische Rufe: „Ja!" Starker Beifall, Sprechchöre: „Sieg Heil!", „Wir grüßen unsern Führer!"*)
Zweitens: Die Engländer behaupten, das deutsche Volk sei
10 des Kampfes müde (*Rufe: „Nein!", „Pfui!"*). Ich frage euch: Seid ihr bereit, mit dem Führer ... diesen Kampf mit wilder Entschlossenheit und unbeirrt durch alle Schicksalsfügun-gen fortzusetzen, bis der Sieg in unsern Händen ist? (*Stür-mische Rufe: „Ja!" Starker Beifall.*) ...
15 Viertens: Die Engländer behaupten, das deutsche Volk wehrt sich gegen die totalen Kriegsmaßnahmen der Regierung. (*Rufe: „Nein!"*) Es will nicht den totalen Krieg, sagen die Engländer, sondern die Kapitulation! (*Stürmische Rufe, u. a.: „Nein!", „Pfui!"*) Ich frage euch: Wollt ihr den totalen Krieg?
20 (*Stürmische Rufe: „Ja!" Starker Beifall.*) Wollt ihr ihn (*Stürmische Rufe: „Wir wollen ihn!"*), wenn nötig, totaler und radikaler, als wir ihn uns heute überhaupt erst vorstellen können? (*Stürmische Rufe: „Ja!" Starker Beifall.*)
Fünftens: Die Engländer behaupten, das deutsche Volk hat
25 sein Vertrauen zum Führer verloren! (*Stürmische Empörung und Pfui-Rufe, lang anhaltender Lärm.*) Ich frage euch – (*Sprechchöre: „Führer befiehl, wir folgen!" Heilrufe*), ich frage euch: Vertraut ihr dem Führer? (*Rufe, u. a.: „Ja!"*) Ist eure Bereitschaft, ihm auf allen seinen Wegen zu folgen und
30 alles zu tun, was nötig ist, um den Krieg zum siegreichen Ende zu führen, eine absolute und uneingeschränkte? (*Lebhafte Rufe: „Ja!"*) ...
Zitiert nach: Goebbels Reden 1932–1945, hrsg. von Helmut Heiber, Bd. 2, Düsseldorf (Droste-Verlag) 1972, S. 204f.

1 Zeige auf, welche Wirkung solche Briefe (M3) auf die deutsche Bevölkerung gehabt haben mögen. Vergleicht sie auch mit Briefen der Soldaten, die am Anfang des Russlandfeldzuges geschrieben wurden (s. S. 47).
2 Die Wende des Kriegs. Fasse stichpunktartig die wesentlichen Ereignisse mithilfe des Autorentextes und M1 zusammen.
3 Weise auch anhand der Grafik über die Rüstungs-produktion das allmähliche Übergewicht der Alliier-ten nach.
4 Die Berliner Sportpalastrede ist typisch für die na-tionalsozialistische Propaganda. Begründe dies, in-dem du auf den Zweck und die Sprache der Goeb-bels-Rede eingehst.

Menschen im „totalen Krieg"

Durchhalteparolen und „Wunderwaffen". Zur Zeit der Kriegswende erörterten im Januar 1943 in Casablanca die Alliierten ihre Kriegsziele und forderten die bedingungslose Kapitulation Deutschlands – nur so sei der Krieg zu beenden. Dies nutzte Propagandaminister Joseph Goebbels, um das deutsche Volk zum „Entscheidungskampf" zu mobilisieren (s. S. 51). Als die Alliierten immer weiter vorrückten, wurde im September 1944 der Volkssturm gebildet: Hitlers letztes Aufgebot. Kaum ausgebildet und schlecht bewaffnet, sollten ältere Männer, die nicht mehr zur Wehrmacht eingezogen worden waren, und Hitlerjungen die bedrohte Heimat verteidigen. Bereits zuvor hatten sie beim Luftschutz und bei der Feuerwehr geholfen sowie Schanzarbeiten geleistet oder als Flakhelfer die Kanonen der Flugabwehr bedient; Zehntausende ließen dabei ihr Leben. Die von der Propaganda immer wieder angekündigten „Wunderwaffen", neu entwickelte Raketen und Düsenflugzeuge, konnten, wenn sie überhaupt zum Einsatz kamen, die Niederlage nicht mehr abwenden.

M1 Plakate zur Mobilisierung der Heimatfront im „totalen Krieg" *(1944)*

Solche Plakate waren z. B. in Rüstungsbetrieben zu sehen.

Kriegswirtschaft und Zwangsarbeit. Die Wirtschaft wurde den Erfordernissen des Kriegs radikal angepasst. Weil die Männer an der Front waren, fehlten in den Betrieben die notwendigen Arbeitskräfte. Daher verpflichtete man Frauen zur Arbeit in der Verwaltung und in der Industrie, aber auch als Luftwaffenhelferinnen oder beim Sanitätsdienst. Dennoch blieb jeder vierte Arbeitsplatz unbesetzt. Daher wurden in den besetzten Gebieten Arbeiterinnen und Arbeiter für Industrie und Landwirtschaft zwangsweise rekrutiert. Insgesamt arbeiteten mehr als sieben Millionen Ausländer aus Westeuropa, vor allem aber aus Polen und der Sowjetunion, in der deutschen Kriegswirtschaft. Die Mehrzahl war in Sammellagern untergebracht, in denen Hygiene und Ernährung katastrophal waren; „Ostarbeiter" wurden ähnlich behandelt und ausgegrenzt wie die Juden. Durch die Zwangsarbeit sowie durch Vereinfachung von Erzeugnissen und Massenfabrikation gelang es trotz knapper werdender Rohstoffe, die Rüstungsproduktion bis ins Jahr 1944 zu verdoppeln. Die wachsende Materialüberlegenheit der Alliierten konnte aber nicht ausgeglichen werden (s. S. 50/M2).

Bombenkrieg gegen die Zivilbevölkerung. Hitler drohte, die feindlichen Metropolen mithilfe der deutschen Luftwaffe „auszuradieren". So richteten sich zwischen 1939 und 1941 schwere Luftangriffe auf Städte wie Warschau, Rotterdam, London, Coventry und Belgrad. Allein in England starben dabei fast 50000 Menschen. Ab Ende März 1942 flogen dann britische und amerikanische Bomberflotten Angriffe auf deutsche Großstädte. Das bedeutete erneut für Millionen von Menschen immer wieder Fliegeralarm, Angst um ihr Leben, zerstörte Wohnungen, Flächenbrände. Etwa 600000 Menschen, vorwiegend Zivilisten, fanden den Tod – unter ihnen 80000 Kinder. Die Flächenbombardierungen sollten nicht nur wichtige Industrien und Verkehrswege zerstören, sondern auch die Deutschen demoralisieren und die Arbeiterschaft zum Aufstand gegen Hitler bewegen. Doch wurde eher das Gegenteil erreicht: Der Zusammenhalt in der deutschen Bevölkerung und das nach den Niederlagen angeschlagene Ansehen der NSDAP wuchsen vorübergehend.

M2 Der Bombenkrieg *(1940–1945)*

Bomben (in Tonnen)	1940	1941	1942	1943	1944	1945
auf Deutschland	10 000	30 000	40 000	120 000	650 000	500 000
auf England	36 844	21 858	3 260	2 298	9 151	761

M3 Im Luftschutzkeller in München

M4 Kinderlandverschickung *(Berlin 1940)*

M5 Frauen auf dem Weg zum Arbeitseinsatz als Fremdarbeiterinnen nach Deutschland *(1941)*

1 Wählt ein geeignetes Bild und schildert die Situation aus der Sicht einer der abgebildeten Personen. Oder erschließt ein Bild eurer Wahl, indem ihr eine Skizze des Bildes anfertigt, Fragen an das Bild stellt und diese – soweit möglich – beantwortet. Tragt eure Ergebnisse zusammen und stellt sie euch gegenseitig vor.

2 Interpretiere die Grafik M2, indem du einige Bilder auf die genannten Daten und Zahlenwerte beziehst. Berücksichtige dabei auch den Autorentext und M1.

3 Nenne Funktion und Wirkung der Bombardierung deutscher Städte durch die Alliierten (M2 und Autorentext).

4 Versuche dich in die Situation eines Kindes bei der Kinderlandverschickung (M4) zu versetzen und schreibe einen Brief an deine in der Stadt gebliebene Mutter.

5 Erläutere den Zusammenhang zwischen Kriegsführung und Zwangsarbeit in Deutschland (M5 und Autorentext).

6 Erkundige dich, welche Städte in Deutschland von den Bombenangriffen der Alliierten besonders betroffen worden waren. Inwieweit wurde dein Heimatort bzw. die nächstgelegene Großstadt im Zweiten Weltkrieg zerstört?

Die Ermordung der europäischen Juden

Tag der Erinnerung. Am 27. Januar 1945 rückte die Rote Armee in die drei Konzentrationslager beim polnischen Ort Oświęcim (Auschwitz) ein. Ausgemergelte Gestalten, kaum 30 Kilo schwer, taumelten den Soldaten entgegen: Männer, Frauen und Kinder, die von Schwerstarbeit, Schikanen, Folter und medizinischen Versuchen gezeichnet waren, berichteten stockend über das Geschehene. Den Soldaten, die grausamste Szenen aus dem Kriegsalltag kannten, verschlug es die Sprache. In aller Eile hatten die geflohenen deutschen Bewacher versucht, die Spuren ihrer Massenmorde zu verwischen. Gaskammern und Todesöfen, in die man Hunderttausende von Juden aus ganz Europa in den Tod getrieben hatte, waren gesprengt worden. Nur wenige tausend kranke Menschen waren im Lager verblieben. Etwa 35 000 Häftlinge, die den Deutschen noch kräftig genug erschienen, wurden auf „Todesmärschen" in Richtung Westen getrieben. Durch die Befreiung der Konzentrationslager erfuhr die Weltöffentlichkeit das ganze Ausmaß der Vernichtungspolitik des „Dritten Reichs"; hörte von der Verfolgung und Ermordung von Juden, Sinti und Roma, von Homosexuellen sowie von vielen Gegnern der Nationalsozialisten aus Deutschland und anderen Ländern.

Den Völkermord an den Juden Europas benennen wir heute mit dem Wort Shoah oder dem Begriff Holocaust. Auschwitz steht symbolisch für die Bestialität dieser Vernichtungspolitik, der fast sechs Millionen Juden Europas zum Opfer fielen, darunter 1,5 Millionen Kinder und Jugendliche unter 16 Jahren.

Von der NS-Rassenpolitik zum Massenmord. Mit dem deutschen Angriffskrieg im Osten (s. S. 48 f.) begann eine regelrechte „Jagd" auf die jüdische Bevölkerung in allen von Deutschland besetzten Gebieten. Besondere SS-Einsatzgruppen übernahmen die Führung bei Massenerschießungen. Über das Vorgehen berichtet der Leiter einer solchen Einsatzgruppe am 28. September 1941 aus Kiew nach Berlin: „Angeblich 150 000 Juden (in Kiew) vorhanden. Maßnahmen eingeleitet zur Erfassung des gesamten Judentums. Exekution von mindestens 50 000 Juden vorgesehen. Wehrmacht begrüßt Vorgehen und erbittet radikales Vorgehen". Plakate forderten die Juden Kiews auf, sich zur Umsiedlung zu melden. Sie wurden nach Babi-Yar, einer Schlucht am Stadtrand Kiews, getrieben, wo die deutschen Einheiten in zwei Tagen über 33 000 Männer, Frauen und Kinder erschossen und die Leichen verscharrten.

In den besetzten Gebieten zwangen die Deutschen die jüdische Bevölkerung zum Umzug in spezielle Judenbezirke (Gettos); die größten entstanden in Warschau und Łódz. In das Warschauer Getto sperrten die deutschen Besatzer die 350 000 Juden Warschaus (von einer Gesamtzahl von 1,3 Mio. Einwohnern der Stadt) und weitere 150 000 aus anderen Städten. Eine meterhohe Mauer umgab das Getto. Jede Form von Privatleben und häuslicher Geborgenheit ging in der Enge der Gettos unter. Die Bewohner mussten für die Besatzer arbeiten und erhielten viel zu wenig Nahrung zum Überleben.

Die NS-Rassenfanatiker suchten während des Zweiten Weltkriegs nach immer „effektiveren" Mordverfahren. Auf der Wannsee-Konferenz sprachen am 20. Januar 1942 hohe Beamte und die SS-Führung über die „Endlösung der Judenfrage". Darunter verstanden die Konferenzteilnehmer die Ermordung aller Juden Europas. Das Verbrechen wurde genauestens geplant: Ein technisch-fabrikmäßiger Mordapparat mit Fabriken, Vernichtungsöfen und Transportverbindungen wurde geschaffen. Den Transport in Viehwaggons mussten die Deportierten mit einem Fahrschein dritter Klasse selbst bezahlen.

M 1 Juden aus Siedlece und Umgebung *(Polen)* **warten auf ihre Deportation nach Treblinka**

M2 Max Mannheimer: Ankunft und Selektion in Auschwitz

Max Mannheimer wurde 1920 in Böhmen geboren. Seine Ausbildung musste er abbrechen und wurde von den Nazis zum Straßenbau gezwungen. Er überlebte Auschwitz und schrieb seine Erinnerungen 1956 für seine Tochter auf:

Osten – Arbeitseinsatz. Einsatz? Warum nicht einfach Arbeit? ... Abfahrt Theresienstadt 9.00 Uhr, dann Dresden, Bautzen, Görlitz, Breslau, Brieg, Oppeln, Hindenburg. Dann nichts. Tag und Nacht ... Nochmals Tag und halbe Nacht. Der Zug hält
5 kreischend an. Eintausend Männer, Frauen, Kinder. Die Begleitmannschaft umstellt den Zug ... Wir sind an der Todesrampe von Auschwitz-Birkenau. Mitternacht vom 1. zum 2. Februar 1943.

Alles aussteigen! Alles liegenlassen! Eine Panik. Jeder ver-
10 sucht, so viel wie möglich in die Taschen zu stopfen. Die SS-Leute brüllen: Bewegung! Ein bisschen dalli! Noch ein Hemd wird angezogen. Noch ein Pullover. Zigaretten. Vielleicht als Tauschobjekt. Männer auf diese Seite, Frauen auf die andere, Frauen mit Kindern auf die LKWs ...
15 Ein SS-Offizier steht vor uns ... Einzeln treten wir vor. Seine Stimme ist ruhig. Fast zu ruhig. Fragt nach Alter, Beruf, ob gesund. Lässt sich die Hände vorzeigen. Einige Antworten höre ich. Schlosser – links. Verwalter – rechts. Arzt – links. Arbeiter – links. Magazineur (Lagerverwalter) der Firma Bata
20 – rechts. Es ist unser Bekannter. Schreiner – links. Dann ist mein Vater an der Reihe. Hilfsarbeiter. Er geht den Weg des Verwalters und des Magazineurs. Er ist fünfundfünfzig. Dürfte der Grund sein. Dann komme ich. Dreiundzwanzig Jahre, gesund, Straßenbauarbeiter. Die Schwielen an den
25 Händen. Wie gut sind die Schwielen – links. Mein Bruder Ernst: zwanzig, Installateur, links. Mein Bruder Edgar: siebzehn, Schuhmacher – links. Versuche meine Mutter, Frau, Schwester, Schwägerin zu entdecken. Es ist unmöglich. Wir marschieren. Wachtürme mit Maschinengewehren. Doppel-
30 ter Stacheldraht, Scheinwerfer, Baracken. SS-Wachen öffnen ein Tor. Wir sind in Birkenau ... Dreistöckige Bettgestelle. Sechs Häftlinge eine Pritsche ... Pritschen ohne Stroh und ohne Decken. Schlafen können wir nicht.

Zitiert nach: Max Mannheimer: Theresienstadt-Auschwitz-Warschau-Dachau. Erinnerungen in: Dachauer Hefte 1, hrsg. von Wolfgang Benz und Barbara Diestel, 12/1985, S. 101ff.

M3 Aufruf an die Wilnaer Juden zum Widerstand gegen die Nationalsozialisten *(1. Januar 1942)*

Lasst uns nicht wie Schafe zur Schlachtbank gehen! Jüdische Jugend, glaube nicht den Betrügern. Von den 80 000 Juden Wilnas sind nur noch 20 000 übrig ... Wer aus dem Getto fortgeführt worden ist, wird niemals zurückkommen, denn alle
5 Wege der Gestapo führen ins Lager Ponary. Und Ponary heißt Tod! Eure Kinder, eure Frauen, eure Männer gibt es nicht mehr! Ponary ist kein Lager. Man hat sie alle erschossen. Hitler hat ein System erfunden, um die Juden in Europa zu vernichten. Es war unser Schicksal, die Ersten dabei zu sein
10 ... Brüder, es ist besser im Kampf zu sterben, aber frei zu sterben, als ein Leben von des Henkers Gnaden zu fristen. Widerstand bis zum letzten Atemzug!

Zitiert nach: Karl Schlögel: Promenade in Jalta und andere Städtebilder, München (Hanser) 2001, S. 58f.

M4 Der Historiker Harold James *(2003)*

Auschwitz (steht) für das Böse schlechthin: das Böse der sofortigen Ermordung nach dem Selektionsprozess und das Böse der zunehmenden bewussten Entwürdigung und Entmenschlichung derer, die die Selektion überlebten. Erst in
5 jüngster Zeit wurde deutlich, wie tief die deutsche Gesellschaft und Wirtschaft in den Völkermord verwickelt waren. Die Produktionsanlagen der I.G. Farben ... sollten außerhalb der Reichweite der britischen Bomberflotte liegen. Darüber hinaus war jedoch klar, dass die SS und ihr Angebot an
10 Sklavenarbeitern einen bedeutsamen Anreiz für die Wirtschaft darstellten, in der Arbeitskräfte immer knapper wurden. Zahlreiche andere Unternehmen haben in Auschwitz und Umgebung Fabriken gebaut. Die größte deutsche Versicherungsgesellschaft versicherte die SS-Baracken ... Aus-
15 gebombte Deutsche erhielten Kleidung, Schuhe und Uhren, die man den ankommenden Deportierten abgenommen hatte. Gold aus Auschwitz und den übrigen Todeslagern, darunter auch Zahngold, das man lebenden oder toten Häftlingen aus dem Mund gebrochen hatte, ... wurde eingeschmolzen
20 und an die deutsche Reichsbank verkauft und von dieser wieder an die deutschen Geschäftsbanken und die Schweizer Nationalbank. Der Terror und der Raub hatten überall ihre Verbindungen.

Zitiert nach: Harold James: Geschichte Europas im 20. Jahrhundert, München (C. H. Beck) 2004, S. 199. Übers. von Udo Rennert u. a.

Arbeitsaufträge: siehe Seite 57.

Erinnern für die Zukunft?

Von allem nichts gewusst? Nach Kriegsende zwangen die Besatzungstruppen die deutsche Bevölkerung zu Besuchen in ehemaligen NS-Konzentrationslagern oder führten ihnen Dokumentarfilme des Grauens vor. Die gängige Reaktion lautete, man habe dies weder gewusst noch gewollt. Doch nur wenige Jahre zuvor waren Rassenideologie, Innen- und Außenpolitik der Nazis noch auf breite Zustimmung gestoßen. Rund 500 Personen wurden in den Nürnberger Prozessen (s. S. 82) schuldig gesprochen; nach heutigen Forschungsergebnissen waren aber fast 500 000 Personen am Völkermord beteiligt. Das Schicksal der Ermordeten, der wenigen Überlebenden und der vielen Millionen Zwangsarbeiter interessierte nach 1945 kaum jemanden. Die Deutschen fühlten sich selbst als Opfer von Kriegsniederlage, Bombenterror, Massenvergewaltigungen, Flucht und Vertreibung. Das große materielle Elend der Deutschen nach dem Krieg verhinderte über lange Zeit eine tiefere Auseinandersetzung mit den Gründen für die Entstehung einer menschenverachtenden Diktatur.

„Über Auschwitz wächst kein Gras". In den 60er-Jahren fanden Prozesse gegen weitere, später gefasste Täter statt, die in den Konzentrationslagern Auschwitz und Treblinka für unzählige Morde verantwortlich waren. Täglich berichteten die Nachrichten grausame Details. Die Angeklagten waren unauffällige Personen, die nach ihren Mordtaten problemlos als Angestellte, Kaufleute oder Krankenpfleger in ihre alten Berufe zurückgekehrt waren. Der Deutsche Bundestag verlängerte nach erbitterten Diskussionen mehrfach die Verjährungsfrist für nationalsozialistische Mordtaten. Zugleich stieg die Zahl derer an, die einen Schlussstrich unter die deutsche Verantwortlichkeit für die Verbrechen des „Dritten Reichs" ziehen wollten. Die eigentliche „Aufarbeitung der Vergangenheit" setzte in der breiten Öffentlichkeit erst in den 70er- und 80er-Jahren ein. Auslöser waren u. a. die Ausstrahlung der amerikanischen Fernsehserie „Holocaust" im deutschen Fernsehen 1979 und die Rede von Bundespräsident Richard von Weizsäcker zum 40. Jahrestag des Kriegsendes (1985). Verstärkt förderte man in Westdeutschland Geschichtswerkstätten und Projekte, die die lokale Beteiligung an der NS-Herrschaft kritisch hinterfragten und sich dem Gedenken an die Opfer widmeten.

Formen des Gedenkens. Die polnische Regierung erklärte Auschwitz 1947 per Gesetz und „für ewige Zeit" zum polnischen Nationaldenkmal, weil dort große Teile der polnischen Intelligenz und des polnischen Widerstandes ermordet worden waren. Israel baute allen Opfern in Yad Vashem bei Jerusalem eine Forschungs- und Gedenkstätte, die die Namen und Lebensläufe aller ermordeten Juden bewahrt (s. S. 71). In der „Allee der Gerechten" wurden Bäume für alle Nichtjuden gepflanzt, die einen Juden vor den Nazis retteten. In der alten Bundesrepublik kam es aufgrund von internationalem Druck, insbesondere aber dank des langjährigen Engagements privater Institutionen zu Gedenkstättengründungen. In der DDR gab es die nationalen Mahn- und Gedenkstätten Ravensbrück, Sachsenhausen und Buchenwald.

M1 Denkmal in Berlin für die ermordeten Juden Europas von Peter Eisenmann *(2005)*
In der Bildmitte hinten: der Reichstag

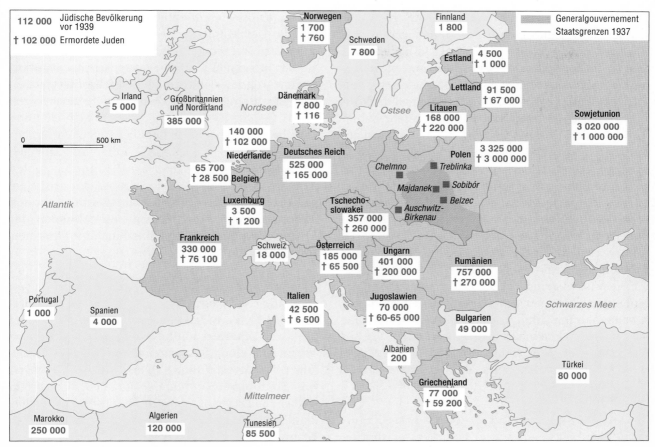

Map content:

112 000 — Jüdische Bevölkerung vor 1939
† 102 000 — Ermordete Juden

Generalgouvernement
Staatsgrenzen 1937

Norwegen
1 700
† 760

Finnland
1 800

Schweden
7 800

Estland 4 500
† 1 000

Irland
5 000

Großbritannien und Nordirland
385 000

Nordsee

Dänemark
7 800
† 116

Ostsee

Lettland 91 500
† 67 000

Litauen
168 000
† 220 000

Sowjetunion
3 020 000
† 1 000 000

140 000
† 102 000

Niederlande

Deutsches Reich
525 000
† 165 000

Polen
3 325 000
† 3 000 000

Chelmno
Treblinka
Majdanek
Sobibór
Belzec
Auschwitz-Birkenau

65 700
† 28 500 Belgien

Luxemburg
3 500
† 1 200

Atlantik

Tschecho-slowakei
357 000
† 260 000

Frankreich
330 000
† 76 100

Schweiz
18 000

Österreich
185 000
† 65 500

Ungarn
401 000
† 200 000

Rumänien
757 000
† 270 000

Schwarzes Meer

Portugal
1 000

Spanien
4 000

Italien
42 500
† 6 500

Jugoslawien
70 000
† 60–65 000

Bulgarien
49 000

Albanien
200

Türkei
80 000

Griechenland
77 000
† 59 200

Mittelmeer

Marokko
250 000

Algerien
120 000

Tunesien
85 500

0 — 500 km

M2 Zahlen zur jüdischen Bevölkerung vor und nach der Shoah

1 Die Texte auf Seite 54–55 behandeln alle dasselbe Thema. Zähle auf, welche unterschiedlichen Formen der Darstellung sie benutzen. Welche Aspekte werden jeweils betont?

2 Vorschläge für ein Referat: Das Buch von Władysław Spilman „Der Pianist" oder von Christa Laird: „Im Schatten der Mauer. Ein Roman um Janusz Korczak". Beide berichten über das Leben und Sterben im Warschauer Getto.

3 Zu welchen auf den Seiten 54–57 erwähnten Inhalten des Geschichtsbuchs möchtest du mehr erfahren? Stellt euch die Fragen und die Ergebnisse eurer Nachforschungen gegenseitig vor.

4 Jedes Menschenleben zählt. Dennoch, zeige anhand der Karte (M2) auf, in welchem Land die jüdische Bevölkerung besonders hohe, in welchen Ländern die Juden relativ geringe Verluste erlitten.

5 Finde heraus, welche Unterstützung die Deutschen bei den Verhaftungen von Juden durch die lokale Polizei und Teile der Bevölkerung erhielten (z. B. Niederlande, Frankreich, Stichwort „Kollaboration").

6 In Bulgarien und Dänemark wurde fast die gesamte jüdische Bevölkerung gerettet. Bringe in Erfahrung, wie und durch wen den Deutschen Widerstand geleistet wurde.

7 Informiere dich, was in der sogenannten „Auschwitz-Lüge" behauptet wird. Sprecht darüber, mit welchen Argumenten man sie widerlegen muss.

8 Eine Übersicht über alle derzeitigen Gedenkstätten zum Naziterror in ganz Europa findest du unter http://www.gedenkstaetten-uebersicht.de. Suche zwei Orte deiner Wahl heraus und stelle Lage und Arbeit dieser Gedenkstätte in der Klasse vor.

9 Informiere dich, wie der nichtjüdischen Opfer der Naziverfolgung gedacht wird (z. B. Opfer der Euthanasie, Sinti und Roma, politisch und religiös Verfolgte, Homosexuelle).

„Was aber tut das deutsche Volk?"

Aktiver und passiver Widerstand. Aus der Sicht der heutigen historischen Forschung wissen wir, dass der Nationalsozialismus so tief in das Denken und Handeln der deutschen Bevölkerung eingedrungen war, dass nur wenige mutige Männer und Frauen aktiven oder passiven Widerstand gegen die Willkürherrschaft leisteten. Unter Lebensgefahr halfen sie Verfolgten, protestierten gegen Versorgungsmängel oder rassistische Anordnungen, gaben Zwangsarbeitern heimlich zu essen, versteckten Juden oder planten Sabotageakte bis hin zum Attentat auf Hitler. Diese Menschen gingen ein hohes Risiko ein, von Spitzeln oder Denunzianten verraten und danach zum Tode verurteilt zu werden. Dennoch gelangen immer wieder einzelne Widerstandsaktionen.

Mit dem Begriff Widerstand (frz. Résistance) bezeichnet die Geschichtswissenschaft auch die Opposition von Teilen der Bevölkerung in den von Deutschen eroberten Ländern. Gelungene Beispiele dafür sind z. B. der Generalstreik der Amsterdamer gegen die Deportation der Juden am 22./23. Februar 1941 oder die Untergrundaktionen der polnischen Armija Krajowa (Heimatarmee).

Widerstand in Organisationen und Institutionen. Während des Zweiten Weltkriegs existierten einzelne Widerstandskreise in Deutschland, die unterschiedliche Ziele verfolgten. Sozialdemokratische und kommunistische Gruppen unternahmen aus dem Untergrund u. a. Sabotageaktionen in Rüstungsbetrieben. Unerschrockene Geistliche beider Konfessionen kritisierten öffentlich das Regime und seine Politik. Der Münsteraner Bischof Graf von Galen prangerte in Predigten den Massenmord an behinderten Menschen an. Die evangelischen Landeskirchen wurden 1933 unter einem „Reichsbischof" zu einer „Reichskirche" vereinigt, die Hitlers Ideen folgen sollte. Gegen eine solche Form der Gleichschaltung wandten sich Theologen der „Bekennenden Kirche", vor allem Pastor Martin Niemöller und Dietrich Bonhoeffer. Beide Kirchen vermieden jedoch jeden offenen Konflikt, der die nationalsozialistische Herrschaft in Frage gestellt hätte. Beispiele für den Protest junger Menschen sind die Aktionen der „Edelweißpiraten" im Rheinland und der Münchner Studentengruppe „Weiße Rose" (s. S. 60f.).

Das Attentat vom 20. Juli 1944. Ein Kreis um den vormaligen Leipziger Oberbürgermeister Carl Goerdeler (SPD) verbündete sich in der Endphase des Zweiten Weltkriegs mit hohen Offizieren der Wehrmacht, um einen Staatsstreich gegen Hitler zu verüben. Das Attentat führte Oberst Claus Schenk Graf von Stauffenberg durch, der als einziger aus dem Widerstandskreis Zugang zu Hitlers Hauptquartier hatte. Der Sprengstoffanschlag scheiterte, weil es Stauffenberg wegen der vielen Anwesenden nicht gelang, die Tasche mit dem Sprengstoff unmittelbar neben Hitler zu deponieren. Hitler überlebte mit leichten Verletzungen. Die Verschwörer wurden zum Tode verurteilt und ihre Familienmitglieder verfolgt.

◀ **M1 Die zerstörte Lagerbaracke im Führerhauptquartier am Nachmittag des 20. Juli 1944.**

M2 Claus Schenk Graf von Stauffenberg (1907–1944)

M3 Der Münsteraner Bischof von Galen in einer Predigt am 3. August 1941

Deutsche Männer und Frauen! Noch hat Gesetzeskraft der § 211 des Reichsstrafgesetzbuches, der bestimmt: „Wer vorsätzlich einen Menschen tötet, wird, wenn er die Tötung mit Überlegung ausgeführt hat, wegen Mordes bestraft." ... Es

5 ist mir aber versichert worden, dass man im Reichsministerium des Innern gar keinen Hehl daraus mache, dass tatsächlich schon eine große Zahl von Geisteskranken in Deutschland vorsätzlich getötet worden ist und in Zukunft getötet werden soll ...

10 Wir müssen damit rechnen, dass die armen wehrlosen Kranken über kurz oder lang umgebracht werden. Warum? Weil sie nach dem Urteil irgendeines Amtes oder irgendeiner Kommission „lebensunwert" geworden sind, weil sie nach diesem Gutachten zu den „unproduktiven Volksgenossen"

15 gehören. Man urteilt: Sie können nicht mehr Güter produzieren, sie sind wie eine alte Maschine, die nicht mehr läuft, sie sind wie ein altes Pferd, das unheilbar lahm geworden ist, sie sind wie eine Kuh, die nicht mehr Milch gibt. Was tut man mit solch einer Maschine? Sie wird verschrottet.

Zitiert nach: Clemens August von Galen: Akten, Briefe und Predigten, Bd. 2: 1939–1946, Mainz (Matthias Grünewald-Verlag) 1988, S. 874f.

M4 Erinnerungen des „Edelweißpiraten" Jean Jülich aus Köln

... Ich aber entdeckte gegen Ende 1942 die „Edelweißpiraten" und schloss mich ihnen an, weil die freiheitliche Auffassung dieser neuen Freunde mir imponierte und mir der militärische Drill und das Strammstehen und das Uniformiertsein der Hitlerjugend nicht gefielen und in meinen

5 Augen die Kirchen zu duckmäuserisch den Nazis gegenüber waren ...

Nach und nach wurden wir bei unseren Treffen von der HJ gestört, und so kam es immer häufiger zu Prügeleien, welche

10 meist damit endeten, dass die HJ Verstärkung durch Polizei oder SS erhielt und wir dann den Kürzeren zogen ...

Wir verübten Sabotage, soweit es unsere bescheidenen Möglichkeiten erlaubten, z. B. beschädigten wir im Schutz der Verdunkelung Eigentum von Nazi-Parteigenossen ...

15 (oder) schrieben antifaschistische Parolen auf Naziplakate ... Die Öffentlichkeit war mehr und mehr auf uns aufmerksam geworden und ebenfalls in dem zermürbenden Krieg mehr und mehr gegen die Nazis eingestellt. Nicht selten erlebten wir Sympathiebezeugungen, und nie wurden wir von den nor-

20 malen Bürgern angepöbelt ...

Zitiert nach: Hermann Wilmes: Kursunterricht Geschichte, Teil 3, Köln (Aulis/Deubner/CVK) 1994, S. 299.
© Stadtarchiv Köln

M5 Henning von Tresckow an Stauffenberg

Als im Sommer 1944 die militärische Lage für Deutschland aussichtslos geworden war, drängte Generalmajor von Tresckow (1901–1944) zum Attentat auf Hitler:
Das Attentat muss erfolgen ... Sollte es nicht gelingen, so muss trotzdem in Berlin gehandelt werden. Denn es kommt nicht mehr auf den praktischen Zweck an, sondern darauf, dass die deutsche Widerstandsbewegung vor der Welt und

5 vor der Geschichte den entscheidenden Wurf gewagt hat. Alles andere ist daneben gleichgültig.
Zitiert nach: Fabian von Schlabrendorff: Offiziere gegen Hitler, Frankfurt a. M. (S. Fischer Verlag) 1959, S. 138.
Hinweis: Vom 20. Juli 1944 bis zum Mai 1945 starben so viele deutsche Soldaten wie in den Kämpfen ab 1. September 1939 bis 1944.

1 Darf ein gewissenloser Diktator ermordet werden? Finde die möglichen Argumente der Attentäter des 20. Juli 1944 heraus (M1, M2 und M5).
2 Welche Unterschiede und welche Gemeinsamkeiten finden sich in M3–M5? Stelle die hier erwähnten Widerständler in einer Kurzbiografie vor und deute ihre Aussagen vor dem Hintergrund der jeweiligen Lebensgeschichte.
Interessante Informationen bietet die Gedenkstätte Deutscher Widerstand in Berlin (www.gdw-berlin.de)
3 Erkläre, warum der Widerstand innerhalb Deutschlands ungleich schwieriger war als in den besetzten Ländern.
4 Stellt in Kurzreferaten vor: die französische Résistance, die italienische Resistenza und die polnische Armija Krajowa.

Widerstand in Bayern

Georg Elser. Es war eine gewaltige Detonation, die am 8. November 1939 den Festsaal des Münchner Hofbräukellers kurz nach einer Rede Hitlers erschütterte und Teile der Deckenkonstruktion herabstürzen ließ. Georg Elser, ein Tischler von der Schwäbischen Alb, wollte den Eroberungskrieg, den die Nationalsozialisten begonnen hatten, stoppen. Mit dem Attentat beabsichtigte er, die Führungsspitze der NSDAP bei der alljährlichen Gedenkfeier zum Hitler-Putsch von 1923 in München zu beseitigen. In einer Säule hinter dem Rednerpult war der Sprengsatz versteckt. Dreißig Nächte lang ließ Elser sich im Bürgerbräukeller einsperren, um die Säule zu präparieren. Der Zeitzünder der Bombe war für den Abend des 8. November auf 21.20 Uhr eingestellt. Hitler verließ jedoch die Veranstaltung um kurz nach 21 Uhr, weil er wegen des schlechten Flugwetters mit einem Sonderzug nach Berlin fuhr. Die Bombe tötete acht Menschen; es gab zahlreiche Verletzte. Der Attentäter war bei dem Versuch, in die Schweiz zu gelangen, verhaftet worden. Bald nach seiner Festnahme wurde er nach München überführt, verhört und gefoltert, da die NS-Führung den britischen Geheimdienst hinter dem Anschlag vermutete. Als Sonderhäftling in strenger Isolationshaft auch im Konzentrationslager Dachau gehalten, wurde Georg Elser dort am 9. April 1945 ermordet. Lange Zeit glaubte man nicht an seine Alleintäterschaft. Erst langsam setzte sich seine öffentliche Anerkennung als Widerstandskämpfer durch.

M1 Georg Elser *(Briefmarke 2003)*

"Ich hab den Krieg verhindern wollen"

Deutschland

55

Georg Elser 4.1.1903 am 9.4.1945 im KZ Dachau ermordet

2003

M2 Mitglieder der „Weiße Rose" *(1942)*
Hans Scholl (links, geb. 1918), Sophie Scholl (Mitte, geb. 1921) und Christoph Probst (rechts, geb. 1919)

Die „Weiße Rose". Am 18. Februar 1943 wurden Hans und Sophie Scholl in der Münchner Ludwig-Maximilians-Universität von der Gestapo verhaftet. Die Geschwister hatten Flugblätter vor den Hörsälen und in den Gängen der Universität ausgelegt und einige Exemplare in den Lichthof geworfen. Bereits am 22. Februar wurden sie zusammen mit ihrem Freund Christoph Probst nach dem Urteil des Volksgerichtshofs hingerichtet. Weitere Mitglieder der studentischen Widerstandsgruppe, darunter Willi Graf, Alexander Schmorell und Professor Kurt Huber, verurteilte man im April 1943 zum Tode. Das Ziel der Widerstandsgruppe war, durch Information und Aufklärung die Menschen gegen das NS-Regime zu mobilisieren. Dazu verfassten und verbreiteten sie sechs Flugblätter, in denen sie für die Menschenwürde eintraten und die Gewaltverbrechen gegen die Bevölkerung im Osten anprangerten. Die offizielle Nachricht von der Katastrophe in Stalingrad war Anlass für das sechste Flugblatt, in dem angesichts der erwarteten Niederlage Deutschlands die Beendigung des Kriegs durch Sabotageakte gefordert wurde. Auch mithilfe der Freiheitsparolen wie „Nieder mit Hitler!", die sie mit schwarzer Teerfarbe an Hauswände schrieben, riefen sie zum Sturz der nationalsozialistischen Herrschaft auf. Ihre Gegnerschaft begründeten die Mitglieder der „Weißen Rose" aus ihrer christlichen und politischen Überzeugung, die den Terror des totalitären Systems ablehnte.

M3 „Im Namen des deutschen Volkes ...“

Auszug aus dem sechsten Flugblatt der „Weißen Rose“, nach einem Entwurf von Kurt Huber mit Korrekturen von Hans Scholl und Alexander Schmorell, Februar 1943:

Kommilitonen! Kommilitoninnen!

Erschüttert steht unser Volk vor dem Untergang der Männer von Stalingrad. Dreihundertdreißigtausend deutsche Männer hat die geniale Strategie des Weltkriegsgefreiten sinn- und
5 verantwortungslos in Tod und Verderben gehetzt. Führer, wir danken dir!

Es gärt im deutschen Volk: Wollen wir weiter einem Dilettanten das Schicksal unserer Armeen anvertrauen? Wollen wir den niedrigsten Machtinstinkten einer Parteiclique den Rest
10 unserer deutschen Jugend opfern? Nimmermehr! Der Tag der Abrechnung ist gekommen, der Abrechnung der deutschen Jugend mit der verabscheuungswürdigsten Tyrannis, die unser Volk je erduldet hat. Im Namen des ganzen deutschen Volkes fordern wir vom Staat Adolf Hitlers die persönliche
15 Freiheit, das kostbarste Gut der Deutschen zurück, um das er uns in der erbärmlichsten Weise betrogen ...

Zitiert nach: Richard Hanser: Deutschland zuliebe. Leben und Sterben der Geschwister Scholl. Die Geschichte der Weißen Rose, München (Kindler) 1980, S. 341f.

M4 Der Schriftsteller Thomas Mann über die „Weiße Rose“

Ja, sie war kummervoll, diese Anfälligkeit der deutschen Jugend – gerade der Jugend – für die nationalsozialistische Lügenrevolution. Jetzt sind ihre Augen geöffnet, und sie legen das junge Haupt auf den Block für ihre Erkenntnis und für Deutschlands Ehre, legen ihn dorthin, nachdem sie vor
5 Gericht dem Nazi-Präsidenten ins Gesicht gesagt: „Bald werden Sie hier stehen, wo ich jetzt stehe“, nachdem sie im Angesicht des Todes bezeugt: „Ein neuer Glaube dämmert an Freiheit und Ehre.“ Brave, herrliche junge Leute! Ihr sollt
10 nicht umsonst gestorben sein. Die Nazis haben schmutzigen Rowdies, gemeinen Killern in Deutschland Denkmäler gesetzt. Die deutsche Revolution, die wirkliche, wird sie niederreißen und an ihrer Stelle eure Namen verewigen, die ihr, als noch Nacht über Deutschland und Europa lag, wusstet und
15 verkündetet: „Es dämmert ein neuer Glaube an Freiheit und Ehre.“

Zitiert nach: „Deutsche Hörer!“ Rundfunkansprache vom 27. Juni 1943. © S. Fischer Verlag, Frankfurt a. M. 1987

M5 Widerstandsrecht im Grundgesetz

Art. 20 (1) Die Bundesrepublik Deutschland ist ein demokratischer und sozialer Bundesstaat.

(2) Alle Staatsgewalt geht vom Volke aus. Sie wird vom Volke in Wahlen und Abstimmungen und durch besondere Organe
5 der Gesetzgebung, der vollziehenden Gewalt und der Rechtssprechung ausgeübt ...

(4) Gegen jeden, der es unternimmt, diese Ordnung zu beseitigen, haben alle Deutschen das Recht zum Widerstand, wenn andere Abhilfe nicht möglich ist.

Zitiert nach: www.documentarchiv.de/brd/1949/grundgesetz.html.

1 Welches Ziel verfolgte Georg Elser mit seinem Attentat (M1 und Autorentext)?

2 Auf welche Art und Weise wird in dem Flugblatt der „Weißen Rose“ die NS-Führung kritisiert? Nenne die Forderungen, die von den Studenten gestellt wurden (M2 und M3).

3 Zeige auf, welche Bedeutung der Schriftsteller Thomas Mann der „Weißen Rose“ beimaß (M4).

4 Inwiefern kann man Art. 20 (4) GG als historisches Vermächtnis der Widerstandskämpfer sehen (M5)?

5 Erörtert in einem Streitgespräch die Motive und die Risiken der Mitarbeit in einer Widerstandsgruppe im NS-Staat.

■ GESCHICHTE AKTIV / KREATIV

Projektidee: „Wir machen eine historische Ausstellung.“

Informiert euch in Gruppen auf den u. a. Webseiten über die Widerstandsgruppe der „Weißen Rose“ und erstellt gemeinsam Plakate mit Bildern und biographischen Texten über die Mitglieder. Ergänzt die Plakate mit Sachtexten über die Tätigkeit der „Weißen Rose“ und Zitaten aus den Flugblättern. Zeigt dabei auch die in München aufgestellten Mahnmale für die studentische Widerstandsgruppe. Präsentiert die Ergebnisse eurer Klasse in Form einer historischen Ausstellung.

www.bpb.de/sophiescholl
www.weisserose.info
www.weisse-rose-stiftung.de

„Geschichte vor Ort" – auf der Spurensuche in Archiven

Beim Spaziergang durch seine Stadt, stößt man überall auf Spuren der Geschichte. So fordert beispielsweise diese Gedenktafel in Ansbach Zeit zum Einhalten und Nachdenken ein.

M 1

Wer war dieser Robert Limpert, der noch nicht einmal 20 Jahre alt wurde? Was war die Ursache für seinen frühen Tod?

Ein erster Hinweis für die Recherche bietet das Datum. Gestorben ist Robert Limpert – laut Gedenktafel – in den letzten Tagen des Zweiten Weltkriegs, genau am 18. April 1945. Sein gewaltsamer Tod musste im Zusammenhang mit seiner Gegnerschaft gegenüber dem Nationalsozialismus gestanden haben. Will man nun die genaueren Umstände erforschen, bietet sich neben der Suche in der städtischen Bücherei ein Besuch im Stadtarchiv an. Dabei ist es wichtig, das Thema möglichst genau einzugrenzen, denn umso leichter wird man fündig. Tatsächlich verraten Originaldokumente dieser Zeit mehr über das Schicksal Limperts.

M2 Robert Limpert

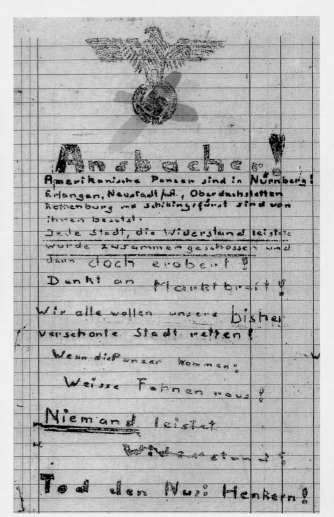

M3 Flugblatt von Robert Limpert *(Stadtarchiv Ansbach)*

Weitere Recherchen decken schließlich auch die letzten Unklarheiten seines gewaltsamen Todes auf: Um den Widerstand gegen die heranrückenden Amerikaner zu sabotieren, durchtrennte Limpert ein – allerdings bereits totes – Telefonverbindungskabel der deutschen Wehrmacht. Dabei wurde er jedoch beobachtet und an den Kommandanten Meyer verraten, der umgehend die Hinrichtung des jungen Mannes befahl. Der Erhängung ging kein Urteil, sondern ein widerrechtliches, nur fünf Minuten dauerndes Verfahren voraus. Meyer selbst legte dem 19-Jährigen die Schlinge um den Hals, die beim ersten Hinrichtungsversuch riss. Erneut wurde Limpert gehängt. Er starb, während die Amerikaner schon fast bis in die Innenstadt vorgedrungen waren.

Methode: Im Archiv recherchieren

Geschichtsforschung gleicht häufig der Arbeit eines Detektivs. Nach ersten Hinweisen muss man sich auf die Suche nach „Zeugen" bzw. Zeugnissen machen. Zeitzeugen finden sich meist nur für die modernere Zeit, für weiter zurückliegende Ereignisse ist der Historiker besonders auf schriftliche Zeugnisse oder Quellen angewiesen; aber auch Film- und Tondokumente sollen hinzugezogen werden. Derartige Quellen findet er in Archiven. Anders als in einer Bibliothek kann man sich Dokumente jedoch nicht ausleihen, sondern muss sie im Lesesaal des Archivs studieren und auswerten. Da es sich um Einzelstücke handelt, wäre ein Verlust nicht zu ersetzen. Neben öffentlichen Archiven (z. B. Staatsarchive, städtische Archive, Universitätsarchive, Zeitungsarchive) gibt es auch private (z. B. Familien- oder auch Firmenarchive), die nicht ohne weiteres genutzt werden können, sondern nur mit Zustimmung deren Besitzer.

Wie gehen wir bei der Arbeit in einem Archiv vor?

1. Schritt: Vorbereitungen treffen
Um bei der Suche in einem Archiv wirklich erfolgreich zu sein, muss man sich im Vorfeld genau überlegen, welches Thema bearbeitet werden soll und wonach man sucht. Klärt, in welchem Archiv ihr etwas zu eurem Thema finden könnt. Bildet Arbeitsgruppen. Meldet euch bei dem Archivar des ausgewählten Archivs an und bittet ihn um Unterstützung.

Je genauer die Angaben gegenüber dem Archivar sind, umso besser kann er euch bei eurer Suche unterstützen.

2. Schritt: Einen Überblick zum gefundenen Material gewinnen und Informationen entnehmen
Nach dem Beratungsgespräch erhaltet ihr einschlägige Findbücher (= Verzeichnisse von Quellen). Sucht nach Titeln, die euch interessant erscheinen, und notiert euch die Signatur. Hat man schließlich die gewünschten Unterlagen ausgehändigt bekommen, gilt natürlich größte Sorgfalt im Umgang mit den historischen Zeugnissen. Häufig ist es möglich, sich Kopien anfertigen zu lassen (Antrag stellen), ansonsten sollte man die wichtigsten Passagen abschreiben, um sie später auswerten zu können. Auf keinen Fall darf man vergessen, den Fundort, die Signatur der Akte, die Seiten- oder Blattzahl, Titel, Verfasser, Adressat und Entstehungszeit zu notieren, damit man ohne großen Aufwand das Dokument erneut einsehen und seine Ergebnisse nachweisen kann.

3. Schritt: Ergebnisse präsentieren
● Wenn ihr mehrere interessante Schriftstücke ausgewertet habt, gestaltet eine kleine Ausstellung im Schulgebäude.
● Verfasst einen Artikel für die Schülerzeitung.
● Bei besonders interessanten Ergebnissen kann die Schule die Zeitung eures Heimatortes informieren.
(So ließ der Stadtrat von Ansbach erst aufgrund einer solchen Schülerinitiative eine Gedenktafel für Robert Limpert am Rathaus anbringen, um an das mutige Handeln des jungen Mannes zu erinnern.)

1 Lies das Flugblatt M3 und erläutere die Absicht Limperts.
2 Recherchiert im Archiv eurer Heimatzeitung, wie dort über das Kriegsende berichtet wird.
3 Findet heraus, ob es in eurem Heimatort Widerstand gegen den Nationalsozialismus gegeben hat. Informiert euch gegebenenfalls darüber, in welcher Weise und aus welcher Motivation heraus dieser organisiert wurde und ob dieser Widerstandsbewegung gedacht wird (Straßennamen, Gedenktafeln, Gebäudenamen).

Das Konzentrationslager Dachau

Pressebericht über die „Eröffnung". Am 21. März 1933 meldete die bayerische Presse die Errichtung des Konzentrationslagers Dachau, ein von Anfang an als feste Einrichtung geplantes Lager. Was die Häftlinge erwartete, wurde ihnen bereits beim Eintreffen gesagt: „Hier seid ihr ehrlos, wehrlos und rechtlos." Bis zum 29. April 1945 wurden über 200 000 Menschen aus ganz Europa in Dachau oder in einem seiner zeitweilig bis zu 170 Außenlagern ihrer Freiheit beraubt, gequält und ausgebeutet; ca. 40 000 Häftlinge verloren ihr Leben. Ein bekannter Satz während der Naziherrschaft lautete: „Sei still, sonst kommst du nach Dachau!"

„Dachauer Schule". Im Gegensatz zu anderen Lagern gab es in Dachau sofort eine Lagerordnung, in der für kleinste Vergehen brutale Strafen bis zur Todesstrafe verhängt wurden. Als am 30. Juni 1934 mithilfe der SS die gesamte SA-Führung auf Weisung Hitlers ermordet wurde (s. S. 24), war es der Dachauer Kommandant Eike, der viele Verhaftete in sein Lager einliefern ließ und den SA-Führer Röhm eigenhändig erschoss. Zum Inspekteur aller KZ ernannt, konnte er die Dachauer Verhältnisse auf alle Lager übertragen. Die Führungspositionen besetzte er hauptsächlich mit SS-Leuten seiner „Dachauer Schule". Das Lager Dachau blieb für die SS ein „Vorzeigelager", in dem der Presse, aber z. B. auch dem Roten Kreuz, ein augenscheinlich erträgliches Lagerleben vorgeführt wurde.

Die Entwicklung des Lagers. In den ersten Jahren kamen besonders politische Gegner, rassisch und ethnisch Verfolgte ohne Gerichtsverfahren in sogenannte „Schutzhaft". Ab 1937/38 wurde Dachau für 6 000 bis 8 000 Häftlinge umgebaut und um SS-Kasernen mit Werkstätten ergänzt. Bereits im November 1938 stieg die Zahl der Häftlinge auf über 14 000.

Mit dem Ausbruch des Kriegs ließ die SS aus allen besetzten Ländern Menschen als Zwangsarbeiter auch nach Dachau bringen. In verschiedenen Arbeitskommandos zwang man die Häftlinge nach dem Prinzip „Vernichtung durch Arbeit" unter grausamsten Bedingungen zur Sklavenarbeit. Ab 1941/42 wurden zudem medizinische Versuche an den Inhaftierten durchgeführt sowie Tausende von sowjetischen Kriegsgefangenen erschossen.

Ende 1944 befanden sich im KZ Dachau und seinen Außenlagern 63 000 Häftlinge, die auch in der Rüstungsindustrie eingesetzt wurden. In den Dachauer Außenlagern Kaufering (bei Landsberg) und Mühldorf arbeiteten z. B. über 10 000 jüdische Häftlinge unter unmenschlichen Bedingungen in unterirdischen Fabriken für die Flugzeugproduktion.

In den letzten Wochen des Kriegs starben weitere Tausende von Häftlingen an Seuchen, Entkräftung oder auf „Todesmärschen" in die noch unbesetzte Alpenregion. Am 29. April 1945 befreiten amerikanische Soldaten die Überlebenden des KZ Dachau.

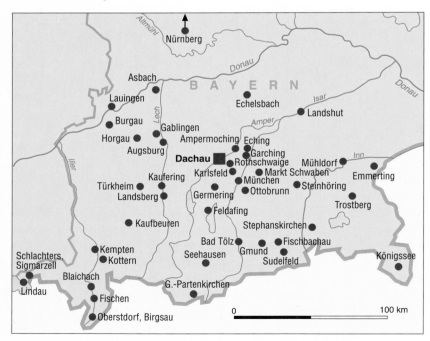

■ M1 KZ Dachau mit den größten Außenlagern

Projektidee: „Wir besuchen eine Gedenkstätte für die Opfer des Nationalsozialismus."

Bayern verfügt mit Dachau und Flossen-bürg über besonders eindrucksvolle und bedeutende Gedenkstätten. Sie dienen der Erinnerung an die nationalsozialistischen Gräueltaten und sollen die Vergangenheit gerade auch durch die Begegnung mit ori-ginalen Schauplätzen lebendig machen. Aber auch z. B. KZ-Friedhöfe, Mahnmale oder Gedenktafeln bewahren die Erinne-rung an das Leid von Millionen Menschen.

M2 Gauting – Erinnerung an den Todesmarsch

Planung:

Entscheidet euch für ein Ziel und holt darüber In-formationen ein (Ausstellungskataloge, Bibliothek, Internet). Arbeitet auch mit Fachlehrern/innen aus anderen Fächern, z. B. Religion, zusammen. Meldet euch rechtzeitig für eine Führung (von Zeitzeugen?) an. Organisiert die Fahrt von und zu dem Gedenkort.

Durchführung:

Die Erwartungen müssen klar sein: Es ist kein nor-maler Ausflug oder Wandertag. Nehmt euch Zeit und plant keine zusätzlichen Ziele außerhalb eurer Thematik. Haltet euren Besuch in Bild und Wort (Protokoll) fest. Jeder Schüler/jede Schülerin soll mit *einem* Foto aus einer ihm/ihr wichtigen Perspek-tive machen bzw. *ein* Detail festhalten. Verweilt, vielleicht zum Ende eures Besuches, an einer mar-

kanten Stelle, um euch – jeder für sich – abschlie-ßend nochmals das Erlebte vor Augen zu führen.

Auswertung und Präsentation:

Was haben wir Neues erfahren, was war bekannt? Wie wirkte die Darstellung im Ausstellungs- oder im Lagerbereich? In welcher Weise wird den Opfern ge-dacht? Welche Fragen sind geblieben? Wie können sie beantwortet werden? Sprecht über eure Gefühle nach diesem Besuch.

Eine Präsentation sollte schriftliche Informationen und Bilder ausgewogen beinhalten. (Zu viel Text stößt ab!) Gibt es markante Aussagen von Zeit-zeugen? Sammelt die von den Schülern/innen ge-wählten Einzelbilder (s. Durchführung) und fügt sie zusammen.

1 Verschafft euch einen Überblick über das Gesamt-lager Dachau. Mithilfe der Internetseite der Gedenk-stätte in Dachau > www.kz-gedenkstaette-dachau.de/ könnt ihr euch bereits vor einer Exkursion über den Aufbau des Lagers informieren (virtueller Rund-gang).
Erstellt anhand des Autorentextes eine knappe Zu-sammenfassung der Lagergeschichte. Besprecht dann in der Klasse, in welcher Reihenfolge ihr die Orte der Gedenkstätte besuchen könnt. Eine Dauer-

ausstellung ist im Hauptgebäude untergebracht (www.hdbg.de/dachau/index.htm).
2 Überprüft anhand der Karte M1, ob sich ein Außen-lager des KZ Dachau auch in eurer Nähe befand. Gibt es Zeugnisse, Gedenkstätten? Informiert euch über das nächstliegendste Lager und plant einen Besuch mit den hier gegebenen Hinweisen. Hilfreich dabei ist auch der Link: www.gedenkstaettenpaedagogik-bayern.de (Stichwort: „KZ-Außenlager").

Kriegsende in Europa und Asien

Die militärische Lage in Europa. Bereits im Laufe des Jahres 1944 wurde immer offensichtlicher, dass Deutschland den Krieg verlieren musste: Die Alliierten rückten auf allen Fronten vor und standen um die Jahreswende an den Grenzen des Deutschen Reichs (s. S. 50). Seit Anfang 1945 fanden die Kämpfe auf deutschem Boden statt, am 25. April trafen sowjetische und amerikanische Verbände bei Strehla und Torgau erstmals zusammen. In dieser Schlussphase wurden noch viele Standgerichte mit anschließenden Hinrichtungen durchgeführt, weil die zuständigen Offiziere trotz anrückender Gegner – im Gegensatz zur Bevölkerung – nicht zum Aufgeben bereit waren (s. S. 62).

M1 „Elbe-Day" – ein Foto geht um die Welt
Die Fotografie vom 26. April 1945 zeigt amerikanische und sowjetische Soldaten, die sich an einer zerstörten Elbbrücke bei Torgau die Hand reichen. Wie viele symbolträchtige Fotos jener Zeit war auch diese Begegnung gestellt: Das eigentliche Treffen hatte bereits einen Tag vorher stattgefunden.

Die Schlacht um Berlin. Adolf Hitler verschanzte sich im „Führerbunker" und wollte trotz der Umklammerung Berlins durch die Rote Armee noch immer nicht glauben, dass der Krieg verloren war. Er operierte mit längst nicht mehr existierenden Armeen, hoffte vergeblich auf „Wunderwaffen", verbot den deutschen Truppen jeglichen Rückzug und befahl, all jene Anlagen, die den Alliierten nützlich sein könnten, zu vernichten („Taktik der verbrannten Erde"). Am 16. April 1945 leitete die Rote Armee mit einem Zangenangriff auf Berlin das Ende ein:

2,5 Millionen gut ausgerüstete russische Soldaten mit über 6 000 Panzern und 7 500 Flugzeugen rückten nun gegen die noch verbliebenen deutschen Truppenteile und den eilig ausgehobenen „Volkssturm" an. Kaum 800 Panzer konnten die deutschen Verbände aufbieten, die zudem unter erheblichem Treibstoff- und Munitionsmangel litten. Erst als sich die russischen Truppen wenige hundert Meter an die Reichskanzlei herangekämpft hatten und auch Hitler die ausweglose Situation deutlich wurde, verübte er am 30. April 1945 Selbstmord (s. S. 68f.).

Um eine möglichst große Zahl von Wehrmachtsangehörigen und flüchtenden Zivilisten in das westliche Reichsgebiet gelangen zu lassen, erklärte sich die noch von Hitler eingesetzte Regierung unter Großadmiral Karl Dönitz erst am 8./9. Mai 1945 zur bedingungslosen Kapitulation bereit – das faktische Ende des Deutschen Reichs.

Kriegsende in Ostasien. Im Pazifik waren die Amerikaner seit Mitte 1942 erfolgreich zum Gegenangriff übergegangen. Wegen des zähen und fanatischen Widerstands, den die japanischen Soldaten leisteten, und der erwarteten hohen eigenen Verluste, entschloss sich US-Präsident Truman zum Einsatz einer neuen Waffe von ungeheurer Zerstörungskraft. Durch den Abwurf zweier Atombomben wurden die Städte Hiroshima und Nagasaki in Sekunden dem Erdboden gleichgemacht, hunderttausende Opfer waren die Folge. Unter dem Eindruck dieser Katastrophe kapitulierte Japan am 2. September 1945.

M2 Hiroshima nach dem Atombombenabwurf

M3 Alliiertes Vordringen 1944/1945

NORWEGEN
FINNLAND
Oslo · SCHWEDEN
· Leningrad
ESTLAND
GROSS-
BRITANNIEN
DÄNEMARK
Nordsee   *Ostsee*
LETTLAND
LITAUEN
NIEDER-
LANDE
UdSSR
6.6.1944
Berlin ·
BELGIEN
DEUTSCHES
POLEN
Normandie
REICH
· Kiew
Paris ·
TSCHECHOSLOWAKEI
FRANKREICH
SCHWEIZ ÖSTERREICH
UNGARN
JUGOSLAWIEN
RUMÄNIEN
Schwarzes Meer
ITALIEN
BULGARIEN
Mittelmeer Sizilien
10.3.1943
0   500 km

—— Frontverlauf im Herbst 1944   ▨ am 8.5.1945 noch von deutschen Truppen gehaltene Gebiete

M4 „Endsieg"-Propaganda

Aus Hitlers letzter Rundfunkansprache am 30. Januar 1945:

Ich erwarte von jedem Deutschen, dass er ... seine Pflicht bis zum Äußersten erfüllt, dass er jedes Opfer, das von ihm gefordert wird und werden muss, auf sich nimmt ... Wie schwer auch die Krise im Augenblick sein mag, sie wird durch unse-
5 ren unabänderlichen Willen, durch unsere Opferbereitschaft und durch unsere Fähigkeiten am Ende trotzdem gemeistert werden. Wir werden auch diese Not überstehen. Es wird auch in diesem Kampf nicht Innerasien siegen, sondern Europa – und an der Spitze jene Nation, die seit eineinhalb-
10 tausend Jahren Europa als Vormacht gegen den Osten vertreten hat und in alle Zukunft vertreten wird: Unser Großdeutsches Reich, die deutsche Nation!

Zitiert nach: Deutschland 1945 (= Geschichte betrifft uns, Heft 6/1994), S. 12.

1 Erkläre, weshalb solche Bilder (M1) gestellt und veröffentlicht wurden.

2 Erläutere, warum mit Hiroshima und Nagasaki ein neuer Abschnitt der Menschheitsgeschichte begann (M2).

M5 Hitler im März 1945 über das deutsche Volk

Wenn der Krieg verloren geht, wird auch das deutsche Volk verloren sein. Dieses Schicksal ist unabwendbar. Es ist nicht notwendig, auf die Grundlagen, die das Volk zu einem primitiven Weiterleben braucht, Rücksicht zu nehmen. Im Ge-
5 genteil ist es besser, selbst diese Dinge zu zerstören, denn das Volk hätte sich als das schwächere erwiesen und dem stärkeren Ostvolk gehöre dann ausschließlich die Zukunft. Was nach dem Kampf übrig bleibt, sind ohnehin nur die Minderwertigen, denn die Guten sind gefallen!

Zitiert nach: Walther Hofer (Hrsg.): Der Nationalsozialismus. Dokumente (= Fischer TB), Frankfurt a. M. 1974, S. 260.

M6 Amerikanische Soldaten marschieren am 30. April 1945 in München ein.

Rechts: zerstörter Justizpalast

3 Vergleiche die militärische Situation 1918 und 1945 (M3). Stelle die Verhaltensweise der obersten Militärs gegenüber.

4 Beurteile die Äußerungen Hitlers vor dem Hintergrund der militärischen Lage (M4 und M5).

5 In vielen Städten und Dörfern Bayerns wurden noch kurz vor Kriegsende viele Menschen hingerichtet, weil sie ein Signal zur Aufgabe an die Alliierten gaben. Diese Haltung duldeten die Militärs nicht und griffen durch. Lest nach unter dem Stichwort „Freiheitsaktion Bayern" (www.br-online.de/bayern-heute/thema/kriegsende/widerstand-freiheitsaktion.xml).

Der Nationalsozialismus im Spielfilm

Historische Filmin-halte als Publikums-erfolg. Ob Sandalen-film (Antike), Ritterfilm (Mittelalter), Western oder zeitgeschichtliche Themen, wie die beiden Weltkriege und der Na-tionalsozialismus, im Film inszenierte Ver-gangenheit erfreut sich größter Beliebtheit. Kein anderes Medium kann Historie einem Massen-publikum so anschau-lich und emotional ver-

M1 Auszeichnung eines Hitlerjungen *(Foto, April 1945)*

mitteln. Der Aufwand solch einer Produktion ist oft enorm. Wichtig ist zunächst die Glaubwürdigkeit des Films: Stimmen die historischen Fakten und die sze-nische Ausstattung (Bauten, Kostüme usw.)? Sind die Personen, ihre Handlungen und Beziehungen unter-

einander richtig getrof-fen? Doch auch ein de-tailgenauer Film ohne offensichtliche Fehler bleibt immer eine Kon-struktion von Geschich-te mit fiktiven und illu-sionären Elementen. Oft werden Teile erfunden. Das mag ein kurzer all-täglicher Dialog sein oder aber eine publi-kumswirksame Liebes-geschichte, die das ei-gentliche Thema des Films ausmacht. Der il-lusionäre Charakter solcher Filme lässt sich anhand von DVD-Zusatzmaterial erschließen, z. B. wenn Schauspieler über Probleme ihrer Darstellung erzäh-len oder Filmtricks erklärt werden.

„Der Untergang". Der preisgekrönte Film von Bernd Eichinger (Drehbuch) und Oliver Hirschbiegel (Regie), der einer der teuersten deutschen Filme al-ler Zeiten sein soll, schildert die letzten Tage im Führerbunker unter der Reichskanzlei. Hitler, seit Januar 1945 in Berlin, glaubte trotz der ausweglosen Lage an das Wunder eines Endsiegs. Fünf Tage nach-dem die Rote Armee den Ring um Berlin ge-schlossen hatte, beging Hitler Selbstmord – zu-vor heiratete er noch Eva Braun, seine lang-jährige Geliebte.

Der Film stützt sich bei den Ereignissen im Bunker auf das gleich-namige Buch des Publi-zisten und Historikers Joachim Fest sowie auf die Erinnerungen „Bis zur letzten Stunde" von

Hitlers Sekretärin Traudl Junge (beide 2002 erschie-nen). Dabei wird Adolf Hitler, der zwischen Grö-ßenwahn und tiefster Verzweiflung schwankt, zum ersten Mal in einem deutschen Film auch als Person mit menschlichen Zügen gezeigt. Er erscheint als für-sorglicher, fast väterlicher Dienstherr gegenüber sei-ner Sekretärin, aber ebenso als zynischer und eiskalt Vernichtungsbefehle er-teilender Massenmör-der.

Der Kampf um Berlin spiegelt sich hingegen in der fiktiven Ge-schichte um den Hitler-jungen Peter, der meint, den Einmarsch der Rus-sen heldenhaft aufhal-ten zu müssen.

M2 Auszeichnung des Hitlerjungen Peter
(Filmbild aus „Der Untergang")

M3 Filmplakat

Methode: Spielfilme historisch auswerten

1. Schritt: Thema und Inhaltsschwerpunkte erfassen

Schau dir den Film mindestens einmal aufmerksam an. Notiere das Thema und wesentliche inhaltliche Schwerpunkte: Welche Aspekte, Einzelheiten werden besonders herausgestellt, was wird nur am Rande gezeigt? Welche Personen stehen im Mittelpunkt? Warum? Erkundige dich, wann und von wem der Film produziert wurde.

2. Schritt: Glaubwürdigkeit überprüfen

Vergleiche deine Geschichtskenntnisse mit der Darstellung im Film. Was entspricht der historischen Wirklichkeit? Halte offensichtliche Fehler oder Widersprüche fest. Welche Ausstattungsdetails beeindrucken, welche stimmen nicht? Auf welche Quellen stützt sich der Film?

3. Schritt: Fiktive Anteile herausfinden

Welche Details sind von Drehbuchautoren ausgedacht worden? Gibt es eine erfundene Geschichte? Wie wirkt diese auf den Zuschauer? Inwieweit spricht sie die Gefühle der Zuschauer an?

4. Schritt: Gesamtbewertung durchführen

Werte deine Notizen aus und formuliere ein Gesamtergebnis. Beurteile dabei den Stellenwert der erfundenen Geschichte und erörtere, inwieweit du den Film historisch überzeugend findest.

M4 Reaktionen auf den Film „Der Untergang"

a) aus der Sicht eines bekannten Filmregisseurs:
Wessen Sicht transportiert der Film? Warum dürfen wir Hitler und Goebbels nicht sterben sehen? ... Warum verdienen sie einen so würdigen Abgang, während alle anderen guten und schlechten Deutschen abgeknallt werden? Was für ein Ver-
5 drängungsvorgang entspinnt sich da vor unseren Augen? ... Der Film hat von allem keine Meinung, vor allem nicht vom Faschismus oder von Hitler. Er überlässt den Zuschauern die Haltung, die er selbst nicht hat oder höchstens vortäuscht.
Zitiert nach: Wim Wenders: Tja, dann wollen wir mal ...
In: Die Zeit, Nr. 44 vom 21. Oktober 2004, S. 49ff.

b) aus der Sicht eines Historikers (und Hitlerbiografen):
Trägt der Film nun dazu bei, Hitler besser zu verstehen? Ich glaube nicht, so hervorragend das Porträt auch ist. Das kann er auch gar nicht leisten – und ich wüsste auch nicht, welche Einsichten wir gewännen, wenn wir Hitler tatsächlich besser
5 kennten ... Würden wir besser verstehen, warum er so viel Macht über die Deutschen besaß? Warum so viele kluge Menschen in einflussreicher Position bereit waren, seine Ideen zu verwirklichen? Nicht einmal der beste Schauspieler wird imstande sein, Hitler einem Publikum verständlicher zu
10 machen, das dessen wirres Denken unmöglich nachvollziehen kann ... Man sollte nicht erwarten, Hitler nach solch einem Film besser zu „verstehen".
Zitiert nach: Ian Kershaw: Der Führer küsst, der Führer isst Schokolade. In: FAZ vom 17. September 2004, S. 37.

1 Informiere dich über die Eroberung Berlins 1945 und über das Ende des Deutschen Reichs (s. S. 66f.). Für wen war dies ein „Untergang"? Und für wen war es eher eine Befreiung?

2 Untersuche den Film „Der Untergang" in der vorgegebenen Reihenfolge der vier Schritte. Zusätzlich kannst du dich auch im Internet, in einem Filmlexikon oder mithilfe eines DVD-Zusatzmaterials kundig machen. Beziehe auch M3 mit ein.

3 Vergleiche M1 und M2 miteinander. Zu welchen Schlüssen kommst du?

4 Lege dar, warum es wichtig ist zu wissen, auf welches Quellenmaterial sich der Film stützt.

5 Erkläre, inwieweit die Reaktionen von Wim Wenders und Ian Kershaw gerechtfertigt sind.

Der Zweite Weltkrieg – eine Bilanz?

1929	Weltwirtschaftskrise
30. Jan. 1933	**Hitler zum Reichskanzler ernannt**
24. März 1933	**„Ermächtigungsgesetz"** – Gewaltenteilung aufgehoben
1933	„Gleichschaltung" der Länder; Gewerkschaften und Parteien aufgelöst
Aug. 1934	Hitler Reichskanzler und Reichspräsident („Führer")
1935	**„Nürnberger Gesetze"**
1938	**Münchner Abkommen**
9. Nov. 1938	**Novemberpogrom:** gewaltsames Vorgehen gegen Juden
1. Sept. 1939	Angriff Dtschl. auf Polen/**Beginn des Zweiten Weltkriegs**
Juni 1941	Beginn des Kriegs gegen die Sowjetunion
ab 1941	**systematische Vernichtung der europäischen Juden**
Dez. 1941	Dtschl. erklärt USA den Krieg
20. Juli 1944	**Attentat auf Hitler** scheitert
8./9. Mai 1945	**bedingungslose Kapitulation der deutschen Wehrmacht**
6./8. Aug. 1945	Atombombenabwürfe auf Hiroshima und Nagasaki

M1 Tote im Zweiten Weltkrieg *(Liste unvollständig)*

Deutschland	5 250 000	davon 600 000 Zivilisten
Sowjetunion	20 600 000	7 000 000 Zivilisten
Polen	4 250 000	4 200 000 Zivilisten
Osten Polens	1 500 000	Gebiet von der Sowjetunion 1939 annektiert
USA	259 000	
Großbritannien	386 000	62 000 Zivilisten
Frankreich	810 000	470 000 Zivilisten
Italien	330 000	
Rumänien	378 000	
Ungarn	420 000	280 000 Zivilisten
Jugoslawien	1 590 000	1 200 000 Zivilisten
Finnland	84 000	
Griechenland	160 000	140 000 Zivilisten
Belgien	88 000	76 000 Zivilisten
Niederlande	210 000	198 000 Zivilisten
Japan	1 800 000	600 000 Zivilisten
China	15 000 000	7 750 000 Zivilisten

M2 Der Völkermord in Zahlen *(nach Schätzungen)*

Lager	Zeitraum	Ermordete
Chelmno	Dez. 1941 – Juli 1944	ca. 150 000
Auschwitz	Jan. 1942 – Nov. 1944	ca. 1 000 000
Belzec	März 1942 – Dez. 1942	ca. 600 000
Sobibor	April 1942 – Okt. 1943	200 000 – 250 000
Treblinka	Juli 1942 – Okt. 1943	750 000 – 900 000
Majdanek	Sept. 1942 – Nov. 1943	50 000 – 60 000
In Vernichtungslagern getötete Juden		fast 3 000 000
Gesamtzahl der Opfer des Holocaust		5 290 000

Sicherung der Grundbegriffe

▽ 🗁 **Eigene Dateien**

  ▽ 🗁 **Geschichte**

    ▽ 🗁 **Nationalsozialismus – Zweiter Weltkrieg – Völkermord**

📄 Antisemitismus	📄 „Machtergreifung"
📄 „Drittes Reich"	📄 Münchner Abkommen
📄 „Ermächtigungsgesetz"	📄 Nationalsozialismus
📄 „Gleichschaltung"	📄 „Nürnberger Gesetze"
📄 Holocaust/Shoah	📄 Widerstand
📄 Konzentrations- und Vernichtungslager	

M3 „Stolpersteine"

Heute gibt es sie in vielen Städten; begonnen wurde das Projekt von Gunter Demnig 1992 in Köln. Kleine in den Bürgersteig eingelassene Steinblöcke erinnern an von den Nationalsozialisten vertriebene oder ermordete Menschen.

M4 Bevölkerungsverschiebungen: Umsiedlung und Vertreibung *(1938–1944)*

Legende:

← Sowjetische Zwangsumsiedlung von Polen aus Ostpolen in die UdSSR (1939/1941)

← Rücksiedlung deutscher Volksgruppen aus Ost- und Südosteuropa (1940/41): Deportation von Schwarzmeer- und Wolgadeutschen (1941)

← Deportation von Balten in die UdSSR bei der Annexion der baltischen Staaten durch die UdSSR (1940)

← Zwangsumsiedlung von Polen, Franzosen und Serben nach deutscher Besetzung (1940/41)

← Umsiedlung von Rumänen nach der Abtretung der Süddobrudscha an Bulgarien (1940)

← Umsiedlung von Bulgaren nach der Einverleibung der Süddobrudscha durch Bulgarien (1940/41)

60 Anzahl der Deportierten, Umgesiedelten und Flüchtlinge in Tausend

1 Bildet verschiedene Teams und wertet arbeitsteilig das Zahlen- und Kartenmaterial (M1–M2 und M4 sowie die Zeitleiste) im Einzelnen so aus, wie ihr es im bisherigen Geschichtsunterricht gelernt habt. Fasst eure Ergebnisse zusammen und stellt sie der Gesamtgruppe vor.

2 Beurteilt, inwieweit die Zahlen aussagekräftig sind und als Bilanz von Krieg und Völkermord gelten können. Überlegt, was euch zusätzlich interessiert und welche Informationen dazu eingeholt werden müssen.

3 Schreibe einen kurzen Essay über das Kriegsende 1945. Nimm Angaben dieser Seite sowie die Informationen aus dem Geschichtsbuch zu Hilfe.

4 Das rechte Bild zeigt Bilder von Holocaustopfern in der „Hall of Names" (Yad Vashem). Hinter den Opferzahlen in den hier integrierten Tabellen stehen Millionen von Einzelschicksalen. Alle Biografien der ermordeten Juden werden in der Gedenkstätte Yad Vashem in Jerusalem aufbewahrt. Über www.yadvashem.org/ gelangst du auf die entsprechende Seite. Klicke „Shoah Victims' Database" an. Dann kannst du deinen Heimatort angeben oder den Namen von Einzelpersonen, über deren Schicksal die Forscher eine „Zeugenseite" (page of testimony) angelegt haben.

■ GESCHICHTE AKTIV / KREATIV

Projektidee: „An das Kriegsende und die Opfer von Krieg und Völkermord erinnern"

• Diskutiert den Wert der Aktion des Künstlers Gunter Demnig (M3). Lasst euch von den „Stolpersteinen" anregen.

• Skizziert zeichnerisch oder sprachlich Ideen für einen „Ort der Erinnerung", ein Mahn- oder Denkmal in eurem Ort/in eurer Stadt.

Deutschland nach dem Krieg

1945–1949

Kriegsende und Neuanfang – Frauen in der Nachkriegszeit

Deutschland – ▸ „Stunde Null". Am 8./9. Mai 1945 kapitulierten die deutschen Truppen bedingungslos. Damit endete der Zweite Weltkrieg in Europa. Zu den alltäglichen Erfahrungen der Menschen gehörte im Jahre 1945, dass fremde Soldaten in Städte und Dörfer einzogen, deren Verwaltung übernahmen und Wohnungen beschlagnahmten. Deutschland wurde von den Siegermächten besetzt. Die damit verbundene Entmachtung der Nationalsozialisten erlebten die Menschen unterschiedlich: Manche bedauerten die Niederlage der deutschen Truppen. Andere sahen sich befreit von Verfolgung und staatlichem Terror, von Zwangsarbeit und Gefangenschaft. Auch atmeten viele auf, nicht länger Nacht für Nacht in den Luftschutzkellern die Bombardierung ihrer Häuser ertragen und Todesangst ausstehen zu müssen. Dies galt für Männer ebenso wie für Frauen.

Die besonderen Belastungen der Frauen. Die Männer der jüngeren und mittleren Jahrgänge waren überwiegend in Kriegsgefangenschaft, gefallen oder verkrüppelt. Deshalb mussten viele Frauen auch nach dem Krieg den Alltag in den zerstörten Städten allein bewältigen, in einer Zeit des Mangels und Hungers ihre Kinder ernähren und Voraussetzungen für den Wiederaufbau des Landes schaffen. Vor allem in den Gebieten Deutschlands und Osteuropas, welche die Rote Armee besetzt hatte, waren Frauen zudem noch das Ziel sexueller Übergriffe seitens russischer Soldaten. Schätzungen zufolge wurden zwischen Ostpreußen und Berlin 1,9 Millionen Frauen Opfer von Vergewaltigung und Missbrauch durch Angehörige der Roten Armee. Aber auch im bayerischen Lindau z. B. kam es zu Übergriffen durch die einrückende französische Armee. Unter dem Eindruck der schockierenden Berichte von Klinikärzten setzte das erste bayerische Kabinett im Juni 1945 zeitweilig Straffreiheit für Abtreibungen fest.

„Trümmerfrauen". Mit Flächenbombardements hatten die Alliierten vor allem in den letzten beiden Kriegsjahren die meisten deutschen Städte in Schutt und Asche gelegt. Als Folge waren nicht nur die Gas- und Wasserleitungen zu einem großen Teil unbrauchbar, Straßen unpassierbar und viele Brücken zerstört; vor allem herrschte in den Städten große Wohnungsnot. Bevor jedoch an den Bau neuer Wohnungen auch nur gedacht werden konnte, mussten in den Städten 400 Millionen Kubikmeter Schutt weggeräumt werden. Gegen geringen Lohn und höhere Lebensmittelrationen verrichteten diese Tätigkeit – zusätzlich zu ihren Aufgaben im Haushalt und als Mutter – vor allem die sogenannten „Trümmerfrauen". Parallel zum Wiederaufbau der Städte wurde das kulturelle und politische Leben von Neuem angeregt. So ließen die Besatzungsmächte bald wieder Parteien zu, die in den Jahren der Diktatur verboten gewesen waren. In ihnen engagierten sich auch Frauen. Zu den bedeutendsten Politikerinnen der Nachkriegszeit gehörten die sogenannten „Mütter des Grundgesetzes". Ohne ihren Einsatz wäre ein wichtiger Artikel im Grundgesetz, der im Jahre 1949 erarbeiteten Verfassung der Bundesrepublik Deutschland, nicht eingefügt worden: „Männer und Frauen sind gleichberechtigt."

M1 Die „Mütter des Grundgesetzes"

Von links: Helene Wessel (Zentrum), Helene Weber (CDU), Friederike Nadig (SPD) und Elisabeth Selbert (SPD)

Wovon handelt dieses Kapitel? Auf den nächsten Seiten kannst du dich weiter mit den Lebensverhältnissen vertraut machen, die in Deutschland nach dem Krieg herrschten. Deutschlands Niederlage hatte zur Folge, dass es seine Souveränität verlor und in vier Besatzungszonen aufgeteilt wurde. Du lernst die unterschiedlichen politischen Ziele kennen, welche die Alliierten in ihren Besatzungszonen verfolgten. Die Uneinigkeit der Alliierten im Hinblick auf ihre Deutschlandpolitik führte schließlich dazu, dass 1949 zwei deutsche Staaten gegründet wurden, die Bundesrepublik Deutschland und die Deutsche Demokratische Republik.

M2 „Trümmerfrauen"

M3 Auf der Jagd nach Kohle

M4 Nachkriegsschicksale

Eine Frau, geboren 1922, erzählt aus ihrem Leben:
Ich kann heute nicht mehr sagen, wie wir das damals alles geschafft haben. Die Schlepperei beim Enttrümmern und die Schlepperei beim Hamstern, immer einen Zentner tragen über acht bzw. zehn Kilometer weg ... (Mein Mann und ich)
5 hatten noch gar nicht richtig angefangen, eine Ehe zu führen. Wir haben ja 1943 geheiratet. Eine sogenannte Kriegshochzeit war das, und '44 kam der Junge ...
(Als die Eheleute nach dem Krieg wieder zusammenkamen), wurde (es) schlimm zwischen uns, auch weil er nichts tun
10 wollte oder konnte. Er hat sich nicht rausgetraut, ist nicht Hamstern gefahren und nichts. Ich bin arbeiten gegangen und habe meine Arbeit gemacht, die ich als Hausfrau und Mutter zu machen hatte, aber mein Mann wollte seine Arbeit nicht machen, z. B. Holz ranschaffen. Wenn ich gesagt habe,
15 wir frieren, geh doch (einen Baumstumpf) roden, dann ist er widerwillig gegangen oder auch nicht ... Ich hab mich dann scheiden lassen.
Zitiert nach: Sybille Meyer: Wie wir das alles geschafft haben. Alleinstehende Frauen berichten über ihr Leben nach 1945, München (C. H. Beck) 1984, S. 52ff.

■ M5 Hauptsorgen der Deutschen
Die Grafik zeigt die Ergebnisse von Umfragen, die im Auftrag der US-Militärregierung durchgeführt wurden.

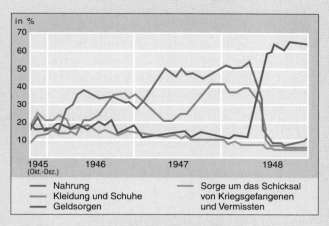

in %

Nahrung		Sorge um das Schicksal
Kleidung und Schuhe		von Kriegsgefangenen
Geldsorgen		und Vermissten

2 Trage in einer Tabelle Leistungen und besondere Belastungen von Frauen in der Nachkriegszeit ein (M2–M4 und Autorentext).
3 Beschreibe das Verhalten des Mannes in M4. Wie könnte man es erklären?
4 Diskutiere, ob die Bezeichnung „Stunde Null" für das Kriegsende und die ihm folgende Zeit berechtigt ist.

1 Erläutere die Entwicklung der Lebensverhältnisse in Deutschland nach Ende des Kriegs. Berücksichtige dabei die Quellen und Abbildungen auf dieser sowie auf der vorhergehenden Doppelseite (s. S. 72–75).

75

Leben in Trümmern

„Stein-Zeit" in Deutschland. Die massiven Flächenbombardierungen gegen Ende des Kriegs hatten gigantische Schutt- und Trümmermassen in den Städten hinterlassen. Wohnungen waren zerbombt und ausgebrannt, man beklagte den Verlust von Kulturgütern von unersetzlichem Wert; Industrie- und Versorgungseinrichtungen bestanden nicht mehr. Die Infrastruktur war zusammengebrochen: ca. 50 % der Verkehrswege waren zerstört, Eisenbahn und Post hatten ihre Dienste eingestellt. Eine zivile Verwaltung gab es vielerorts nicht mehr.

land wesentlich mehr Geld als Konsumgüter in Umlauf war. Damit verlor die Reichsmark als Zahlungsmittel nahezu vollständig ihren Wert. Wegen dieser Inflation entwickelte sich vornehmlich in den Städten ein Schwarzmarkt. Dort wurde, obgleich verboten, Ware gegen Ware getauscht. Eine Schachtel Zigaretten diente meist als Ersatzwährung, da sie vom Wertverlust nicht betroffen war. Man fuhr aber auch zum „Hamstern" aufs Land, tauschte dort bei den Bauern u. a. Schmuck und Wäsche gegen Essbares.

M1 Blick auf das zerstörte München *(Sommer 1945)*

M2 Schwarzmarkt

a) Foto 1947

Der tägliche Kampf ums Überleben. Während des Kriegs hatten staatliche Lebensmittelrationierungen die Ernährung der Bevölkerung halbwegs gesichert. Mit der Kapitulation und dem bitterkalten Winter 1946/47 wurde die Versorgungslage jedoch äußerst kritisch: Da die Hilfslieferungen der Alliierten hinter den Notwendigkeiten zurückblieben, begann Hunger das Land zu regieren. Hatte der Völkerbund 1936 den täglichen Kalorienbedarf eines Menschen bei leichter Arbeit auf 3 000 festgesetzt, so lagen nun die Lebensmittelzuteilungen in einigen Landesteilen unter 1 000 Kalorien. Erst 1947 begann sich die Lage langsam wieder zu bessern.

Den meisten Deutschen blieb nichts anderes übrig, als zusätzlich Lebensmittel und andere Mangelware zu „organisieren". Man konnte zu offiziell festgesetzten Preisen kaum etwas kaufen. Die Politik des NS-Regimes, die die Wirtschaft ganz in den Dienst des Kriegs stellte, hatte zur Folge, dass 1945 in Deutsch-

b) Offizielle Preise und sogenannte Schwarzmarktpreise:

Ware (Beispiele)	offizielle Preise 1947	Schwarzmarkt-preise 1946/47
1 kg Fleisch	2,20 RM	60–80 RM
1 kg Brot	0,37 RM	20–30 RM
1 kg Kartoffeln	0,12 RM	4 RM
1 kg Zucker	1,07 RM	120–180 RM
1 kg Butter	4,00 RM	350–550 RM
1 kg Milchpulver		140–160 RM
1 Glühbirne		40 RM
1 Paar Schuhe		500–800 RM

Für die Waren, die im offiziellen Angebot fehlten, findet sich in der Aufstellung auch kein Preis.

Zum Vergleich: Der Monatslohn eines Arbeiters betrug im Zeitraum von 1945 bis 1948 zwischen 150 und 200 Reichsmark (RM).

M3 Günter Eich: Inventur

Günter Eich (1907–1972), arbeitete seit 1932 als Schrift-
steller. Zwischen 1939 und 1945 war er Soldat der Wehr-
macht, anschließend in amerikanischer Kriegsgefangen-
schaft. In dieser Zeit entstand „Inventur", eines der
berühmtesten deutschen Nachkriegsgedichte:

Wehrmachtsoldat
vor dem
brennenden Reichstag

Dies ist meine Mütze,
dies ist mein Mantel,
hier mein Rasierzeug
im Beutel aus Leinen.

5 Konservenbüchse:
Mein Teller, mein Becher,
ich hab in das Weißblech
den Namen geritzt.

Geritzt hier mit diesem
10 kostbaren Nagel,
den vor begehrlichen
Augen ich berge.

Im Brotbeutel sind
ein Paar wollene Socken
15 und einiges, was ich
niemand verrate,

so dient es als Kissen
nachts meinem Kopf.
Die Pappe hier liegt
20 zwischen mir und der Erde.

Die Bleistiftmine
lieb ich am meisten:
Tags schreibt sie mir Verse,
die nachts ich erdacht.

25 Dies ist mein Notizbuch,
dies meine Zeltbahn,
dies ist mein Handtuch,
dies ist mein Zwirn.

Zitiert nach: Günther Eich:
Gesammelte Werke, Band 1:
Die Gedichte, Frankfurt
(Suhrkamp) 1973, S. 35.

M4 Obdachlosigkeit in der Nachkriegszeit
(Plakat, 1945)

**Durch die Strassen
Bettlern gleich,
Ziehn wir dank
dem NAZI-Reich**

M5 Konzert unter freiem Himmel im Grottenhof der ausgebrannten Münchner Residenz *(August 1945)*

1 Fasse in einer Mindmap Bedingungen des Alltags-
lebens in den ersten Nachkriegsjahren zusammen.
Beziehe auch die Inhalte von Seite 74–75 mit ein.
2 Stelle Erkundigungen über die Kriegszerstörungen
in einer Stadt deiner Wahl an (M1). Tauscht eure Ergebnisse untereinander aus.
3 Berechne anhand von Beispielen, wie viele Waren
sich ein Arbeiter mit einem Monatslohn auf dem
Schwarzmarkt kaufen konnte.
4 Erschließe das Gedicht (M3) nach Form und Inhalt.

5 Zähle Details der sozialen Wirklichkeit in Deutschland auf, die das Plakat zeigt (M4). Welches Ziel verfolgten die britischen Besatzungsbehörden mit solchen Plakaten?
6 Bald nach Kriegsende entwickelte sich erneut ein
Kulturleben. Versuche aufzuzeigen, warum dies vielen Menschen wichtig war.

Was soll aus Deutschland werden?

Pläne für die Zukunft Deutschlands. Schon während des Kriegs entwickelten die Alliierten Pläne, wie sie nach der Niederlage der Nationalsozialisten mit Deutschland verfahren wollten. Bei einer Konferenz Ende 1943 in Teheran erörterten der amerikanische Präsident Franklin D. Roosevelt, der britische Premierminister Winston Churchill und der sowjetische Staatschef Josef Stalin eine staatliche Zerstückelung Deutschlands, damit es als geschwächte Macht keinen Krieg mehr führen könne. Auf einem weiteren Treffen der drei Regierungschefs in Jalta auf der Halbinsel Krim im Februar 1945 vereinbarte man die Verschiebung Polens nach Westen: Polen bekam im Westen deutsche Gebiete als Ausgleich für Ostpolen, welches der Sowjetunion zugesprochen wurde. Außerdem legte man in der Deutschlandfrage fest, dass Großbritannien, die USA und die Sowjetunion nach dem Sieg gemeinsam die Regierungsgeschäfte in Deutschland führen sollten. Trotz der gemeinsamen Vereinbarungen traten bald Spannungen zwischen den Alliierten wegen unterschiedlicher Interessen auf und die Beziehungen begannen sich zu verschlechtern.

Die Konferenz von Potsdam. Am 5. Juni 1945 übernahmen die Besatzungsmächte die oberste Regierungsgewalt in Deutschland und gaben die Aufteilung in vier Besatzungszonen bekannt (Frankreich wurde nachträglich beteiligt). Die Oberbefehlshaber der Zonen bildeten den Alliierten Kontrollrat mit Sitz in Berlin, der für gesamtdeutsche Angelegenheiten zuständig war. Auf einer Nachkriegskonferenz der Hauptsiegermächte, die vom 17. Juli bis 2. August 1945 in Potsdam tagten, erließen diese wichtige Bestimmungen für eine politische Neuordnung Deutschlands und Europas. Das Potsdamer Abkommen betonte die totale militärische Niederlage der Nationalsozialisten und machte der deutschen Bevölkerung ihre Verantwortung für Chaos und Elend deutlich. Die deutsche Wirtschaft durfte künftig nur für den Friedensbedarf produzieren. Für Kriegszwecke einsetzbare Industrieanlagen wurden als Reparationsleistungen demontiert oder zerstört. Grundsätzlich blieb Deutschland jedoch als wirtschaftliche Einheit erhalten. Jede Besatzungsmacht konnte die Kriegsentschädigungen aus ihrer Zone entnehmen. Die Sowjetunion erhielt zusätzlich, gegen Lieferung von Nahrungsmitteln und Brennstoffen, einen Teil der in den Westzonen demontierten Industrieanlagen. Wie hoch die Zahlungen sein sollten, blieb allerdings offen. Bis zur endgültigen Festlegung der Grenzen in einem Friedensvertrag stellte man die deutschen Gebiete östlich der Oder und Neiße unter polnische Verwaltung (Westverschiebung Polens). Das Gebiet um Königsberg wurde sowjetisch. Übereinstimmung bestand darin, die Deutschen aus den von Polen und der Sowjetunion verwalteten Gebieten auszusiedeln.

M1 Churchill, Truman und Stalin *(von links)* **vor Schloss Cecilienhof in Potsdam bei Berlin.** *Roosevelt war im April 1945 verstorben; Churchill wurde während der Konferenz nach einer Wahlniederlage von Clement Attlee abgelöst.*

M2 Entwurf eines Siegerdenkmals *(aus der „Schweizer Illustrierten Zeitung" vom 11. April 1945. Links sitzt Stalin, rechts befinden sich Churchill und Roosevelt.)*

M3 Aus dem Potsdamer Abkommen

... (2) Soweit es durchführbar ist, unterliegt die deutsche Bevölkerung in ganz Deutschland einer einheitlichen Behandlung.

(3) Die Ziele der Besetzung Deutschlands sind:

5 I. die vollständige Entwaffnung und Entmilitarisierung Deutschlands und die Beseitigung oder Kontrolle der gesamten deutschen Industrie, die für eine Rüstungsproduktion benutzt werden könnte ...

II. das deutsche Volk davon zu überzeugen, dass es eine to10 tale militärische Niederlage erlitten hat und sich nicht der Verantwortung für das entziehen kann, was es selbst über sich heraufbeschworen hat ...

III. die Nationalsozialistische Partei mit ihren angeschlossenen Organisationen zu zerschlagen, alle Nazi-Einrichtungen 15 aufzulösen, zu gewährleisten, dass sie in keiner Form wiedererstehen ...

IV. den späteren Wiederaufbau des deutschen politischen Lebens auf demokratischer Grundlage und eine friedliche Mitarbeit Deutschlands im Leben der Völker vorzubereiten ...

20 (5) Kriegsverbrecher ... sollen verhaftet und vor Gericht gestellt werden ...

(9) (Überall in Deutschland) ... sollen alle demokratischen politischen Parteien ... erlaubt und gefördert werden ...

(12) In praktisch kürzester Zeit ist das deutsche Wirtschafts25 leben zu dezentralisieren, mit dem Ziel, die Vernichtung der bestehenden übermäßigen Konzentration der Wirtschaftskraft ...

Zitiert nach: documentarchiv.de (Hrsg.): URL:
http://www.documentarchiv.de/in/1945/potsdamer-
abkommen.html, Stand: 01/2007.

M4 Die territorialen Veränderungen nach dem Zweiten Weltkrieg

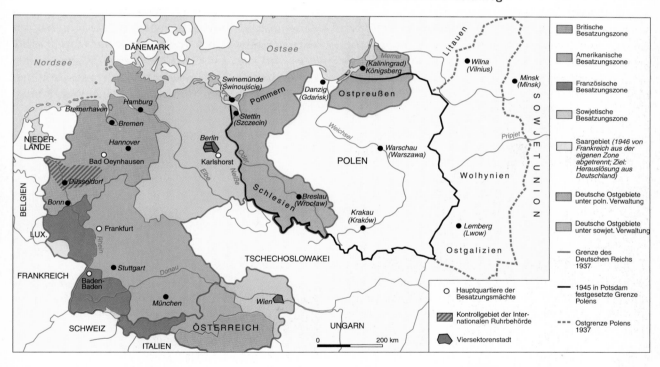

1 Beschreibe den Eindruck, den das Foto (M1) machen soll und vergleiche mit der Karikatur (M2).

2 Die wesentlichen Ziele der Alliierten in Bezug auf Deutschland waren: Demilitarisierung, Denazifizierung, Dezentralisierung und Demokratisierung. Ordne die Textstellen aus dem Potsdamer Abkommen (M3) diesen Begriffen zu.

3 Beschreibe die Aufteilung Deutschlands anhand von M4 und nenne die heutigen Bundesländer, die die einzelnen Besatzungszonen umfassten.

4 Deutschland wurde in Besatzungszonen aufgeteilt, einige Gebiete kamen unter sowjetische Verwaltung. Diskutiert, welche Folgen dies für ein Gesamtdeutschland hatte.

Flucht und Vertreibung

Flucht vor der Roten Armee. In den letzten Kriegsmonaten setzte eine große Fluchtbewegung der deutschen Bevölkerung vor der anrückenden sowjetischen Armee aus den deutschen Ostprovinzen und aus den deutschen Siedlungsgebieten in den ostmitteleuropäischen Ländern ein. Aus Angst vor Rache und Vergeltung versuchten die deutschen Zivilisten, der Roten Armee zu entkommen. In Trecks und mit Schiffen flohen die Menschen nach Westen. Viele erfroren in der eisigen Kälte oder starben bei Tieffliegerangriffen. Andere wurden als Zwangsarbeiter missbraucht oder in Straflager in die UdSSR verschleppt.

Massenvertreibung aus dem Osten. Unmittelbar nach Kriegsende folgte die Vertreibung der zurückgebliebenen Deutschen aus den Ostgebieten und den angrenzenden Staaten. Die nationalsozialistischen Verbrechen, vor allem der Rassen- und Vernichtungskrieg im Osten, waren unmittelbarer Anlass für die Vertreibungen. Ausschreitungen und gewaltsame Übergriffe sowie die Internierung in Arbeitslagern, in denen die Gefangenen misshandelt und gefoltert wurden, kennzeichneten diese erste Vertreibungswelle. Aber auch später organisierte Vertriebenentransporte verliefen inhuman. Man kündigte den Betroffenen die Ausweisung kurz vorher an, sodass keine Zeit zum Packen blieb. Zudem durften oft nur wenige Wertsachen und kaum Nahrungsmittel mitgeführt werden. Die Vertreibung erfolgte meist im Viehwaggon unter äußerst schlechten hygienischen Bedingungen. Die Menschen in den Waggons konnten sich nicht waschen oder ihre Kleider wechseln. Kranke blieben über Tage oder sogar Wochen ohne ärztliche Versorgung. Durch Flucht und Vertreibung gelangten bis 1950 über zwölf Millionen Deutsche in das zerstörte Nachkriegsdeutschland; nach Schätzungen kamen über zwei Millionen Menschen ums Leben. Zu den Vertreibungsopfern zählten ebenso polnische Staatsbürger, die aus dem sowjetischen besetzten Ostpolen in die westlichen Landesteile umgesiedelt worden waren.

Die neue Heimat. Die Vertriebenen wurden zunächst registriert und in Durchgangslager in den Besatzungszonen untergebracht. Von dort verteilte man sie hauptsächlich in ländliche Gebiete, wo Raum zur Verfügung stand. Die Aufnahme der Vertriebenen erwies sich als ein großes soziales Problem, da die Ankunft der Flüchtlinge und Vertriebenen die Versorgungslage erheblich verschärfte. Die Fremden wurden als unerwünschte Störenfriede empfunden, denen man häufig mit Ablehnung begegnete. Sie suchten Wohnung, Nahrung, Arbeit und Unterstützung in existenzieller Not. Die Vertreibung aus der Heimat bedeutete den Verlust von Besitz, Beruf, Geborgenheit und Traditionen. Die Integration der entwurzelten Menschen nach dem Zweiten Weltkrieg war eine enorme gesellschaftliche Leistung. In zahlreichen Gemeinden wurden „Flüchtlingsbetriebe" gegründet, welche schon bald die heimische Wirtschaft belebten und wesentlich zum Wiederaufbau Deutschlands beitrugen (s. S. 164f.). Trotz der schwierigen Lage der Vertriebenen verzichteten die deutschen Heimatvertriebenen in ihrer Charta vom 5. August 1950 auf Rache und Vergeltung. Stattdessen verlangte die Charta, dass das „Recht auf Heimat" als ein Grundrecht der Menschheit anerkannt wird. Auch die 1996 zwischen Tschechen und Deutschen unterzeichnete Erklärung zu ihrer gegenseitigen Verantwortung am Unrecht von Millionen ermöglicht eine Versöhnung der beiden Staaten.

M1 Deutsche Flüchtlinge in Danzig

M2 Flucht und Vertreibung von Deutschen und Polen zwischen 1944 und 1948

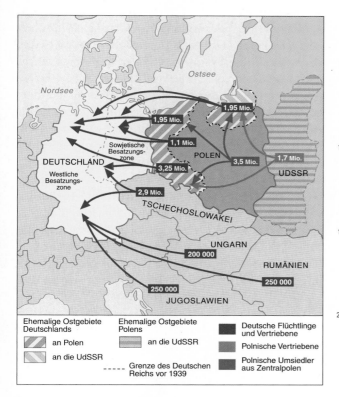

Ostsee

Nordsee

1,95 Mio.

1,95 Mio.

1,1 Mio.

Sowjetische
Besatzungs-
zone

DEUTSCHLAND

POLEN

3,5 Mio.

1,7 Mio.

Westliche
Besatzungs-
zone

3,25 Mio.

UDSSR

2,9 Mio.

TSCHECHOSLOWAKEI

UNGARN

200 000

RUMÄNIEN

250 000

250 000

JUGOSLAWIEN

Ehemalige Ostgebiete Deutschlands	Ehemalige Ostgebiete Polens		Deutsche Flüchtlinge und Vertriebene
an Polen	an die UdSSR		Polnische Vertriebene
an die UdSSR			Polnische Umsiedler aus Zentralpolen
	Grenze des Deutschen Reichs vor 1939		

M3 Flucht über die zugefrorene Ostsee *(Anfang 1945)*
Eine Frau aus Ostpreußen schilderte die Flucht vor den sowjetischen Truppen im Winter 1945:
Einige Frauen mussten Übermenschliches leisten. Als Treckführerinnen fanden sie nur mühevoll den sichersten Weg für ihre Wagen. Überall auf der Eisfläche lag verlorener Hausrat herum. Verwundete krochen mit bittenden
5 Gebärden zu uns heran, schleppten sich an Stöcken dahin. Sechs Stunden dauerte unser Weg, dann hatten wir, zu Tode ermattet, die Nehrung erreicht ... Auf unserem Weg nach Danzig sahen wir grauenvolle Szenen: Mütter warfen ihre Kinder im Wahnsinn ins Meer, Menschen hängten sich auf.
10 Andere stürzten sich auf verendende Pferde, schnitten sich Fleisch heraus, brieten die Stücke auf offenem Feuer. Frauen wurden in Wagen entbunden. Jeder dachte nur an sich, niemand konnte den Kranken und Schwachen helfen.
Zitiert nach: Christoph Beitz: Schicksale, Heft Nr. 4: 1945 – Ende und Anfang. Eine pädagogische Handreichung des Volksbundes Deutsche Kriegsgräberfürsorge, München 1995, S. 13.

M4 Bericht eines Pfarrers aus Leobschütz *(Oberschlesien)*
Am 26. September 1945, frühmorgens gegen 5.00 Uhr, begann die Razzia gegen die Deutschen. Die polnische Miliz drang in die Häuser ein und jagte alle Deutschen auf die Straße. Die wenigsten hatten noch Zeit und Gelegenheit, et-
5 was von ihren wenigen Habseligkeiten mitzunehmen ... Nachdem man bis zu 80 Personen wie Vieh in einem Wagen zusammengepfercht hatte, begann die Fahrt gegen 8.00 Uhr abends. Die polnische Miliz war dem Transport als Bewachung beigegeben. Niemand wusste, wohin die Fahrt
10 geht. Am 28. September 1945 kam der Transport in Neiße an der Oder an und wurde vier Tage auf einem toten Gleis stehen gelassen. Da keine Lebensmittel mitgenommen worden waren, sich auch so niemand um die Verpflegung kümmerte, schrieen die Menschen vor Hunger nach Brot. Aber keiner
15 gab es ihnen. Sobald die Wagen geöffnet wurden, konnten die hungernden Menschen heraus und suchten sich Rüben und Kartoffeln auf den nächstliegenden Feldern. Dabei wurden viele mit Gummiknüppeln geschlagen.
... Weiter ging die Fahrt. In der Nacht drang die polnische
20 Miliz in die Wagen ein, nahm den Frauen die Handtaschen ab, durchwühlte sie, stahl, was ihnen gefiel; den Männern wurde das Geld abgenommen. Immer wieder wurde versucht, Frauen aus den Wagen herauszuziehen, um sie zu vergewaltigen ...
Zitiert nach: Bundesministerium für Vertriebene (Hrsg.): Dokumentation der Vertreibung der Deutschen aus Ost-Mitteleuropa, Bd. 1/2, bearbeitet von Theodor Schieder, Bonn 1954, S. 708f.

1 Beschreibe anhand von M1 und M3–M4 die Situation der Flüchtlinge und Vertriebenen aus dem Osten.
2 Erkläre die Bevölkerungsbewegungen nach dem Zweiten Weltkrieg mithilfe der Karte M2.
3 Versetze dich in die Lage eines Heimatvertriebenen aus dem Osten und eines Bauern in Deutschland, der den Neuankömmling auf seinem Hof aufnehmen muss. Zeigt in einem Gespräch die Sorgen und Ängste der beiden Personen auf.
4 Sucht im Stadtarchiv Zeitungsartikel aus den Nachkriegsjahren, die Alltagsprobleme der Alt- und Neubürger behandeln. Achtet dabei auf Berichte über Suchanzeigen nach Angehörigen.
5 Informiere dich im Internet (www.z-g-v.de) über das „Zentrum gegen Vertreibung" in Berlin, das als Ort der Mahnung die weltweite Ächtung von Vertreibung als Stiftungsziel umfasst.

Entnazifizierung – eine „Mitläuferfabrik"?

M1 Die Zivilbevölkerung wird auf Geheiß der US-Armee vor die Leichen von KZ-Häftlingen geführt.
(Hier: Neunburg vorm Wald; die Häftlinge wurden auf ihrem Todesmarsch von Flossenbürg nach Dachau in der Nähe von Neunburg von SS-Mannschaften ermordet.)

Entnazifizierung und Demokratisierung. Gleich nach Kriegsende begannen die Alliierten, die für den Krieg Verantwortlichen zur Rechenschaft zu ziehen. Während sich die Briten bei der Entnazifizierung weitgehend mit einem Austausch der ehemaligen Führungseliten begnügten und die Franzosen zum Teil diejenigen im Amt beließen, die sich mit den Zielen der französischen Politik einverstanden erklärten, strebten die Amerikaner eine umfassende Auseinandersetzung mit der Vergangenheit an.

Individuelle Verantwortung. Nach der ersten Phase genereller Entlassungen und Verhaftungen, u. a. von höheren Funktionären der Partei und ihrer Organisationen, Gestapo-Beamten und SS-Mitgliedern, war für die westlichen Alliierten schließlich die persönliche Schuld entscheidend. Jeder Deutsche musste in einem Fragebogen Auskunft über seinen Beruf und seine Tätigkeit während der Zeit der NS-Herrschaft geben. Ausgehend davon wurde der Befragte in eine von fünf Kategorien eingestuft und galt als Hauptschuldiger, Belasteter, Minderbelasteter, Mitläufer oder Entlasteter.
Das „Gesetz zur Befreiung von Nationalsozialismus und Militarismus" vom 5. März 1946 übergab das Entnazifizierungsverfahren in deutsche Hände, die Alliierten behielten sich jedoch die Kontrolle vor. Die

Laienrichter an den eingerichteten Spruchkammern hoben zahlreiche Entlassungen aus dem öffentlichen Dienst wieder auf, noch ausstehende Verfahren endeten zunehmend mit der Einschätzung „Mitläufer" oder „Unbelasteter", sodass man die Kammern bis heute als „Mitläuferfabriken" bezeichnet. Dies führte auch deswegen zu Unmut, weil viele schwerer Belastete mit milderen Strafen belegt wurden als Minderbelastete, deren Prozesse zu Beginn der Entnazifizierung mit größerer Härte geführt worden waren. Nicht wenige der alten Eliten konnten in den frühen 50er-Jahren wieder in ihre Berufe zurückkehren.

Nürnberger Kriegsverbrecherprozess. Am 20. November 1945 begann vor dem Internationalen Militärgerichtshof in Nürnberg der Prozess gegen die 22 hauptverantwortlichen nationalsozialistischen Funktionäre. Die Anklagepunkte, wie die Planung und Durchführung eines Angriffskriegs, waren umstritten, denn das damals geltende Völkerrecht sah dafür keine gesetzliche Grundlage vor. Auch aus der Besetzung mit ausschließlich alliierten Richtern und der Tatsache, dass nur deutsche Kriegsverbrechen abgeurteilt wurden, leiteten viele Deutsche eine „Justiz der Sieger" ab. Dennoch empfand die deutsche Bevölkerung die Urteile als gerecht. Von den Angeklagten, die sich alle für „nicht schuldig" erklärten, wurden drei freigesprochen, sieben zu lebenslänglichen oder langjährigen Freiheitsstrafen, zwölf zum Tod durch den Strang verurteilt. Hermann Göring entzog sich der Hinrichtung durch Selbstmord.

Entnazifizierung in der Sowjetischen Besatzungszone (SBZ). Im Gegensatz zu den westlichen Alliierten sah die Sowjetunion die Ursache der NS-Diktatur vor allem im Kapitalismus und nutzte die Entnazifizierung deswegen auch zu einer radikalen Umgestaltung der gesellschaftlichen und politischen Verhältnisse. Im Zuge einer rascheren und konsequenteren Entnazifizierung unterschied die sowjetische Besatzungsmacht von Anfang an klar zwischen aktiven Nationalsozialisten, denen auch in Zukunft leitende Positionen verschlossen waren, und Mitläufern, die straffrei blieben, um möglichst schnell in die neue sozialistische Gesellschaft eingebunden werden zu können. Gleichzeitig gingen sie mit aller Härte gegen die Gegner der neuen Ordnung vor.

M2 „Die Wurzeln müssen heraus."
(Zeichnung von Daniel Fitz- patrick, 1945)

M3 Auszüge aus der Direktive JCS 1067 der Vereinigten Staaten, veröffentlicht am 17. Oktober 1945

Es muss den Deutschen klargemacht werden, dass Deutschlands rücksichtslose Kriegsführung und der fanatische Widerstand der Nazis die deutsche Wirtschaft zerstört und Chaos und Leiden unvermeidlich gemacht haben, und
5 dass sie nicht der Verantwortung für das entgehen können, was sie selbst auf sich geladen haben ... Das Hauptziel der Alliierten ist es, Deutschland daran zu hindern, je wieder eine Bedrohung für den Weltfrieden zu werden. Wichtige Schritte zur Erreichung dieses Zieles sind die Ausschaltung
10 des Nazismus und Militarismus in jeder Form, die sofortige Verhaftung der Kriegsverbrecher zum Zwecke der Bestrafung, die industrielle Abrüstung und Entmilitarisierung Deutschlands mit langfristiger Kontrolle des deutschen Kriegspotenzials und die Vorbereitungen zu einem späteren
15 Wiederaufbau des deutschen politischen Lebens auf demokratischer Grundlage ...
Zitiert nach: Ernst-Ulrich Huster (u. a.): Determinanten der westdeutschen Restauration 1945–1949, Frankfurt/Main (Suhrkamp) 1972, S. 284f.

M4 Auszüge aus der Kontrollratsdirektive Nr. 54 vom 25. Juni 1947 über die Demokratisierung des Schulunterrichts

... 5. Alle Schulen müssen es sich besonders angelegen sein lassen, den Sinn für staatsbürgerliche Verantwortung zu entwickeln und das Schwergewicht auf die demokratische Weltanschauung zu legen, und zwar durch die Auswahl der Schul-
5 bücherprogramme und des Unterrichtsmaterials sowie durch die Schulorganisation selbst.

6. Die Schulprogramme müssen sich zum Ziel setzen, Achtung und Verständnis gegenüber anderen Nationen zu entwickeln. Zu diesem Zweck ist dem Studium der lebenden Spra-
10 chen besondere Aufmerksamkeit zu schenken, ohne einer von ihnen den Vorrang zu geben.
Zitiert nach: Klaus-Jörg Ruhl (Hrsg.): Neubeginn und Restauration, München (dtv) 1982, S. 316.

M5 „Mechanische Entnazifizierung"
(Karikatur von M. Radler, 1946)

1 Betrachte M1: Was wollten die Alliierten mit solchen Maßnahmen erreichen?
2 Lege dar, wie die Entnazifizierung in den Besatzungszonen verlief (Autorentext).
3 Die Entnazifizierung – eine Erfolgsgeschichte? Nimm kritisch Stellung. Der Autorentext sowie M2, M3 und M5 geben dir wichtige Hilfestellungen.
4 Diskutiert, ob die Frage „Stunde Null – ein Neuanfang?" in Bezug auf die Entnazifizierung berechtigt ist.
5 Der Kriegsverbrecherprozess erfuhr unterschiedliche Bewertungen. Erkläre (Autorentext).
6 Zeige, auf welchem Wege die Alliierten die Deutschen zur Demokratie erziehen wollten (M4).

Die Sowjetische Besatzungszone auf dem Weg zum Sozialismus

Politische Weichenstellung in der SBZ. In der Sowjetischen Besatzungszone (SBZ) regierte seit Juni 1945 die Sowjetische Militäradministration in Deutschland (SMAD). Die von Stalin gelenkte Behörde wollte über die SBZ hinaus einen kommunistischen gesamtdeutschen Staat schaffen. Sie ließ nach außen hin am 10. Juni 1945 für ihre Zone sogenannte antifaschistisch-demokratische Parteien (Antifa) und Gewerkschaften zu, die in den 1945 geschaffenen Ländern Mecklenburg-Vorpommern, Sachsen, Sachsen-Anhalt und Thüringen Regierungen aufbauen sollten. Schon kurz danach begannen sowohl die KPD als auch die SPD, ihre politische Arbeit wieder aufzunehmen. Neue Parteien wie die CDU und die LDP (Liberal-Demokratische Partei) entstanden. Unter dem Einwirken der SMAD mussten diese Parteien in der sogenannten „Einheitsfront antifaschistisch-demokratischer Parteien", in der die KPD eine Führungsrolle innehatte, zusammenarbeiten. Die wichtigsten Ämter übernahmen kommunistische Funktionäre. Während ihrer Zeit im Exil in Moskau war diese Gruppe um Walter Ulbricht schon auf die Aufgabe vorbereitet worden, in der Sowjetischen Besatzungszone den Aufbau des Sozialismus nach sowjetischem Vorbild durchzusetzen. Dies betraf besonders auch eine wirtschaftliche und gesellschaftliche Umgestaltung in der SBZ.

Bodenreform und Verstaatlichung. Schon im September 1945 wurde unter der Losung „Junkerland in Bauernhand" eine Bodenreform eingeleitet. Etwa 8000 Grundbesitzer mit einem Landbesitz über 100 Hektar und 4 000 Höfe mit weniger als 100 Hektar enteignete man entschädigungslos; dies geschah auch mit dem Landbesitz von „aktiven Nazis und Kriegsverbrechern". So wurde eine landwirtschaftliche Nutzfläche von ca. 2,1 Millionen Hektar an landlose Landarbeiter bzw. Kleinbauern, Vertriebene, ein Drittel des Landes aber auch an Länder, Kreise und Gemeinden zur Bewirtschaftung übergeben. Bereits ab dem Sommer 1945 war von der SMAD die Beschlagnahmung von Versicherungen, Banken und Industrieunternehmen angeordnet worden. „Volkseigene Betriebe" (VEB), der staatlichen Leitung unterstellt, bildeten eine Grundlage für die neue sozialistische Wirtschaftsordnung. Der angestrebte wirtschaftliche Erfolg konnte indes nicht so schnell erreicht werden. So mussten hohe Reparationen an die Sowjetunion gezahlt werden. Besonders negativ wirkte sich auch die Zerstörung vieler Industriegebiete aus. Außerdem fehlten durch die vielen Demontagen die Produktionsstätten.

M 1 Plakat der KPD *(1945)*

Die Gründung der SED. Sozialdemokraten und Kommunisten in Deutschland berieten nach Kriegsende über einen möglichen gemeinsamen Weg der Arbeiterbewegung. Widerstand hiergegen gab es sowohl in den Reihen der SPD als auch bei der KPD, da beide eine große Anhängerschaft für sich zu gewinnen versuchten. Als die anderen Parteien aber mehr Zuspruch fanden und in den bevorstehenden Länderwahlen mit schlechten Wahlergebnissen für die KPD zu rechnen war, wurde ab Oktober 1945 vonseiten der KPD der Zusammenschluss der beiden Parteien betrieben. Eine Befragung der SPD-Mitglieder in der SBZ war von der SMAD verboten worden. In einer Abstimmung in den Westsektoren Berlins sprach sich eine Mehrheit von 82 % gegen eine Vereinigung aus. Doch der Berliner Zentralausschuss gab schließlich unter dem Druck der SMAD den Bestrebungen der KPD nach. Am 21./22. April 1946 fand der Gründungsparteitag der ▸ Sozialistischen Einheitspartei Deutschlands (SED) statt. Zu gleichberechtigten Vorsitzenden wurden Otto Grotewohl (SPD) und Wilhelm Pieck (KPD) gewählt.

M2 Landverteilung

Ein Bauer berichtet:

In der Bahnhofskneipe, einer kleinen Räucherhöhle, trat die Kommission zusammen, die das Gut aufteilen sollte. Sie bestand zum großen Teil aus Leuten aus dem Ort, die politisch ihr Mäntelchen nach dem Wind hängten und sich unter dem
5 neuen Regime Chancen für die eigene Zukunft ausrechneten. Die haben dann den Bewerbern, also auch mir, die einzelnen Parzellen zugeteilt. Mehr als neun Hektar durften pro Neubauer nicht verteilt werden. Und die besten Stücke haben wir natürlich auch nicht bekommen. Ich erhielt sieben-
10 einhalb Hektar Weide- und Ackerland, verteilt auf fünf weit auseinander liegende Stellen ...

Zitiert nach: Dieter Zimmer: Auferstanden aus Ruinen. Von der SBZ zur DDR, Stuttgart (Deutsche Verlags-Anstalt) 1989, S. 57.

M3 Propagandatafel zur Kollektivierung

Ab 1952 wurde der Besitz der Kleinbauern in „Landwirtschaftliche Produktionsgenossenschaften" (LPG) zusammengefasst, um die Produktivität zu erhöhen. Wer sich weigerte, wurde unter Druck gesetzt.

1 Die Sowjetunion als großes Vorbild für die SBZ. Nenne Beispiele dafür (M1–M5 und Autorentext).
2 Überlege, wie Menschen auf die Enteignungen reagiert haben. Unterscheide dabei zwischen denen, die Land abgeben mussten und denen, die welches erhielten. Beziehe auch die Mehrheit der nicht direkt Betroffenen in deine Überlegungen ein.

M4 Aufruf der Kommunistischen Partei Deutschlands am 11. Juni 1945

Wir sind der Auffassung, dass der Weg, Deutschland das Sowjetsystem aufzuzwingen, falsch wäre, denn dieser Weg entspricht nicht den gegenwärtigen Entwicklungsbedingungen in Deutschland. Wir sind vielmehr der Auffassung, dass
5 die entscheidenden Interessen des deutschen Volkes einen anderen Weg vorschreiben, und zwar den Weg der Aufrichtung eines antifaschistischen-demokratischen Regimes, einer parlamentarisch-demokratischen Republik mit allen demokratischen Rechten für das Volk.

Zitiert nach: Thüringer Volkszeitung Nr. 1, Organ der Kommunistischen Partei Deutschlands, Bezirk Groß-thüringen vom 3. Juli 1945.

M5 Anweisungen von Walter Ulbricht 1945 über den Aufbau von Verwaltungen in der SBZ

... Die Bezirksverwaltungen müssen politisch richtig zusammengestellt werden. Kommunisten als Bürgermeister können wir nicht brauchen ... Die Bürgermeister sollen in den Arbeiterbezirken in der Regel Sozialdemokraten sein. In den
5 bürgerlichen Vierteln müssen wir an die Spitze einen bürgerlichen Mann stellen, einen, der früher dem Zentrum, der Demokratischen oder Deutschen Volkspartei angehört hat ... Er muss aber gleichzeitig auch Antifaschist sein und ein Mann, mit dem wir gut zusammenarbeiten können ... Der
10 erste stellvertretende Bürgermeister, der Dezernent für Personalfragen und der Dezernent für Volksbildung – das müssen unsere Leute sein. Dann müsst ihr noch einen ganz verlässlichen Genossen in jedem Bezirk ausmachen, den wir für den Aufbau der Polizei brauchen ... Es ist doch ganz klar:
15 Es muss demokratisch aussehen, aber wir müssen alles in der Hand haben!

Zitiert nach: Wolfgang Leonhard: Die Revolution entlässt ihre Kinder, Köln und Berlin (Kiepenheuer & Witsch) [7]1984, S. 356.

3 Charakterisiere das Demokratiemodell, das in M4 formuliert wird.
4 „Es muss demokratisch aussehen, aber wir müssen alles in der Hand haben!" Lies nach und erläutere, wie diese Devise Walter Ulbrichts in der politischen Praxis umgesetzt wurde (M5 und Autorentext).
5 Stellt in Kurzvorträgen folgende Politiker der SBZ vor: Walter Ulbricht, Otto Grotewohl und Wilhelm Pieck (Bibliothek, Internet).

Politischer Neubeginn in den Westzonen

Länder als Verwaltungseinheiten. Schufen die Amerikaner bereits wenige Monate nach Kriegsende mit der Neugründung der Länder Bayern, Hessen und Württemberg-Baden zentralere Verwaltungseinheiten, folgten die Briten erst ein Jahr später diesem Beispiel. Deutsche Mitwirkung sollte eine politische wie wirtschaftliche Stabilisierung der Lage in der Besatzungszone erleichtern. Auch in der französischen Zone entstanden selbstständige Verwaltungsbezirke. Die Militärregierung lehnte anfangs aber eine übergreifendere Verwaltung ab – zu groß war die Angst vor einem wieder erstarkenden Deutschland.

M1 Ländergründungen in den Besatzungszonen Deutschlands

Nach dem Ende der NS-Diktatur wollten die westlichen Besatzungsmächte in ihren Zonen die Demokratie von der Basis her aufbauen. Im Januar 1946 ließen die Amerikaner, im Herbst die Briten die ersten freien Gemeindewahlen zu, denen wenig später Kreistags- und Kommunalwahlen folgten. Im amerikanischen Besatzungsgebiet erarbeiteten Deutsche in Verfassunggebenden Länderversammlungen Staats-

ordnungen für die neuen Länder. Nach einer Volksabstimmung Ende desselben Jahres konnten die ersten demokratischen Wahlen zu den Landtagen durchgeführt und so Länderregierungen eingesetzt werden (s. S. 92f.).

Neubeginn der Parteienlandschaft. Die ersten Wahlen zeigten bereits, dass die Parteienvielfalt aus der Weimarer Republik zunächst zugunsten einer Konzentration auf vier politische Gruppierungen aufgelöst wurde. Anfangs kam es zur Gründung auf Orts- und Kreisebene, nachdem die Alliierten auf der Potsdamer Konferenz demokratische Parteien zugelassen und ihnen ein Versammlungs- wie öffentliches Diskussionsrecht zugestanden hatten. Landesorganisationen oder zonale Zusammenschlüsse entstanden erst im Laufe des Jahres 1946.

Bereits einen Tag nach dem Einmarsch der Amerikaner strebten Sozialdemokraten in Dortmund eine Neuformierung ihrer Arbeiterpartei an. Viele SPD-Mitglieder und Anhänger waren der Partei trotz Verbots und Verfolgung während der NS-Zeit treu geblieben. Vorsitzender der SPD wurde Kurt Schumacher (1895–1952).

Die Christlich-Demokratische Union (CDU), im Juni 1945 gegründet, zeigte schon durch ihren Parteinamen, dass sie sowohl katholische und protestantische Christen als auch Angehörige aller sozialen Schichten in der politischen Arbeit vereinen wollte. Ihre herausragende Persönlichkeit sollte der ehemalige Kölner Oberbürgermeister Konrad Adenauer (1876–1967) werden.

Aus mehreren liberalen Gruppierungen entstand die Freie Demokratische Partei (FDP) unter dem Vorsitz von Theodor Heuss (1884–1963), welche den Einfluss des Staates zugunsten der Freiheit des Einzelnen möglichst gering zu halten suchte.

War die Kommunistische Partei Deutschlands (KPD), die einen gemäßigten „deutschen" Weg zum Sozialismus finden wollte, 1946 noch in fast allen Landtagen sowie in mehreren Landesregierungen vertreten, so büßte sie durch ihre Nähe zur SED und den Geschehnissen in der SBZ sehr bald Wählerstimmen ein.

M2 Wahlplakate *(1946/47)*

M3 Aus einem Gründungsaufruf der CDU vom 26. Juni 1945

In der schwersten Katastrophe, die je über ein Land gekommen ist, ruft die Partei Christlich-Demokratische Union Deutschlands aus Liebe zum deutschen Volk die christlichen, demokratischen und sozialen Kräfte zur Sammlung, Mit-
5 arbeit und zum Aufbau einer neuen Heimat auf. Aus dem Chaos von Schuld und Schande, in das uns die Vergottung eines verbrecherischen Abenteuers gestürzt hat, kann eine Ordnung in demokratischer Freiheit nur erstehen, wenn wir uns auf die Kultur gestaltenden sittlichen und geistigen
10 Kräfte des Christentums besinnen und diese Kraftquelle unserem Volke immer mehr erschließen ... An die Stelle des Zerrbildes einer staatlichen Gemeinschaft in der Hitlerzeit soll jetzt der wahrhaft demokratische Staat treten ...
Zitiert nach: Christoph Kleßmann: Die doppelte Staatsgründung, Göttingen (Vandenhoek & Ruprecht) 1991, S.421f.

M4 Aus einem Aufruf des Zentralausschusses der SPD vom 15. Juni 1945

Der politische Weg des deutschen Volkes in eine bessere Zukunft ist ... klar vorgezeichnet: Demokratie in Staat und Gemeinde, Sozialismus in Wirtschaft und Gesellschaft! ... Der neue Staat muss wieder gutmachen, was an den Opfern
5 des Faschismus gesündigt wurde, er muss wieder gutmachen, was faschistische Raubgier an den Völkern Europas verbrochen hat. Dieser Staat muss zuerst und vor allem dem deutschen Volk die wirtschaftliche und moralische Kraft geben, diese übermenschliche Aufgabe zu erfüllen. Deshalb
10 fordert die Sozialdemokratische Partei Deutschlands: Restlose Vernichtung aller Spuren des Hitlerregimes in Gesetzgebung, Rechtsprechung und Verwaltung, einen sauberen Staat der Rechtlichkeit und Gerechtigkeit, Haftpflicht der Mitglieder der NSDAP und ihrer Gliederungen für die durch
15 das Naziregime verursachten Schäden ...
Zitiert nach: Kleßmann: a. a. O., S.415f.

1 Nenne mögliche Gründe, weshalb die Briten und Amerikaner einen Neubeginn in ihren Zonen mithilfe der Deutschen befürworteten (Autorentext). Suche Gründe für das stark zurückhaltende französische Vorgehen.

2 Ordne zu, welche Länder in der jeweiligen Besatzungszone gegründet worden sind und vergleiche sie mit den heutigen Bundesländern (M1).

3 Analysiere die Wahlplakate und achte dabei vor allem auf die verwendeten Symbole. Was erfährst du über die Zielsetzungen der Parteien im Hinblick auf Gesamtdeutschland (M2)?

4 Lies M3 und M4 genau durch. Achte dabei auf die Formulierungen. Nenne die Zielsetzungen der beiden Parteien.

Unterschiedliche Wirtschafts- und Währungspolitik

Eindämmung statt Kooperation. Auch wenn Truman, Churchill und Stalin auf der Konferenz von Potsdam 1945 noch Geschlossenheit demonstrierten (s. S. 78f.), zeichnete sich bereits ab, dass die weltanschaulichen Gegensätze nicht dauerhaft überwunden werden konnten. Stalins Bestrebungen, in Ostmitteleuropa einen Ring abhängiger Satellitenstaaten zu schaffen, widersprachen dem von den USA geforderten Selbstbestimmungsrecht der Völker. Als unter sowjetischem Druck in den von der Roten Armee befreiten bzw. besetzten Staaten kommunistische Regierungen gebildet wurden und sich so – laut Churchill – ein undurchdringlicher ▶ „Eiserner Vorhang" quer durch Europa legte, entschlossen sich die USA, den vom Kommunismus bedrohten Staaten Beistand zu leisten. Sie wollten durch wirtschaftliche und finanzielle Hilfe die russische Expansion „eindämmen" (▶ containment = Eindämmung).

Wirtschaftliche Hilfe durch den Marshallplan. Der „Hungerwinter" 1946/47 führte den Westmächten nicht nur die schlechte Versorgungslage, sondern auch die Notwendigkeit vor Augen, die wirtschaftlichen Verhältnisse so weit zu stabilisieren, dass Freiheit und Demokratie als Zukunftsmodell in Europa und vor allem in Deutschland gesichert blieben. Da ein gemeinsames Vorgehen am Widerstand Frankreichs und der Sowjetunion scheiterte, vereinigten die USA und Großbritannien am 1. Januar 1947 ihre Sektoren zur sogenannten Bizone, welcher sich Frankreich im darauffolgenden Jahr anschloss (Trizone). Der erste Schritt zur Spaltung Deutschlands war vollzogen.

Der geschaffene Wirtschaftsraum sollte von dem amerikanischen „European Recovery Program" (ERP) profitieren, welches nach dem Prinzip „Hilfe zur Selbsthilfe" Finanz- und Sachmittel zum Wiederaufbau in Europa gewährte. Ursprünglich sah das nach seinem Schöpfer, dem amerikanischen Außenminister George Marshall auch als ▶ „Marshallplan" bezeichnete Programm zugleich eine Unterstützung für Länder im Einflussbereich der Sowjetunion vor. Stalin verbot jedoch die Annahme des Hilfsangebots.

Währungsreform. Für den Erfolg des ERP in der Trizone war die Einführung einer stabilen Währung unverzichtbar. Bereits im Oktober 1947 hatten die USA deshalb unter strengster Geheimhaltung 500 Tonnen neuer Banknoten im Gesamtwert von 5,7 Milliarden Deutsche Mark (DM) drucken und nach Frankfurt bringen lassen. Am 20. Juni 1948 trat die D-Mark ihren Siegeszug an. Nachdem 40 DM „Kopfgeld" ausgegeben, Sparguthaben im Verhältnis 100:6,5 und Schulden 10:1 umgerechnet worden waren, füllten sich die Schaufenster bereits am darauffolgenden Tag mit Waren, die man bis zu diesem Zeitpunkt selbst auf dem Schwarzmarkt nur schwer hatte organisieren können.

M2 Am Tag nach der Währungsreform

Vergeblich hatte man versucht, die Währungsreform auch auf die von der Sowjetunion besetzte Zone auszudehnen. Ein weiterer Schritt zur Spaltung Deutschlands war damit getan.

M1 Karikatur aus dem „Daily Herald" *(2. August 1946)*

M3 Der „Eiserne Vorhang"

M5 Plakate zum Marshallplan

Plakat in den westlichen Besatzungszonen (1948)

Plakat in der SBZ (1948)

M4 Aus der Stuttgarter Rede des US-Außenministers James F. Byrnes vom 6. September 1946

... Die Vereinigten Staaten sind der festen Überzeugung, dass die Zollschranken vollständig fallen müssen ... Sie (= die amerikanische Regierung) hat offiziell ihre Absicht ausge-
drückt, die Wirtschaft ihrer eigenen Zone mit einer oder mit
5 allen anderen zu vereinigen, die hierzu bereit sind. Bis jetzt hat sich nur die britische Regierung bereit erklärt, mit ihrer Zone daran teilzunehmen ... Selbstverständlich soll diese Vereinigungspolitik nicht jene Regierungen ausschließen, die heute noch nicht zum Beitritt bereit sind, die Vereinigung
10 steht ihnen zu jeder Zeit frei ... Wenn eine vollständige Vereinigung nicht erreicht werden kann, werden wir alles tun, was in unseren Kräften steht, um eine größtmögliche Vereini-
gung zu sichern ...
Die amerikanische Regierung steht auf dem Standpunkt,
15 dass jetzt dem deutschen Volk innerhalb ganz Deutschlands die Hauptverantwortung für die Behandlung seiner eigenen Angelegenheiten bei geeigneten Sicherungen übertragen werden sollte.
Zitiert nach: www.byrnes-rede.de/index.php?id=257
(Webseite der Landeszentrale für politische Bildung in Baden-Württemberg)

1 Zeige anhand der Karte M3 den sowjetischen Machtbereich auf.
2 Lege dar, wie die USA versuchten, den kommunistischen Einfluss zu unterbinden (M4–M5 und Autorentext).
3 Erläutere, inwiefern die gewandelte Wirtschaftspolitik der USA und Großbritanniens für Deutschland neue Hoffnung bedeutete, aber auch die Gefahr einer Spaltung erhöhte (M1, M4 und Autorentext).
4 Erarbeite die Einstellung zum Marshallplan, welche die Plakate verdeutlichen (M5).

Brennpunkt Berlin: Einheit oder Spaltung?

Die ▶ **Blockade Westberlins.** Mit der Währungsreform wurde am 20. Juni 1948 die Deutsche Mark nur in den westlichen Besatzungszonen, nicht aber in den Westsektoren Berlins eingeführt. Am 23. Juni ordnete die sowjetische Besatzungsmacht in der SBZ eine Währungsumstellung an, die DM-Ost wurde daraufhin eingeführt. An dem Anspruch Stalins, jene Währung solle für ganz Berlin gelten, und dem Widerstand der USA, Großbritanniens und Frankreichs entzündete sich der längst schwelende Konflikt zwischen West und Ost. Unter dem Vorwand einer „technischen Störung" legten die Sowjets am 23. Juni 1948 die Stromversorgung in Westberlin lahm. Alle Land- und Wasserwege von den westlichen Zonen wurden gesperrt, alle Lieferungen von Versorgungsgütern eingestellt. Der Plan, die Westmächte so zur Aufgabe ihres Berlin-Sektors zu zwingen, scheiterte einerseits an dem Widerstandswillen der Berliner, andererseits an den Hilfsmaßnahmen, besonders von denen der USA. Die „Luftbrücke" bewirkte eine deutliche Verbesserung des Verhältnisses zwischen der deutschen Bevölkerung und den westlichen Alliierten; zugleich verschlechterte sich die Einstellung der Westdeutschen und Westberliner gegenüber den Sowjets und den von ihnen abhängigen deutschen Kommunisten zusehends. Nach elf Monaten musste Stalin die Blockade aufgeben.

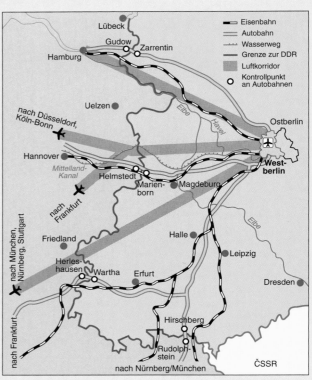

M2 Zufahrtswege der Westalliierten nach Berlin

M1 „Rosinenbomber"
(Transporte auf dem Luftweg versorgten die eingeschlossene Bevölkerung über drei Luftkorridore mit dem Lebensnotwendigen.)

M3 „Gefährliche Passage"
(Karikatur aus der „New York Sun", 1948)

Die Berlinblockade war der erste entscheidende Konflikt in dem nach 1945 immer offener zu Tage tretenden Gegensatz zwischen Ost und West. Er vertiefte die Spaltung Deutschlands und Berlins.

Methode: Internetrecherche durchführen

Ihr habt sicherlich schon Erfahrung im Umgang mit dem Internet. Wenn ihr eine Recherche in Geschichte durchführt, sind darüber hinaus folgende Hinweise hilfreich:

1. Schritt: Erste Informationen sammeln
Weiß man noch wenig über ein Thema, so helfen Suchmaschinen, eine erste, recht allgemeine Recherche durchzuführen. Nützt die speziellen Suchmaschinen für geschichtliche Themen wie www.bildungsserver.de, www.historisches-forum.de, www.historicum.net, www. geschichte.de; www.clio.de.

2. Schritt: Spezialwissen erwerben
Sind bereits genaue Vorstellungen und somit entsprechende Begriffe vorhanden, dann sollte man möglichst viele davon eingeben (stets verbunden mit einem „+"). Die so gefundenen Links sollte man in einer eigenen Datei abspeichern, damit man sie nacheinander abrufen kann.

3. Schritt: Gefundenes Material auf seine Glaubwürdigkeit überprüfen
Um herauszufinden, ob eine Seite vertrauenswürdig ist, muss geklärt werden, wer die Quelle verfasst hat. Alle zuverlässigen Seiten haben meist im Index oder Impressum Angaben über ihre Herkunft. Gibt es auch eine E-Mail-Adresse für Rückfragen? Sucht die Webseiten von Archiven, Universitäten, Institutionen, Organisationen oder Museen auf; ihre Seiten sind zuverlässig.

4. Schritt: Quellen untersuchen und ihre Inhalte kritisch bewerten
Handelt es sich um eine Zusammenfassung, Wiedergabe eines Vortrags, ist es eine wissenschaftliche Arbeit? Sind überprüfbare Quellen für die Informationen angegeben? Gibt es weiterführende Literaturhinweise? Weitere Links? Geht hervor, mit welchem Ziel/welcher Zielgruppe dieser Link verbunden ist? Unterscheidet nach Quellenarten wie Radioansprache, amtliche Verlautbarung, Zeitzeugenaussagen oder Sicht eines Historikers. Bewertet eine Quelle nach ihrem Informationsgehalt und ihrer sprachlichen Aufbereitung; schwierige Wörter müssen nach-

geschlagen werden. Zur Überprüfung von Zahlen, Daten und gemachten Aussagen sollten immer mehrere Quellen überprüft werden. Bei Beschreibungen von Konflikten sollen auch die Sichtweisen von den jeweiligen Gruppen vorliegen. Natürlich ist auch die optische Aufbereitung einer Seite wichtig (übersichtlich, abwechslungsreich mit Bildmaterial gekoppelt, unterschiedliche Schriftgrößen etc.).

5. Schritt: Ergebnisse einer Recherche zusammenfassen
Die abschließende Dokumentation sollte die wesentlichen geschichtlichen Inhalte zur gesuchten Thematik wiedergeben, zugleich aber auch die Quellenlage aus dem Internet kritisch darstellen. Gebt stets die genaue Webadresse als Fundstelle an.

■ **GESCHICHTE AKTIV/KREATIV**
Projektidee: „Wir machen eine Internetrecherche zur Berliner ‚Luftbrücke'".
● Stellt einen Fragenkatalog zusammen. Arbeitet in Gruppen, jede mit einem anderen Schwerpunkt.
● Sucht nicht nur nach Text-, sondern auch nach Bildquellen (Fotografien, Karikaturen, Ausschnitte aus Zeitungen usw.); übersetzt englischsprachiges Material; nützt auch die Informationen und Quellen auf Seite 90.
● Untersucht das Material – berücksichtigt dabei die hier genannten Schritte.
● Überlegt euch, wie ihr die Ergebnisse eurer Arbeit darstellen könnt (Power-Point-Präsentation, Wandzeitung, Referate aus den jeweiligen Gruppen).

Staatlicher Neubeginn in Bayern

Bayerns Sonderweg. Sofort nach der Besetzung Bayerns im April 1945 begann die amerikanische Armee, die in den meisten Orten völlig zusammengebrochene Verwaltung wieder aufzubauen. Basierend auf einer bereits 1944 erstellten „Weißen Liste" von Personen für den Wiederaufbau wurde am 28. Mai 1945 Fritz Schäffer, letzter Vorsitzender der BVP, zum „Temporary Minister President of Bavaria" ernannt und mit der Reorganisation der bayerischen Verwaltung beauftragt. Zu diesem Zeitpunkt war kein anderes Land des ehemaligen Deutschen Reichs von den Alliierten neu gegründet worden. Bayern wurde in den Grenzen von 1933 bestätigt, mit Ausnahme der Rheinpfalz und des Landkreises Lindau, die zur französischen Zone gehörten.

Der Aufbau einer funktionierenden Verwaltung war schwierig und brachte Schäffer schnell in Konflikt mit der amerikanischen Entnazifizierungspolitik. Denn er wollte die dringend benötigten Verwaltungsmitarbeiter nur dann entlassen, wenn sich diese persönlich etwas zuschulden hatten kommen lassen und nicht nur nominell der NSDAP oder einer ihrer Organisationen beigetreten waren. Bereits am 28. September 1945 musste er sein Amt aufgeben. Zu seinem Nachfolger wurde der bisherige Justizminister Wilhelm Hoegner (SPD) ernannt.

M1 Fritz Schäffer (links), **Wilhelm Hoegner** (rechts)

Neues demokratisches Leben. Parallel zum Wiederaufbau einer bayerischen Staatlichkeit galt den Amerikanern die Einrichtung unabhängiger, zunächst natürlich unter ihrer Aufsicht stehender Medien als wichtig. Neben dem Rundfunk war es die

Presse, die umgehend neu geschaffen wurde. Bereits am 20. April 1945 erschien der von den Amerikanern herausgegebene „Bayerische Tag" in Bamberg, der binnen kurzem eine Auflage von 400 000 Stück erreichte. Am 6. Oktober wurde die „Süddeutsche Zeitung" mit deutscher Herausgeberschaft lizenziert. Im April 1946 existierten bereits 16 Zeitungen in Bayern.

Die Amerikaner versuchten den Neubeginn des parteipolitischen Lebens, auch auf Anraten Schäffers und Hoegners, die den Zeitpunkt als verfrüht einstuften, zu verzögern. Doch als die Russen in ihrer Zone ab Juni 1945 Parteien zuließen, zogen die Amerikaner im August nach. Während Kommunisten und Sozialdemokraten an alte Parteistrukturen anknüpfen konnten, setzte sich in den Reihen der Konservativen – auch außerhalb Bayerns – die Idee einer neuen Partei durch, die alle Konfessionen und Schichten der Bevölkerung ansprechen sollte. Auf Stadt- und Kreisebene bildete sich in Bayern die „Christlich-Soziale Union" (CSU; im übrigen Deutschland die CDU); am 8. Januar 1946 erhielt sie die Lizenz auf Landesebene. Völlig überraschend etablierte sich diese Partei bereits bei den ersten Kommunalwahlen mit Wahlergebnissen, die von der bisherigen konservativen BVP nie erreicht worden waren.

Bayern erhält eine neue Verfassung. Am 30. Juni 1946 fanden die Wahlen zur Verfassunggebenden Landesversammlung statt, aus der die CSU mit mehr als 50 % an abgegebenen Stimmen hervorging. Doch trotz dieser Mehrheitsverhältnisse waren die beiden großen Parteien um eine gemeinsame Arbeit bemüht. Grundlage der Beratungen war ein von Hoegner vorgelegter Verfassungsentwurf, der in großen Teilen angenommen wurde. Umstritten blieben u. a. Fragen zum Schulsystem und zur Schaffung des Amtes eines bayerischen Staatspräsidenten. Die amerikanische Besatzungsmacht schwankte zwischen Nichteinmischung und Einbringung ihrer Standpunkte.

Am 1. Dezember 1946 wurde in einem Volksentscheid von 71 % der Stimmberechtigten die Verfassung angenommen. In der gleichzeitig stattfindenden ersten Landtagswahl errang die CSU die absolute Mehrheit und stellte mit Hans Ehard den ersten gewählten Ministerpräsidenten in Bayern.

M2 Wahlergebnisse in Bayern 1946

	Gemeindewahlen (Gemeinden bis 20 000 Einwohner) 27. Januar 1946	Kreiswahlen 28. April 1946	Stadtkreiswahlen (Stadtkreise und Gemeinden mit mehr als 20 000 Einwohner)	Wahl zur Verfassunggebenden Landesversammlung 30. Juni 1946	Wahl zum Bayerischen Landtag 1. Dezember 1946
Wahl-beteiligung	86,7%	73,1%	86,8%	72,1%	75,7%
CSU	43,6%	67,9%	45,1%	58,3%	52,3%
SPD	16,6%	22,9%	38,0%	28,8%	28,6%
FDP	0,8%	1,5%	3,9%	2,5%	5,6%
KPD	2,3%	3,9%	6,9%	5,3%	6,1%
WAV*	–	0,5%	3,3%	5,1%	7,6%
Sonstige	36,7%	3,3%	2,8%		

*Wirtschaftliche Aufbau-Vereinigung)

M3 Militärregierung und Minister bei der Eröffnung der Verfassunggebenden Landesversammlung *(1946)*

Die Sitzungen fanden meist in der Aula der Ludwig-Maximilians-Universität statt.

M4 Präambel *(= Vorwort)* der Bayerischen Verfassung von 1946

Angesichts des Trümmerfeldes, zu dem eine Staats- und Gesellschaftsordnung ohne Gott, ohne Gewissen und ohne Achtung vor der Würde des Menschen die Überlebenden des Zweiten Weltkriegs geführt hat, in dem festen Entschluss,
5 den kommenden deutschen Geschlechtern die Segnungen des Friedens, der Menschlichkeit und des Rechts dauernd zu sichern, gibt sich das bayerische Volk, eingedenk seiner mehr als tausendjährigen Geschichte, nachstehende demokratische Verfassung ...

M5 Plakat der Bayernpartei *(BP)*

Die BP trat vehement für eine staatliche Unabhängigkeit Bayerns ein. Eine Reihe führender Kräfte der CSU wechselte 1947 zu dieser Partei.

1 Beschreibe die Position des ersten bayerischen Ministerpräsidenten (M1 und Autorentext).

2 Vergleiche die Wahlergebnisse vom Januar bis Dezember 1946 (M2) und suche nach einer Erklärung für das überraschend gute Abschneiden der neuen Partei CSU. Welche Rolle könnte die fehlende Zulassung der „Bayernpartei" (M5) bei dieser Landtagswahl gespielt haben?

3 Betrachte M3: Welche Atmosphäre wird hier vermittelt?

4 Lege die Beweggründe für die Schaffung einer neuen Bayerischen Verfassung dar und beschreibe das Fundament, auf dem der neue bayerische Staat stehen sollte (M3–M4).

5 Suche nach einer Erklärung, weshalb Ministerpräsident Ehard trotz absoluter Mehrheit ein Mehrparteienkabinett bildete (Autorentext).

Die Bundesrepublik Deutschland wird gegründet

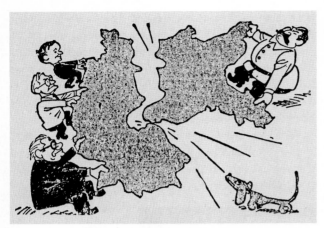

M1 „Tagesanbruch"
*(Karikatur aus der Hannoverschen Presse
vom 22. Mai 1948)*

Die Zukunft der westlichen Besatzungszonen.
Die Zusammenarbeit der Alliierten in den verschiedenen Zonen erwies sich als immer schwieriger. Durch die Ablehnung der Marshallplanhilfe für die östliche Besatzungszone und durch die Bildung der Bi- bzw. Trizone (s. S. 88) hatte sich bereits eine wirtschaftliche Trennung ergeben. Die USA förderten daher die Entstehung eines eigenen deutschen Staates mit dem Ziel, ein Bollwerk gegen den Kommunismus zu schaffen. Die Deutschen sollten eine staatliche Ordnung erhalten, am Wiederaufbau der Wirtschaft Europas teilhaben und gleichzeitig in ein Bündnis mit den ehemaligen Kriegsgegnern im Westen eingebunden werden. Frankreich musste erst für dieses Vorhaben gewonnen werden; zu tief saßen die Ängste vor einem wieder erstarkenden Deutschland. Die Vertreter der UdSSR verließen aus Protest den Alliierten Kontrollrat.

Das Grundgesetz wird ausgearbeitet. Die Vorstellungen der Alliierten über einen zukünftigen Weststaat wurden in den „Frankfurter Dokumenten" (Juli 1948) festgehalten. Kernstück ihrer Forderung war es, eine Verfassunggebende Versammlung einzuberufen. Die Regierungschefs der Länder plädierten hingegen für ein Provisorium, um ihren Bedenken gegen eine westdeutsche Staatenbildung Ausdruck zu verleihen. Dementsprechend verwarfen sie den Begriff „Verfassung" und schlugen stattdessen die Bezeichnung „Grundgesetz" vor. Schließ-

lich einigte man sich darauf, dass das Grundgesetz von einem „Parlamentarischen Rat" (Vorsitzender Konrad Adenauer) erarbeitet werden sollte, dessen 65 Mitglieder von den Länderparlamenten und nicht durch eine vom Volk gewählte Nationalversammlung bestimmt worden waren. Vorarbeiten hatten Staatsrechtler aus den drei Westzonen auf Einladung Bayerns auf der Insel Herrenchiemsee geleistet. Der endgültige Grundgesetzentwurf wurde schließlich von den Länderparlamenten mit Ausnahme von Bayern, dem die neue Staatsordnung zu zentralistisch war, angenommen. Trotz der Ablehnung stellte Bayern das Grundgesetz nicht infrage. Am 12. Mai 1949 genehmigten die Militärgouverneure das Werk. Für eine Übergangzeit wurden in einem eigenen Besatzungsstatut zusätzliche Regelungen festgehalten.

Mit der Unterzeichnung des Grundgesetzes am 23. Mai 1949 (s. S. 73 und S. 162f.) war die Bundesrepublik Deutschland als parlamentarische Demokratie geboren. Der Begriff „Bundesrepublik" betonte den föderalen Charakter des neuen Staats, der den Anspruch erhob, für ganz Deutschland zu sprechen. Konrad Adenauer (CDU) wurde zum ersten Kanzler der Republik gewählt. Theodor Heuss (FDP) stand als erster Bundespräsident an der Spitze des Staates.

**M2 Konrad Adenauer wird am 21. September 1949
von den Alliierten als erster Bundeskanzler empfangen.**

Laut Protokoll hätten bei diesem Empfang nur die Alliierten Hohen Kommissare (Vertreter der Westalliierten) auf dem Teppich stehen sollen. Adenauer nutzte aber die Begrüßung, um sich gleichfalls demonstrativ auf den Teppich zu stellen.

M3 Aus den „Frankfurter Dokumenten"

Die Verfassunggebende Versammlung wird eine demokratische Verfassung ausarbeiten, die für die beteiligten Länder eine Regierungsform des föderalistischen Typs schafft, die am besten geeignet ist, die gegenwärtig zerrissene deutsche
5 Einheit schließlich wieder herzustellen und die Rechte der beteiligten Länder schützt, einen angemessenen Zentralismus schafft und die Garantien der individuellen Rechte und Freiheiten erhält.

Zitiert nach: Der Parlamentarische Rat 1948-1949. Akten und Protokolle, Bd. 1, hrsg. von Johannes V. Wagner, Boppard (Boldt) 1975, S. 143f.

■ M4 Verfassungsschema

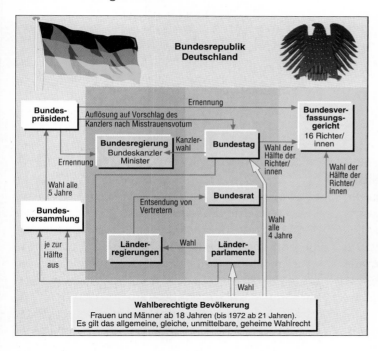

M5 Auszüge aus dem Grundgesetz von 1949

Präambel: Im Bewusstsein seiner Verantwortung vor Gott und den Menschen, von dem Willen beseelt, seine nationale und staatliche Einheit zu wahren und als gleichberechtigtes Glied in einem vereinten Europa dem Frieden der Welt zu die-
5 nen, hat das Deutsche Volk in den Ländern Baden, Bayern, Bremen, Hamburg, Hessen, Niedersachsen, Nordrhein-Westfalen, Rheinland-Pfalz, Schleswig-Holstein, Württemberg-Baden und Württemberg-Hohenzollern, um dem staatlichen Leben für eine Übergangszeit eine neue Ordnung zu ge-
10 ben, kraft seiner verfassunggebenden Gewalt dieses Grundgesetz der Bundesrepublik Deutschland beschlossen. Es hat auch für jene Deutschen gehandelt, denen mitzuwirken versagt war. Das gesamte Deutsche Volk bleibt aufgefordert, in freier Selbstbestimmung die Einheit und
15 Freiheit Deutschlands zu vollenden.

Art. 146: Dieses Grundgesetz verliert seine Gültigkeit an dem Tage, an dem eine Verfassung in Kraft tritt, die von dem deutschen Volke in freier Entscheidung beschlossen worden ist.
Zitiert nach: documentarchiv.de/brd/1949/ grundgesetz.html

M6 Theodor Heuss
(FDP) 1884–1963

M7 Kurt Schumacher
(SPD) 1895–1952

1 Die Westzonen auf dem Weg zur Bundesrepublik. Lege die Stationen dar, beziehe M1–M5 und den Autorentext mit ein.
2 Zeige auf, dass sich die Vorgaben der Militärgouverneure aus den „Frankfurter Dokumenten" in der Verfassung wieder finden (M3–M4 und Autorentext).
3 Beschreibe die Stimmung in M2; beachte auch die Blickrichtung der Beteiligten. Versuche eine Erklärung dafür zu finden, warum sich Konrad Adenauer nicht an das Protokoll hielt.

4 Die Bundesrepublik – eine parlamentarische Demokratie. Erkläre dies anhand des Verfassungsschemas (M4).
5 Das Grundgesetz als Provisorium. Begründe (M5 und Autorentext).
6 Schlage folgende Begriffe im Lexikon nach: Grundrechte, Föderalismus, Zentralismus, Rechtsstaat, Sozialstaat. Füge zu jedem Begriff eine kurze Erklärung.
7 Informiert euch über die Politiker Konrad Adenauer, Theodor Heuss (M6) und Kurt Schumacher (M7) und vergleicht ihre Biografien.

Von der SBZ zur Deutschen Demokratischen Republik

Die Volkskongressbewegung. Als Antwort auf die Verfassungsdiskussion in den Westzonen förderte die SED 1947 die Idee einer Vertretung, die als Sprecher gesamtdeutscher Interessen gegenüber den Besatzungsmächten auftreten sollte. Stalin gab seinen Plan auf, ein geeintes, kommunistisch geprägtes Deutschland zu gründen und verstärkte die Bemühungen, einen eigenen, nach sowjetischem Vorbild gestalteten Staat zu errichten. Im Dezember 1947 wurde auf Initiative der SED der „Deutsche Volkskongress für Einheit und gerechten Frieden" in Berlin einberufen, an dem über 2000 ausgesuchte Delegierte aus allen Zonen teilnahmen.

Als der Volkskongress im März 1948 zum zweiten Mal tagte, wählten die Delegierten einen „Deutschen Volksrat", eine Art Vorparlament, das den Auftrag zur Ausarbeitung einer Verfassung erhielt. Ein Ausschuss des Rates erarbeitete daraufhin – auf der Grundlage eines SED-Papiers vom November 1946 – den Entwurf einer „Verfassung der Deutschen Demokratischen Republik".

Die Gründung der DDR. Zur Bestätigung dieses Verfassungsentwurfs wurde am 15. und 16. Mai 1949 ein dritter Volkskongress nach einer Einheitsliste vom Volk gewählt. Der Wähler konnte sich nicht für eine bestimmte Partei entscheiden, sondern musste die vorgegebene Liste annehmen oder ablehnen; dieses Wahlsystem hielt sich bis zum Ende der DDR 1989. Da das Wahlergebnis 1949 nicht den Erwartungen der SED-Führung entsprach, wurden Anweisungen für eine zweite Auswertung gegeben. Immerhin sprachen sich von 95 % der abgegebenen Stimmen noch immer 33,9 % der Wähler gegen die Einheitsliste aus. Der Volkskongress bestätigte den Verfassungsentwurf.

Am 7. Oktober 1949 trat der 2. Deutsche Volksrat zusammen und erklärte sich zum Parlament (Provisorische Volkskammer) des neuen Staates. Die ersten Wahlen zur Volkskammer fanden ein Jahr später, am 15. Oktober 1950, statt. Wilhelm Pieck wurde Staatspräsident; Otto Grotewohl, erster Ministerpräsident und mit der Regierungsbildung beauftragt. Die entscheidende politische Macht bis 1973 hielt Walter Ulbricht als stellvertretender Ministerpräsident und führendes Mitglied der SED inne.

Die Sowjetische Militäradministration übertrug am 11. November 1949 die Verwaltung auf die Regierung der DDR. Die Einhaltung der alliierten Beschlüsse über Deutschland wurde künftig von einer sowjetischen Kontrollkommission überwacht. Die DDR, der zweite Teilstaat auf deutschem Boden, war ebenso wie die Bundesrepublik Deutschland in ihrer Souveränität beschränkt.

M1 „… getragen vom Willen des Volkes"
(Hannoversche Presse vom 8. Oktober 1949)

Die Verfassung der DDR – Schein und Wirklichkeit. Die meisten Passagen glichen vom Wortlaut her den Verfassungen westlich-demokratischer Staaten. Sie enthielt u. a. einen umfassenden Katalog von Grundrechten, schrieb die allgemeine, gleiche, unmittelbare und geheime Wahl der Abgeordneten nach den Grundsätzen der Verhältniswahl vor und garantierte eine Mitsprache der Länder bei der Gesetzgebung. Sie legte fest, dass die Wirtschaft des Landes dem „Wohl des ganzen Volkes und der Deckung seines Bedarfs" zu dienen habe.

Dies alles galt nur dazu, den Schein eines demokratischen Staates aufrechtzuerhalten. In Wirklichkeit diktierte die Führung der SED das politische, wirtschaftliche und gesellschaftliche Leben in der DDR. Das eigentliche Machtzentrum bildete das Politbüro der SED. Daneben kontrollierte der Apparat des Zentralkomitees (ZK) der SED die Verwaltung des Staates. Im ZK kamen die führenden Persönlichkeiten der DDR zusammen; es tagte aber nur selten und verkündete vor allem die Richtlinien der Partei.

M2 Wahlen in der SBZ

a) Ausschnitt eines Stimmzettels für die Wahlen zum Volkskongress am 15. Mai 1949:

STIMMZETTEL

für den Stimmkreis 3 Land Sachsen-Anhalt zum 3. Deutschen Volkskongress
*Ich bin für die Einheit Deutschlands
und einen gerechten Friedensvertrag
Ich stimme darum für die nachstehende Kandidatenliste
zum Dritten Deutschen Volkskongress*

1. Prof. Agricols, Rudolf, SED . . . . Halle/Saale
2. Beck, Arnold, FDGB . . . . Halle/Saale
3. Biering, Walter, VdgB . . . . Sohesten
4. Bierks, Hand, SED . . . . Zschornewitz
5. Biniada, Robert, CDU . . . . Duben
6. Bock, Erich, LPD . . . . Halle/Saale
7. Böhland, Max, FDGB . . . . Merseburg
8. Büttner, Thekla, LPD . . . . Zeitz
9. Dr. Damerow, Erich, LPD . . . . Halle/Saale
10. Dittmar, Karl, FDGB . . . . Halle/Saale
11. Diez, Käte, LPD . . . . Halle/Saale
12. Zinicke, Ludwig, SED . . . . Halle/Saale
13. Prof. D. Facher, Erich, CDU . . . . Halle/Saale
14. Feist, Gotth., FDGB . . . . Halle/Saale
...
77. Prof. Dr. Zerm , LPD . . . . Halle/Saale

JA ◯

◯ NEIN

b) Nachdem das Ergebnis nicht den Erwartungen der SED entsprach, erfolgte per Blitztelegramm einen Tag später folgende Anweisung:

1. Aus den Stimmzetteln muss der Wille des Wählers erkenntlich sein.

2. Alle weiß abgegebenen Stimmzettel sind gültig und als Ja-Stimmen zu zählen.

5 3. Stimmzettel, auf denen Kandidaten angestrichen oder im Wahlzettel durchgestrichen sind, gelten als Ja-Stimmen, wenn sie im Ja-Feld angekreuzt sind.

4. Stimmzettel, die nicht durchkreuzt sind, sondern lediglich beschrieben sind, gelten nur dann als ungültig, wenn sie ei-
10 ne demokratisch-feindliche Gesinnung erkennen lassen.

5. Alle ungültigen Stimmzettel sind nach obigen Richtlinien durch die Wahlkommission nochmals zu überprüfen.

Zitiert nach: SBZ 1945-1949. Politik und Alltag in der Sowjetischen Besatzungszone, hrsg. vom Gesamt-deutschen Institut, Bonn 1989, S. 100f.

1 Interpretiere die Karikatur M1. Nimm die Bildunterschrift zu Hilfe.

2 Gib Gründe dafür an, warum sich der Staat auf dem Gebiet der SBZ den Namen „Deutsche Demokratische Republik" gegeben hat.

M3 Das politische System der DDR

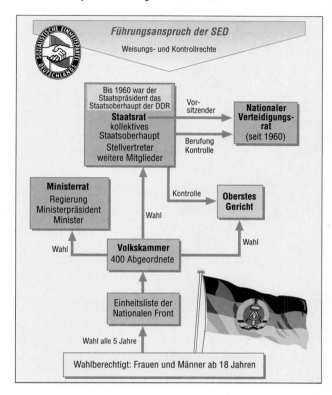

Führungsanspruch der SED
Weisungs- und Kontrollrechte

Bis 1960 war der Staatspräsident das Staatsoberhaupt der DDR
Staatsrat kollektives Staatsoberhaupt Stellvertreter weitere Mitglieder

Vorsitzender

Nationaler Verteidigungs-rat (seit 1960)

Berufung Kontrolle

Ministerrat Regierung Ministerpräsident Minister

Kontrolle

Oberstes Gericht

Wahl

Volkskammer 400 Abgeordnete

Wahl

Wahl

Einheitsliste der Nationalen Front

Wahl alle 5 Jahre

Wahlberechtigt: Frauen und Männer ab 18 Jahren

M4 Die Verfassung der DDR

Präambel vom 7. Oktober 1949:

Von dem Willen erfüllt, die Freiheit und die Rechte des Menschen zu verbürgen, das Gemeinschafts- und Wirtschaftsleben in sozialer Gerechtigkeit zu gestalten, dem gesellschaftlichen Fortschritt zu dienen, die Freundschaft mit an-
5 deren Völkern zu fördern und den Frieden zu sichern, hat sich das deutsche Volk diese Verfassung gegeben.

Zitiert nach: www.documentarchiv.de/ddr/verfddr1949.html

3 Nenne die Merkmale einer demokratischen Wahl und stelle sie dem Ablauf der Wahlen in der SBZ (M2 und Autorentext) gegenüber.

4 Analysiere das Schema M3 unter den Aspekten Wahlrecht und Gewaltenteilung.

5 Vergleiche die Präambel der DDR-Verfassung (M4) mit der des Grundgesetzes der Bundesrepublik Deutschland (s. S. 95/M5).

Die „Brüder und Schwestern" in Ost und West

8./9. Mai 1945	**bedingungslose Kapitulation Deutschlands**
Juli–August 1945	**Konferenz von Potsdam** Deutschland in Besatzungszonen aufgeteilt
1946	**Verfassung des Freistaates Bayern**
1947	Containment-Politik/ Marshallplan
1948	**Währungsreform**
1948/49	Berlinblockade
23. Mai 1949	**Verkündung des Grundgesetzes**
7. Oktober 1949	**Gründung der DDR**

M1 „Ostzone – Westzonen: Die deutschen siamesischen Zwillinge" *(Karikatur von Ernst Maria Lang, 1948)*

Sicherung der Grundbegriffe

▽ 🗀 **Eigene Dateien**

  ▽ 🗀 **Geschichte**

    ▽ 🗀 **Deutschland 1945 – 1949**

      📄 Besatzungszonen   📄 Grundgesetz

      📄 Containment-Politik   📄 Konferenz von Potsdam

      📄 Entnazifizierung   📄 Währungsreform

      📄 Flucht und Vertreibung

Teilung wider Willen. Seit Oktober 1949 war die Teilung Deutschlands in zwei Staaten eine Tatsache. Damit hatte die Entwicklung seit dem Mai 1945 zu einem Ergebnis geführt, das beide Seiten nach eigenen Aussagen ausdrücklich nicht gewollt hatten. Dass es dennoch auf dem Boden des besiegten deutschen Reichs zu einer doppelten Staatsgründung kam, hat sehr viel mit dem Verhältnis der Siegermächte untereinander zu tun. Ihr Kriegsbündnis hielt nur so lange sie in Hitler-Deutschland einen gemeinsamen Feind hatten. Im Moment des Sieges brachen die Gegensätze zwischen der Sowjetunion und den westlichen Alliierten wieder auf. Beide Seiten misstrauten einander, jede Seite unterstellte der anderen, sie wolle ganz Deutschland unter ihren Einfluss bringen und ihr politisches System einführen. Auf dieser Grundlage war keine Zusammenarbeit möglich. Die Alliierten wussten allerdings, dass die Folgen des totalen Zusammenbruchs, Hunger, Flüchtlingselend, Zerstörung der Städte und Lähmung der Wirtschaft, nur gemildert werden konnten, wenn der zerschlagene deutsche Staat wiederhergestellt werden würde. Außerdem hatten sich die Sieger in Potsdam darauf geeinigt, in Deutschland eine Demokratie aufzubauen. Während sich die Beziehungen zwischen der Sowjetunion und den USA immer weiter verschlechterten, entstanden unter ihrem Einfluss und unter dem Druck von Not und Elend zwei Staaten.

Zwei Staaten – zwei Ordnungen. Die politische Teilung Deutschlands war der letzte Akt einer Entwicklung, die nach dem Krieg begann. Schon die Besatzungszonen hatten das Land, seine Wirtschaft, seinen Handel und seine Verkehrswege zerschnitten. Durch die Einführung unterschiedlicher neuer Währungen in Ost und West wurde die wirtschaftliche Spaltung vertieft. Der Marktwirtschaft in den Westzonen stand eine sozialistische Planwirtschaft in der SBZ gegenüber. Unter Aufsicht und unter Eingriffen der Besatzungsmächte bildete sich in Ost- und Westdeutschland verschiedene Systeme politischer Parteien heraus. Die deutschen „Brüder und Schwestern" waren damit in zwei Staaten geteilt, die sich gegenseitig nicht anerkannten und die den Anspruch erhoben, die jeweils gültige demokratische Ordnung für Deutschland darzustellen.

M2 „Schlagworte" *(Karikatur von Mirko Szewczuk, 1947)*

M3 Bundeskanzler Konrad Adenauer erklärte am 21. Oktober 1949

Ich stelle Folgendes fest: In der Sowjetzone gibt es keinen freien Willen der deutschen Bevölkerung. Das, was jetzt dort geschieht, wird nicht von der Bevölkerung getragen und damit legitimiert. Die Bundesrepublik Deutschland stützt sich
5 dagegen auf die Anerkennung durch den frei bekundeten Willen von rund 23 Millionen stimmberechtigten Deutschen. Die Bundesrepublik Deutschland ist somit bis zur Erreichung der deutschen Einheit insgesamt die alleinige legitimierte staatliche Organisation des deutschen Volkes ...
10 Die Bundesrepublik ist allein befugt, für das deutsche Volk zu sprechen.
Zitiert nach: Verhandlungen des Deutschen Bundestages, Band 1, Bonn 1950, S. 308.

M4 DDR-Präsident Wilhelm Pieck erklärte am 11. Oktober 1949

Die Freude und Genugtuung des deutschen Volkes über die wiedererlangte Souveränität, über die Gründung eines selbstständigen, freien Deutschland, unserer Deutschen Demokratischen Republik, wird getrübt durch die Tatsache,
5 dass Deutschland durch die westlichen Besatzungsmächte zerrissen wurde ... Mithilfe des Besatzungsstatuts soll die Besetzung Westdeutschlands verewigt, ein Teil unseres Vaterlandes zu einer Kolonie des amerikanischen Imperialis-

mus herabgewürdigt und zu einem Aufmarschplatz für einen
10 neuen Krieg gegen das demokratische Deutschland (und) gegen das Lager des Friedens gemacht werden ... Diese Regierung, die die Interessen des gesamten deutschen Volkes wahrnimmt und die Legitimation besitzt, für das ganze deutsche Volk zu sprechen, wird durch ihre Arbeit den Kampf um
15 den Frieden, um die nationale Einheit Deutschlands ... zum Siege führen.
Zitiert nach: Karl Christoph Schweizer: Die deutsche Nation. Aussagen von Bismarck bis Honecker, Köln (Verlag Wissenschaft und Politik) 1976, S. 511f.

1 Stelle aus dem Autorentext und aus den Seiten 78–79 und 84–91 Ereignisse und Entwicklungen zusammen, die zur Teilung Deutschlands beigetragen haben. Beziehe M1, die Chronologie und die Grundbegriffe auf der linken Seite mit ein.

2 Erkläre, welche Figur in M2 die DDR und welche die Bundesrepublik verkörpern soll. Formuliere aus je einem der „Schlagworte" einen Satz, der die Sicht des einen deutschen Staates auf den anderen deutlich macht.

3 Vergleiche die Erklärungen Konrad Adenauers und Wilhelm Piecks (M3 und M4). Was beanspruchten beide Seiten jeweils für sich? Wie war die jeweilige Sicht auf den anderen Teil Deutschlands?

Mittwoch, 16. August 1961 • 10 Pf

98. Jahr • Nr. 189 • HAMBURG-AUSGABE • C 1784 A

BILD
ZEITUNG
UNABHÄNGIG · ÜBERPARTEILICH

Gesamtauflage über 3 Millionen

Der Osten handelt — was tut der Westen?

Der Westen tut NICHTS!

Enttäuscht

Der Osten hat gehandelt. Der Osten handelt noch. Die Stacheldrahtverhaue in Berlin werden dichter. Die Kontrollen werden schärfer. Immer mehr Panzer kommen in die Stadt.

Was tut der Westen? Der Westen tut nichts.

In den westlichen Hauptstädten wird beraten. Nachgedacht. Gesprochen. Fühlung genommen. Man bereitet „Schritte" vor. Man versucht, sich zu einigen. Und inzwischen rennen sich unsere Landsleute am Stacheldraht der Kommunisten die Köpfe blutig.

Was tun die westlichen Staatsmänner?

Kennedy, der junge Präsident, schweigt.

Macmillan, der erfahrene Premier, schießt Schnepfen.

Adenauer, der greise Kanzler, spielt Wahlkampf.

In einer der schwersten Situationen deutscher Geschichte bringt es der Kanzler fertig, seinen politischen Gegner Brandt zu beleidigen.

Das ist nicht nur unfair. Das ist — man muß es leider sagen — das Eingeständnis, daß er nicht über den Schatten der engstirnigen Parteipolitik springen kann. Der Kanzler konnte es früher. Jetzt offenbar nicht.

Wir brauchen jetzt keinen innenpolitischen Ringkampf. Wir brauchen keine Beispiele nationaler Unwürde. Wir brauchen das klare Bekenntnis der Demokraten aller Lager zur deutschen Nation.

Nicht der Wahltag einer Partei steht im Augenblick auf dem Spiel. Im Augenblick steht die deutsche Sache auf dem Spiel.

Am 13. August hat Ulbricht die Fluchtwege abgeriegelt und den Sowjetsektor in ein Militärlager verwandelt.

Erst drei Tage später hat sich die Bundesregierung zu einer Sondersitzung aufgerafft. Wie kläglich!

Und westliche Diplomaten sind sogar der Meinung, alliierte Rechte in Berlin seien nicht unmittelbar betroffen. Alliierte Rechte sind natürlich eindeutig verletzt worden. Gerade deshalb ist das lange Schweigen, das klägliche Abwarten, das beschämende Zögern für uns alle niederschmetternd.

Wir sind enttäuscht.

Wir sind in das westliche Bündnis gegangen, weil wir geglaubt haben, dies sei für Deutschland wie für den Westen die beste Lösung.

Die überwältigende Mehrheit der Deutschen ist auch heute noch davon überzeugt.

Nur wird diese Überzeugung nicht gerade gestärkt, wenn einige unserer Partner in dem Augenblick, in dem die deutsche Sache in größter Gefahr ist, kühl erklären: „Alliierte Rechte sind nicht betroffen."

Die deutsche Sache ist in größter Gefahr. 16 Millionen haben keinen Ausweg mehr. Die Wiedervereinigung in Form der Massenflucht hat aufgehört.

Berlin ist plötzlich kein Tor zur Freiheit mehr. Das Tor ist nämlich zu.

Es ist seit drei Tagen zu. Und bisher ist nichts geschehen — außer einem Papier-Protest der alliierten Kommandanten.

Wir sind enttäuscht.

 Präsident Kennedy schweigt....

 Macmillan geht auf die Jagd...

 ...und Adenauer schimpft auf Willy Brandt

rb. Berlin, 16. August

Die Berlin-Krise hat sich zugespitzt. Pankow hat Maßnahmen zur völligen Sperrung der Sektorengrenze eingeleitet. Sowjetische Truppen haben einen Ring um Berlin gezogen.

Die alliierten Stadtkommandanten haben gestern scharf gegen die Abschnürung des Sowjetsektors protestiert. Die Maßnahmen Pankows werden als ein schwerer Bruch der Vier-Mächte-Vereinbarungen gebrandmarkt.

Die Unruhe in Ost-Berlin wächst. Immer wieder kommt es zu Zwischenfällen mit den überall patrouillierenden „Volksarmisten".

Unter der Berliner Bevölkerung wächst die Enttäuschung darüber, daß noch immer keine wirksamen Gegenmaßnahmen getroffen worden sind. Empörung hat ein scharfer Angriff des Regierenden Bürgermeisters Willy Brandt hervorgerufen.

In einer geheimen Pressekonferenz hinter verschlossenen Türen unterrichtete US-Präsident Kennedy gestern abend 700 amerikanische Journalisten über die politische Entwicklung. Die Pressevertreter mußten sich verpflichten, über die Erklärungen Kennedys zu schweigen.

Seite 5	Die ersten Schüsse an der Sektorengrenze
Seite 7	BILD-Exklusiv-Photo: Ulbricht am Stacheldraht
Seite 10	Dramatische Photos von der Flucht eines Ost-Berliner Sperrpostens

letzte Meldung ... letzte Meldung ... letzte Meldung ...

Neue Drohung aus Pankow

Berlin, 16. August

Während der Westen noch zaudert, hat das Ulbricht-Regime bereits eine neue unverschämte Drohung ausgesprochen: Die Zonenregierung drohte gestern abend mit einer Blockade des Güterverkehrs zwischen der Bundesrepublik und West-Berlin für den Fall, daß die Bundesregierung die Sperrmaßnahmen in Berlin mit einer Kündigung des Interzonenhandels-Abkommens beantwortet. Die Zusatzvereinbarungen über den Güterverkehr mit West-Berlin würden dann „automatisch außer Kraft treten", heißt es in der Pankower Erklärung.

Deutschland
in einer geteilten Welt
1949–1961

Gegensätze und Gemeinsamkeiten im geteilten Deutschland

Ost und West. Das Jahr 1949 markiert einen Einschnitt in der Weltgeschichte: Die NATO, das Bündnis des Westens gegen die UdSSR, wurde gegründet. Von nun an standen sich zwei hoch gerüstete Militärblöcke im Kalten Krieg feindselig gegenüber. Im selben Jahr entstanden aus den Besatzungszonen der Westmächte und der Sowjetunion die beiden deutschen Staaten, die Bundesrepublik Deutschland bzw. die Deutsche Demokratische Republik. Da der weltpolitische Gegensatz sie hervorgebracht hatte und sie von Anfang an dem jeweiligen Block zugehörten, verlief die Trennungslinie zwischen Ost und West mitten durch Deutschland. Damit blieb die Deutsche Frage weiterhin offen.

Die folgenden Jahre waren gekennzeichnet von der Konkurrenz der Systeme und der Angst vor der Vernichtung der Menschheit in einem Atomkrieg. Wie schnell der „kalte" Krieg in einen „heißen" Krieg umschlagen konnte, zeigte der Koreakrieg (1950–1953).

M1 Grenzübergang Helmstedt/Marienborn
(Foto vom Westen gesehen, 1965)

Wie in jener Epoche die äußeren Bedingungen die Einstellungen und Gefühle prägten, können wir aus Texten von Schriftstellern besonders eindrücklich erfahren. Im folgenden Ausschnitt schildert Hans Pleschinski (geb. 1956), wie er als Jugendlicher in den 60er-Jahren zum Besuch von Verwandten in die DDR fuhr.

M2 Geschichte erzählt
Grenzübertritt

„Habt ihr alle Pakete mit? Die Pfirsiche dürfen nicht matschig werden. Grüßt auch Tante Hedwig! Fahrt vorsichtig. Tankt vor der Grenze. – Habt ihr denn die Pässe?"

Die Worte meiner Mutter, die wegen ihres Rheumas bestenfalls in Kliniken reiste, sind Mitte der 60er-Jahre an der Straße verhallt. Die Reisepässe, die Tage zuvor zusammengesucht (und) auf ihr Gültigkeitsdatum hin geprüft wurden, waren das Wichtigste und lagen als westdeutsche Rettungsringe gegen ostdeutsche Bedrohlichkeiten ab Fahrtbeginn griffbereit im Handschuhfach. Man reiste nicht nur als Verwandter zu Verwandten, als Mensch zu Menschen, sondern – wie es die Weltgeschichte bewirkt hatte – als Klassenfeind durch das Land des Klassenfeindes.

Meinem Vater am Steuer rann bereits im Westen der Schweiß. Vor dem Erreichen von Helmstedt/Marienborn durchquerten wir das frühmorgendliche Wolfsburg. Italienische Gastarbeiter, die zu Fuß oder auf Mopeds durch die Tore des VW-Werks fuhren, Ausländer, die uns sonst nicht interessierten, wurden durch die Grenznähe, die Nähe zum anderen System, ein wenig zu freundlichen, harmlosen, eigentlich sogar zu brüderlichen Miteuropäern – im Vergleich zu den kommenden Grenzposten. Ein Sizilianer, der im Morgennebel an uns vorbeifuhr, … konnte mit einem Mal mehr ein Vertrauter und verständiger Helfer sein als der deutsche Leutnant der Grenztruppen an der DDR-Staatsgrenze West.

Wer nun, ab hier, in vollbesetzten Autos mit Obst, Kaffee, (auch im Westen brandneuen) Dosensuppen, Pralinen, Schnäpsen bis unters Dach weiter auf der angezeigten Strecke blieb, der wollte gleichfalls hinter den Eisernen Vorhang. Schon hier, ein paar Kilometer vor den ersten DDR-Beamten, zeitigte die Staatsgrenze West einen Solidarisierungseffekt, den ihre Erbauer nicht beabsichtigt hatten …: Westdeutsche näherten sich dem Gefahrenmoment, dem Augenblick, in dem Bankkonto, Zivilstand, Toupet oder Glatze, Allgemeine Ortskrankenkasse, CDU- oder FDP-Mitgliedschaft nichts mehr nützten, wenn auf DDR-Gebiet ein DDR-Grenzer sie erst einmal aus der Kolonne herauswinkte … Mögliche Schikanen an der sozialistischen Grenze, das Wissen um das menschenverachtende Minenfeld, den Schießbefehl nur ein paar hundert Meter weiter, werteten die Grenzwächter des Westens ungeheuerlich auf. Der edelmütigste Pazifist und Uniformenhasser musste in diesem Übergangsgebiet wohl zugeben: Es ist nicht ganz schlecht, dass auch auf der niedersächsischen Seite jemand mit Fernglas und Sprechfunkgerät steht.

Grenzpfahl der Bundesrepublik.

Dunkler Asphalt, plötzlich abgelöst von alten Betonplatten. Die Natur, das Gebüsch links und rechts bleibt sich gleich, wechselt nur scheinbar vom kapitalistischen Grün ins matte-
50 re sozialistische Grün über. Hammer und Zirkel (Flagge der DDR), die Einheit von Faustarbeit und Geistarbeit, wehen überm Straßenrand ...

Konnte man einen ursprünglichen, ängstlichen Hass auf alles Uniformierte entwickeln, dann hier. Hier, unter den Blech-
55 überdachungen verspielte die DDR ihr mögliches Ansehen. Hier ließ sie Einreisende unvermittelt hoffen, dass auch Frankreichs Force de frappe (= Atomwaffe) den Block der Volksarmeen hinter der Elbe halte ... Die Grenze gebar Westdeutsche, die hier zu ihrer popeligen Bundeshauptstadt
60 am Rhein, auch zum belächelten Bundespräsidenten Lübke ein grundlegend bejahendes Verhältnis gewannen ...

„Die Ausweise bitte."

„Reich' sie mal rüber."

Zumeist lief der Marienborner Wechsel von einem politi-
65 schen System ins andere wohl glimpflich ab ... Dennoch blieb jeder Aufenthalt in Berlin zugeschnürt durch das Empfinden, ... bald wieder überprüft, schikaniert und so gnädig wie zwangsläufig laufen gelassen zu werden. Einmal wurde mein Vater nachts auf der Rückreise wegen der nicht gestat-
70 teten Ausfuhr eines Bettvorlegers zum Aussteigen aufgefordert und musste sich vor den Augen seiner Kinder, bei vorgehaltener Maschinenpistole, mit erhobenen Händen im Neonlicht an die Wand stellen. Ein anderes Mal – eine Lappalie der 60er-Jahre, als in Liverpool „All You Need is
75 Love" gedichtet und gesungen wurde – hatte die zolltechnische Zerlegung unseres Autos zwischen Magdeburg und Braunschweig zur Folge, dass noch bis zu seiner Verschrottung die Rücklehnen unverstellbar blieben. Kleine deutsche Nachkriegstribute.

Zitiert nach: Hans Pleschinski: „Die Ausweise bitte ..." –
Besuch in der DDR. In: Christoph Studt (Hrsg.):
Die Deutschen im 20. Jahrhundert. Ein historisches
Lesebuch, München (Beck) 1999, S. 257ff.

M3 Der Übergang *(Gemälde von A. R. Penck, DDR 1963)*

Wovon handelt dieses Kapitel? ▷ Ost-West-Konflikt, Blockbildung und Kalter Krieg bilden die Rahmenbedingungen der 50er- und 60er-Jahre. Dabei war der Koreakrieg ein weltpolitisches Schlüsselereignis.

Vor diesem Hintergrund wird die Geschichte der beiden deutschen Staaten dargestellt. Sie mussten, trotz aller Systemunterschiede, gemeinsame Herausforderungen bewältigen, z. B. den Wiederaufbau der Wirtschaft und der Sozialsysteme. Ihre Einbindung in das jeweilige Blocksystem hat ihre Politik nach innen und außen nachhaltig bestimmt, es entstanden westliche und östliche Lebensformen. Die Trennung zwischen Ost- und Westdeutschland schien sich zunehmend zu verfestigen, wie auch die Welt sich in einen Ost- und in einen Westblock teilte.

Innenpolitisch war es der rasante wirtschaftliche Aufschwung der Bundesrepublik, der seinen Bürgern schnell neue Perspektiven eröffnete. Die Menschen in der DDR wurden zunehmend Bewohner eines Landes, das sich vom Westen abschottete und schließlich seine Grenze durch eine Mauer zementierte.

1 Betrachte die Auftaktdoppelseite 100–101. Was teilt sie über Entwicklungen in den beiden Deutschland und ihre Hintergründe mit? Wie kommt hier der Kalte Krieg zu tragen?

2 Stelle aus M2 die Hinweise auf die politischen Verhältnisse und die Lebensbedingungen in der DDR und der Bundesrepublik zusammen.
3 Erläutere, wie der Verfasser von M2 das Verhältnis von Ost und West empfindet.
4 Vergleiche M1 und M3 im Hinblick auf Thema und Bildaussage.

Weltordnung nach Blöcken

Der ▸ Ostblock. Ab 1946 war es der Sowjetunion gelungen, in den von der Roten Armee befreiten und besetzten Staaten Ostmitteleuropas (s. S. 89/M2) kommunistische Regierungen durchsetzten. Die Entstehung dieser sogenannten Satellitenstaaten beunruhigte die Vereinigten Staaten sehr.

M1 „Früchte der Befreiung"
(Karikatur aus der „Herald Times" vom 2. Februar 1947 zu den Wahlen in Polen)

Als 1946 auch die griechische Regierung von kommunistischen Untergrundkämpfern in einen Bürgerkrieg verwickelt wurde und die Türkei gleichfalls unter russischen Druck geriet, veränderten die USA ihre Haltung gegenüber der Sowjetunion. Mit der „Politik der Eindämmung" sollte verhindert werden, dass die UdSSR ihre Einflusssphäre über Ostmitteleuropa hinaus ausdehnt.

Die Sowjetunion antwortete darauf mit der Gründung der Kominform (Informationsbüro der Kommunistischen und Arbeiterparteien) 1947. Die KPdSU sicherte sich damit eine unbestrittene Führungsposition innerhalb von Osteuropa. Sie verlangte von den Satellitenstaaten die Ausrichtung aller kommunistischen Parteien und Regierungen an ihr Vorbild. Die Kominform konnte sich jedoch nicht in der gewünschten Form durchsetzen und wurde 1956 aufgelöst.

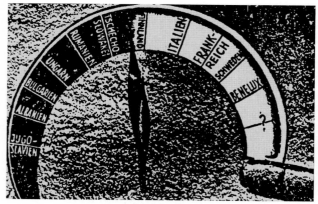

M2 „Läuft die Uhr, die die sowjetische Expansion anzeigt, unaufhaltsam weiter?"
(Karikatur aus der „New York Times", 1948)

Militärische Blockbildung. Schwerpunkt der Eindämmungspolitik wurde neben der wirtschaftlichen Hilfe durch den Marshallplan die militärische Unterstützung der betroffenen Staaten gegen kommunistische Machtansprüche. Unter Führung der USA schlossen sich 1949 mehrere westlich orientierte Staaten zu einem politischen und militärischen Verteidigungsbündnis zusammen: die NATO (North Atlantic Treaty Organization) entstand. Auf Initiative der USA verpflichteten sich die Teilnehmer, nur diejenigen Maßnahmen – unter Einschluss der Verwendung bewaffneter Kräfte – zu ergreifen, die sie „für erforderlich erachten, um die Sicherheit des nordatlantischen Gebiets wiederherzustellen und zu erhalten". Obwohl alle Partner formal gleichberechtigt waren, stellten die USA den Oberkommandierenden und bestimmten die Strategiekonzepte.

Eine ähnliche Politik betrieb die Sowjetunion. Die UdSSR hatte zwischen 1946 und 1949 mit vielen ostmitteleuropäischen Staaten Freundschafts- und militärische Beistandsverträge geschlossen. Diese sahen auch die Stationierungen sowjetischer Truppen in den jeweiligen Ländern vor. Aber erst am 14. Mai 1955 schuf die Sowjetunion mit der Gründung des Warschauer Pakts ein Gegenstück zur NATO.

Die allmähliche Ausbildung zweier Militärbündnisse untermauerte die Trennung in Blöcke um die beiden Supermächte USA und UdSSR. Statt der 1945 erhofften einen gemeinsamen Welt (s. S. 136f.), hatte sich eine neue internationale Staatenordnung im Zeichen der Bipolarität herausgebildet.

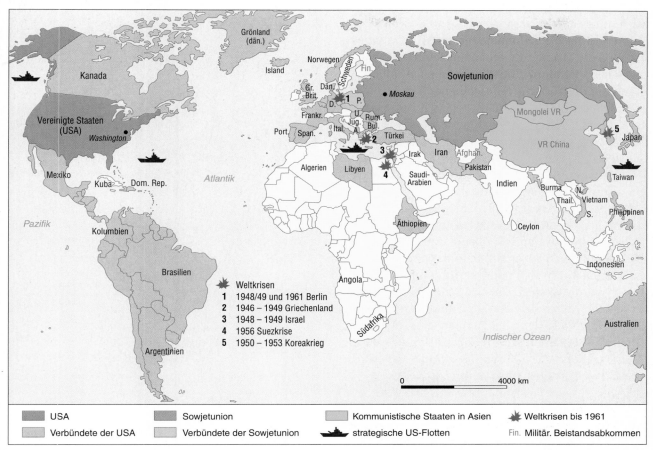

Um dem Ost-West-Konflikt zwischen den beiden Weltmächten zu entgehen, schlossen sich im April 1955 vor allem viele Staaten Afrikas und Asiens in der Bewegung der Blockfreien zusammen. Sie befürworteten ein friedliches Nebeneinander von unterschiedlichen Systemen und wollten keinem der Blöcke angehören.

M4 Europa im Kalten Krieg
(amerikanische Karikatur)

1 Setze dich mit den Aussagen der beiden Karikaturen auseinander (M1 und M2). Welche politische Entwicklung liegt zwischen den beiden historischen Quellen?
2 Beschreibe anhand der Karte (M3) die geopolitische Situation der beiden Blöcke.
3 Nenne die wichtigsten Konfliktherde und beziehe M4 mit ein.

Der Koreakrieg – vom Bürgerkrieg zum Weltkonflikt

Krisenherd Südostasien. Nicht nur in Europa, sondern auch in Südostasien verschlechterten sich die Beziehungen zwischen den USA und der UdSSR. 1949 ergriffen die Kommunisten unter Mao Zedong in China die Macht. In Vietnam leisteten die kommunistischen Vietminh seit 1945 zunehmend Widerstand gegen die französische Kolonialherrschaft.

Nach der Kapitulation Japans 1945 (s. S. 64f.) war das am Zweiten Weltkrieg unbeteiligte, aber von Japan beherrschte Korea unter den Siegermächten aufgeteilt worden. Der Süden kam unter US-amerikanische Verwaltung, der Norden unter sowjetische. Teilungslinie wurde der 38. Breitengrad. Die UNO übernahm 1947 das Mandat für die Wiedervereinigung. Für das ganze Land angesetzte Wahlen fanden unter Aufsicht der UNO nur in Südkorea statt, wo Syngman Rhee dank massiver amerikanischer Unterstützung zum Präsidenten der neu gegründeten „Republik Korea" wurde. Gestützt auf Großgrundbesitzer, Militär und die USA errichtete er ein autoritäres Regime. Der Staatsgründung im Süden folgte eine im Norden: Der kommunistische Politiker Kim Il-Sung rief die „Demokratische Volksrepublik Korea" aus; China und die Sowjetunion standen ihm zur Seite.

Eine Weltkrise entsteht. Gänzlich unerwartet überschritten im Juni 1950 nordkoreanische Truppen den 38. Breitengrad und drangen bis weit in den Süden vor. Der UN-Sicherheitsrat verurteilte diesen Schritt. Es kam zur Entsendung von Truppen aus 15 UN-Mitgliedstaaten. Das größte Kontingent bildeten US-Soldaten; der Oberbefehl lag in amerikanischen Händen.

Als auch das kommunistische China zugunsten des Nordens in den Krieg eingriff, forderte der Oberbefehlshaber US-General MacArthur den Einsatz von Atomwaffen. Präsident Truman lehnte diese Maßnahme ab. Der erbittert geführte Dschungelkrieg erstarrte schließlich nach drei Jahren am 38. Breitengrad, der ehemaligen Grenzlinie. Er zementierte die Teilung. Mehr als 54 000 UN-Soldaten starben; koreanische Quellen sprechen von über zwei Millionen Toten, insbesondere unter der Zivilbevölkerung.

Der Waffenstillstand vom Juli 1953 bekräftigte die Existenz von zwei koreanischen Staaten: Nordkorea blieb kommunistisch, Südkorea stand auch weiterhin unter Schutz und Einfluss der USA.

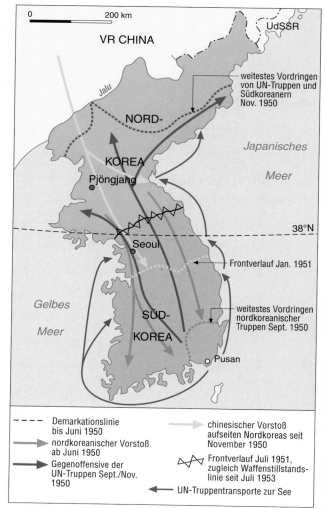

M1 Koreakrieg *(1950–1953)*

M2 Vorrückende US-Truppen und südkoreanische Flüchtlinge *(August 1950)*

M3 Präsident Truman in einer Radioansprache im September 1950

Truman antwortete auf den Vorwurf der Sowjetunion, die USA mische sich in die Angelegenheiten anderer Länder ein:

... wir haben die führende Rolle übernommen, schrittweise die Einheit unter den freien Nationen zu schaffen und sie zu stärken. Die erzielten Erfolge sind beeindruckend. Lassen Sie mich einige Schritte davon für Sie in Erinnerung rufen:

5 1945 setzten wir uns für die Gründung der Vereinten Nationen ein. 1947 begannen wir, Griechenland und die Türkei militärisch und wirtschaftlich zu unterstützen. Mit der Marshallplanhilfe konnten wir die Gefahr einer kommunistischen Unterwanderung in Europa eindämmen; und, seit die-
10 ser Zeit sind die freien Nationen wirtschaftlich enger zusammengewachsen. Die Berliner Luftbrücke 1948/49 machte die sowjetischen Bemühungen, die freiheitsliebenden Nationen von ihrem Außenstützpunkt Westberlin zu vertreiben, zunichte. Mit der Gründung der NATO 1949 sollte deutlich ge-
15 macht werden, dass ihre Mitglieder gemeinsam die Freiheit verteidigen werden. Heute, 1950, setzen wir unsere Bemühungen mit einer noch größeren militärischen Hilfe fort, um die Verteidigungskraft der westlichen Welt zu stärken. Schritt für Schritt haben diese Erfolge, die die freien Natio-
20 nen im Kampf gegen den kommunistischen Imperialismus erzielt haben, sie noch stärker zusammengeschweißt. Wir wünschen uns eine freiheitliche Ordnung auch für die Länder im Fernen Osten. Das ist einer der Gründe, weshalb wir, unter der Führung den Vereinten Nationen, für die
25 Unabhängigkeit Koreas kämpfen. Russland hat noch nie freiwillig auf irgendein Territorium, das es sich im Fernen Osten angeeignet hat, verzichtet; nie hat es ein von ihm unterworfenes Volk in Freiheit entlassen ... Wir glauben weder an Angriff- und Verteidigungskrieg. Diese
30 Mittel setzen Diktatoren ein und keinesfalls freie, demokratisch gesinnte Länder wie die Vereinigten Staaten. Wir bewaffnen uns nur zur Verteidigung im Angriffsfall. Auch wenn die Vertreter des kommunistischen Imperialismus nicht an Frieden glauben, so können sie doch davon abgehalten wer-
35 den anzugreifen, wenn wir und alle freien Nationen gemeinsam Stärke beweisen und ihnen selbstbewusst entgegentreten.
Zitiert nach: http://www.trumanlibrary.org/publicpapers/index.php?pid=861&st=&st1=. Übers. vom Verfasser.

1 Stellvertreterkrieg in Korea – ein Land zwischen den Großmächten. Erläutere dies mithilfe von M1–M2 und des Autorentextes.

M4 Propagandabild Kim Il-Sung, Nordkorea

M5 Bündnissysteme Amerikas *(1948–1955)*

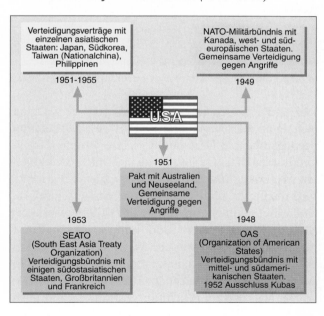

2 Erkläre, inwiefern das Verhalten der USA im Koreakrieg der Trumandoktrin entsprach (M3).

3 Erläutere, wie der kommunistische Herrscher gesehen werden wollte. Was sagt das Bild über das Verhältnis Staatsführung zu Volk aus (M4). Vergleiche auch mit M3 auf Seite 15.

4 Vorschlag für ein Referat: Blockbildungen in Europa und Asien. Beziehe M5 und Seite 104f. mit ein.

Weltpolitik im Zeichen der Bombe

M1 Amerikanischer Atombombenversuch *(1946)*

Der Kalte Krieg. Der Ost-West-Gegensatz war von Anfang an ein sogenannter Kalter Krieg, geprägt von Propaganda und Misstrauen – ohne direkte Kampfhandlungen. Die UdSSR fühlte sich nach dem Zweiten Weltkrieg als militärisch geschwächtes Land. 1949 gelang es auch sowjetischen Wissenschaftlern, eine Atombombe herzustellen. Die UdSSR war damit Atommacht geworden und unterstrich so ihren Anspruch, als gleichrangige Weltmacht neben den USA und als Vormacht der kommunistischen Staaten zu gelten. 1949 wurde die NATO als westliches Verteidigungsbündnis gegründet. Damit standen sich auf der nördlichen Welthalbkugel ein Ostblock und ein Westblock feindselig gegenüber. Die Trennlinie hatte der britische Premierminister Churchill schon 1946 als „Eisernen Vorhang" (s. S. 88f.) bezeichnet. Er verlief mitten durch Deutschland und Berlin.

Von der Eindämmung zur Politik der Stärke. Als sich mit dem Koreakrieg (s. S. 106f.) die Gefahr eines atomaren Ost-West-Konflikts abzeichnete, verstärkte

sich im Westen die Befürchtung, vom Kommunismus bedroht zu sein. Es schien nicht zu genügen, ihn nur einzudämmen. Amerikanische Politiker forderten eine Politik der Stärke, um den sowjetischen Einfluss zurückzudrängen („Roll-back-Politik"). Dazu müsse der Westen alle Kräfte aufbieten und hoch gerüstet sein. In diesem Zusammenhang gewann der Gedanke Raum, auch die Westdeutschen zur Verteidigung der „freien Welt" heranzuziehen.

M2 Rüstungswettlauf

Waffensysteme	USA	UdSSR
Atombombe	1945	1949
H-Bombe	1952	1953
Langstreckenbomber	1953	1957
Interkontinentalrakete	1955	1957
Atom-U-Boot	1956	1962
Raketen mit Mehrfachsprengköpfen	1964	1972

M3 Verteidigung durch Abschreckung

Winston Churchill in einer Rede am 2. März 1955:

Es ist heute eine Tatsache, dass eine bestimmte Menge Plutonium genügen würde, um Waffen herzustellen, die jeder Großmacht, die sie allein besäße, die unbestrittene Weltherrschaft sichern. Es gibt keine absolut sichere Verteidigung ge-
5 gen die Wasserstoffbombe, und es zeichnet sich auch keine Möglichkeit ab, wie sich ein Volk oder ein Land gegen die verheerenden Zerstörungen vollkommen sichern könnte, die schon zwanzig dieser Bomben über große Gebiete bringen könnten.
10 In der freien Welt besteht weitgehend die Überzeugung, dass ohne die amerikanische Überlegenheit in nuklearen Waffen der Eiserne Vorhang bereits bis zum Atlantik und bis zum Kanal vorgeschoben worden wäre. Wenn nicht wirklich ein zuverlässiges und universales Abrüstungsabkommen abge-
15 schlossen werden kann, gibt es für die freie Welt in den nächsten Jahren nur eine vernünftige Politik: diejenige, die wir Verteidigung durch Abschreckung nennen. Diese Politik haben wir uns zu eigen gemacht. Abschreckungsmittel können, vorausgesetzt, sie schrecken wirklich ab, jederzeit Väter
20 einer Abrüstung werden. Um unsererseits zu dieser abschre-ckenden Wirkung beizutragen, müssen wir die modernsten nuklearen Waffen haben.

Zitiert nach: Walter Wulf: Geschichtliche Quellenhefte mit Überblick. Die Welt im Wandel. Heft 11c: Weltgeschichte 1946-1973, Frankfurt (Diesterweg) ⁴1973, S. 60f.

M4 Friedliches Nebeneinander der Blöcke?

Aus dem Programm der Kommunistischen Partei der Sowjetunion (KPdSU) vom Oktober 1961:

… Die Hauptfrage der Gegenwart ist die von Krieg und Frieden. Die einzige Quelle der Kriegsgefahr ist der Imperialismus. Verbreitete der Kapitalismus seine Herrschaft mit Feuer und Schwert, so brauchte der Sozialismus keine
5 Kriege, um seine Ideale zu verbreiten. Seine Waffe ist die Überlegenheit über die alte Ordnung, in der Organisation der Gesellschaft, in der Staatsordnung, in der Wirtschaft, in der Hebung des Lebensniveaus und der geistigen Kultur. Der Sozialismus weist der Menschheit das einzig vernünftige
10 Prinzip der zwischenstaatlichen Beziehungen zu einer Zeit, da die Welt in zwei Systeme geteilt ist: das von W. I. Lenin entwickelte Prinzip der friedlichen Koexistenz von Staaten mit unterschiedlicher sozialer Ordnung. Bei friedlicher Koexistenz hat die Arbeiterklasse der ka-
15 pitalistischen Länder günstigere Kampfmöglichkeiten, fällt es den Völkern der kolonialen und abhängigen Länder leichter, für ihre Befreiung zu kämpfen …

Zitiert nach: Alfred Gerigk: Deutschland und das Weltgeschehen im Jahre 1961 (= Handbuch der Deutschen Geschichte, Erg.-Bd. 2), Konstanz (Akad.-Verl.-Ges. Athenaion) 1962, S. 108.

M5 Die Ungarn wollen mehr Freiheit

1956 erhoben sich die Ungarn gegen die kommunistische Regierung ihres Landes. Sowjetische Panzer schlugen den Aufstand nieder. Der Westen griff nicht ein.

1 Erläutere, welche Wirkung Churchill der Atombombe für das Ost-West-Verhältnis zuschrieb (M1–M3).

2 Arbeite aus M3 und M4 heraus, wie sich beide Seiten gegenseitig einschätzten.

3 Prüfe, ob die Niederschlagung des Ungarnaufstands mit dem Prinzip der friedlichen Koexistenz vereinbar war (M4–M5).

Die Bundesrepublik wird Bündnispartner des Westens

Besatzungsherrschaft. Der Ost-West-Konflikt hatte die Bundesrepublik nicht nur hervorgebracht, sondern bestimmte auch ihre weitere politische Entwicklung. Bei ihrer Gründung 1949 war sie kein souveräner, d. h. ein nach innen und außen selbstständiger Staat. Sie war von zehntausenden amerikanischer, britischer und französischer Soldaten besetzt; sie hatte keine eigenen Streitkräfte, keinen Außenminister und keine Botschafter in anderen Ländern. Die alliierten Militärbefehlshaber nannten sich jetzt „Hohe Kommissare", waren für Außenpolitik und Außenhandel zuständig und wachten darüber, dass das Grundgesetz eingehalten wurde.

Westintegration. Bundeskanzler Adenauer wollte die Bundesrepublik vor dem Machtanspruch der Sowjetunion sichern und sie zugleich zu einem gleichberechtigten Mitglied der europäischen Staatengemeinschaft machen. Er war davon überzeugt, beide Ziele seien am besten durch eine enge Anlehnung an die Westmächte, besonders an die USA, zu erreichen. Einem starken Westen würde die Sowjetunion schließlich nachgeben und die Wiedervereinigung Deutschlands zugestehen. Adenauer sah aber auch,

dass seine Ziele nur verwirklicht werden konnten, wenn die Bundesrepublik den französischen Sicherheitsinteressen entgegenkam. Deshalb ging er auf den Vorschlag des französischen Außenministers Schuman ein, die Kohle- und Stahlerzeugung beider Länder aus der Zuständigkeit der Regierungen herauszulösen und einer gemeinsamen Behörde zu unterstellen. 1951 traten die Beneluxstaaten und Italien dieser „Montanunion" bei. Aus ihr entwickelte sich die heutige Europäische Union (s. S. 140f.).

Mit Beginn des Koreakriegs (s. S. 106f.) entschieden die Westmächte, die Bundesrepublik solle sich an einer ▷ „Europäischen Verteidigungsgemeinschaft" (EVG) beteiligen. Auf diese Weise sollte der Westen gestärkt werden; zugleich blieben die deutschen Machtmittel unter Kontrolle. Im Gegenzug wurden die Souveränitätsrechte der Bundesrepublik erweitert; es gab jetzt wieder ein Auswärtiges Amt, das Adenauer zusätzlich übernahm.

Stalinnoten. Die Sowjetunion wollte die Aufnahme der Bundesrepublik in ein westliches Militärbündnis verhindern. Kurz vor Unterzeichnung des EVG-Vertrags 1952 schlug Stalin in zwei Noten an die Westmächte vor, die Bundesrepublik und die DDR zu vereinigen; Gesamtdeutschland solle keinem der Blöcke angehören. Die Westmächte und Adenauer lehnten den Vorschlag ab, weil sie befürchteten, ein neutrales Deutschland sei dem Druck der Sowjetunion schutzlos ausgeliefert. Die Opposition hingegen hatte darauf gedrängt, Stalins Vorschlag wenigstens zu prüfen.

Die Bundesrepublik wird souverän. 1954 lehnte die französische Nationalversammlung den EVG-Vertrag ab. Daraufhin einigten sich in Paris neun westliche Regierungen, die Bundesrepublik in die NATO aufzunehmen und die Besatzungsherrschaft zu beenden. Die Bundesregierung verpflichtete sich, eine Armee, die Bundeswehr, aufzubauen; der Bundestag führte 1956 nach heftigen Diskussionen die allgemeine Wehrpflicht ein. Damit war der Beschluss der Potsdamer Konferenz hinfällig, Deutschland auf Dauer zu entmilitarisieren (s. S. 78f.); elf Jahre nach dem Ende des Zweiten Weltkriegs gab es wieder deutsche Soldaten. Es bestand damit erneut ein deutscher Staat, der, von einigen alliierten Vorbehaltsrechten abgesehen, souverän war.

M1 Konrad Adenauer auf Staatsbesuch in den Vereinigten Staaten (April 1953)

M2 Frieden durch wirtschaftliche Verflechtung

Aus der Regierungserklärung des französischen Außenministers Robert Schuman, 9. Mai 1950:

... Europa ist nicht zustande gekommen, wir haben den Krieg gehabt. Europa lässt sich nicht mit einem Schlage herstellen und auch nicht durch eine einfache Zusammenfassung: Es wird durch konkrete Tatsachen entstehen, die zunächst eine
5 Solidarität der Tat schaffen. Die Vereinigung der europäischen Nationen erfordert, dass der Jahrhunderte alte Gegensatz zwischen Frankreich und Deutschland ausgelöscht wird. Zu diesem Zwecke schlägt die französische Regierung vor, in einem begrenzten, doch entscheidenden Punkt sofort zur Tat zu
10 schreiten. (So soll) die Gesamtheit der französisch-deutschen Kohle- und Stahlproduktion einer gemeinsamen Hohen Behörde unterstellt (werden), in einer Organisation, die den anderen europäischen Ländern zum Beitritt offen steht ... Die Solidarität der Produktion, die so geschaffen wird, wird bekun-
15 den, dass jeder Krieg zwischen Frankreich und Deutschland nicht nur undenkbar, sondern materiell unmöglich ist ... Durch die Zusammenlegung der Grundindustrien und die Errichtung einer neuen Hohen Behörde, deren Entscheidungen für Frankreich, Deutschland und die anderen teilnehmenden
20 Länder bindend sein werden, wird dieser Vorschlag den ersten Grundstein einer europäischen Föderation bilden, die zur Bewahrung des Friedens unerlässlich ist.

Zitiert nach: Themenportal Europäische Geschichte (2006), www.europa.clio-online.de/2006/Article=29 (06/2007).

M3 Aufrüstung heißt deutscher Bruderkrieg

Nach seinem Rücktritt als Bundesinnenminister setzt sich Gustav Heinemann am 13. Oktober 1950 mit Adenauers Politik der Wiederbewaffnung auseinander:

Für Sicherheit gegen inneren Umsturz haben wir selber zu sorgen. Die Sicherheit gegen Angriffe von außen ist Sache der Besatzungsmächte. Sie kann nur von den Besatzungsmächten der Bundesrepublik, das heißt den Westmächten,
5 gewährleistet werden.
Es ist nicht unsere Sache, eine deutsche Beteiligung an militärischen Maßnahmen nachzusuchen oder anzubieten. Wenn die Westmächte unserer Mitwirkung zu bedürfen glauben, so mögen sie an uns herantreten und dabei verbindlich sagen,
10 welches die Grundlagen einer etwa von ihnen gewünschten deutschen Mitwirkung sein sollen. Nachdem es eines der vornehmsten Kriegsziele der Alliierten gewesen ist, uns zu entwaffnen und auch für die Zukunft waffenlos zu halten und das deutsche Volk zu einer jedem Militärwesen abholden
15 (= abgeneigten) Geisteshaltung zu erziehen, haben wir allen

Anlass, auf gegenteilige Aufforderungen so zurückhaltend wie nur möglich zu reagieren.
Der einfache Satz: „Wir müssen uns verteidigen können", genügt keinesfalls. Ein europäischer Krieg unter unserer
20 Beteiligung wird für uns nicht nur ein nationaler Krieg sein, wie für die anderen betroffenen Völker, sondern obendrein ein Krieg von Deutschen gegen Deutsche. Er wird sich, so wie die Dinge liegen, auf deutschem Boden abspielen. Wir legitimieren unser Deutschland selbst als Schlachtfeld, wenn
25 wir uns in die Aufrüstung einbeziehen. Ich weiß, dass es zur Zeit irreal ist, an eine Verständigung unter den Weltmächten über Deutschland zu denken. Wer aber möchte sagen, dass es auch morgen irreal sein wird?

Zitiert nach: Winfried Reichert: Die Deutsche Frage, Würzburg (Ploetz) 1974, S. 75ff.

M4 Plakat *(um 1955)*

1 Konrad Adenauer wurde vom amerikanischen Magazin „Time" zum Mann des Jahres 1953 gewählt. Zähle einige seiner Leistungen auf, die diese Auszeichnung begründen (M1).

2 Erläutere das Konzept des französischen Außenministers Schuman (M2).

3 Vergleiche die französische Politik gegenüber Deutschland nach dem Ersten Weltkrieg (Versailler Vertrag, Vertrag von Locarno) und nach dem Zweiten Weltkrieg (M2–M3).

4 Führt ein Streitgespräch zwischen Adenauer und Heinemann über Wiederbewaffnung und Westbindung (M3–M4 und Autorentext).

5 Informiere dich über die weitere Laufbahn des Politikers Gustav Heinemann (Lexikon, Internet).

Deutsche „Kreditwürdigkeit"

Regelung der deutschen Auslandsschulden. Als eine entscheidende Voraussetzung für die Rückkehr in die internationale Gemeinschaft verlangten die drei Westmächte von der jungen Bundesrepublik eine rasche Regelung der deutschen Staatsschulden im Ausland. Aber die schon kurz danach diskutierte Summe von ca. 13 Milliarden DM überstieg den Bundeshaushalt um ein Vielfaches. Vertreter von Banken und der Industrie rechneten mit einem schnellen wirtschaftlichen Aufstieg der Bundesrepublik und drängten auf eine baldige Lösung. Sie wollten verhindern, dass durch eine bessere Zahlungsmöglichkeit höhere Summen eingefordert werden würden. In zähen Verhandlungen gelang es der deutschen Delegation ab Sommer 1951, die Forderungen zu senken. Darüber hinaus setzte sie durch, eine Schuldentilgung nur dann durchführen zu müssen, wenn keine weiteren Reparationsforderungen mehr erhoben werden würden. Im Februar 1952 legte man die deutschen Verbindlichkeiten auf der Londoner Schuldenkonferenz fest und vereinbarte lange Laufzeiten für die Rückzahlungen. Damit konnte die Bundesrepublik auch wieder ausländische Kredite erhalten. Das sich ständig beschleunigende Wirtschaftswachstum bestätigte zudem den ausgesprochen günstigen zeitlichen Termin für dieses Abkommen.

Wiedergutmachungsabkommen mit Israel. Psychologisch und politisch erheblich schwieriger gestaltete sich eine vertragliche Regelung über Wiedergutmachungszahlungen an den Staat Israel. Erste jüdische Forderungen kurz nach dem Krieg waren auf den Reparationskonferenzen von den Alliierten nicht miteinbezogen worden. Am 12. März 1951 erreichte die vier Alliierten eine israelische Note, in der gegenüber der Bundesrepublik eine Forderung von 1,5 Milliarden Dollar erhoben wurde. Dies war mehr als die Hälfte der Summe, die Westdeutschland aus dem Marshallplan von 1948 bis 1952 erhalten hatte. Während die UdSSR überhaupt nicht antwortete, erklärten sich die Westalliierten nicht in der Lage, Bonn die Zahlungen von Reparationen an Israel aufzuerlegen. Für Israel blieb damit nur noch der Weg über direkte Kontakte mit der deutschen Regierung, was in Israel einen Sturm der Entrüstung auslöste.

Nach schwierigen Abstimmungsgesprächen mit der israelischen Regierung über den Text einer Regierungserklärung bekannte sich Kanzler Adenauer im September 1951 vor dem Bundestag zur moralischen Verpflichtung materieller Wiedergutmachung und ließ im Kanzleramt die zumeist geheimen Verhandlungen koordinieren. Außenpolitisch geriet die Bundesrepublik damit unter großen Druck der arabischen Staaten, die das deutsche Vorgehen scharf verurteilten und mit dem Abbruch der Handelsbeziehungen drohten. Auch in Deutschland waren diese besonderen Leistungen an den Staat Israel im Gegensatz zu den anerkannten Zahlungen an die individuellen jüdischen Opfer umstritten. Doch Adenauer blieb, trotz eines vereitelten Bombenattentats gegen ihn, hart. Er akzeptierte im Dezember 1951, ohne das Kabinett zu informieren, die israelische Note an die Alliierten. Schließlich wurde im September 1952 eine Vereinbarung über Sachlieferungen und Geldleistungen in Höhe von ca. 3,5 Milliarden DM auf 12 Jahre abgeschlossen. Bei der Ratifizierung im Bundestag erhielt das Abkommen alle Stimmen der sozialdemokratischen Opposition, während eine Reihe von Abgeordneten der Regierungsparteien ihre Stimme verweigerte. Zu einer offiziellen Annäherung zwischen der Bundesrepublik und Israel kam es jedoch zunächst noch nicht; in Köln wurde lediglich eine „Israel-Mission" eingerichtet.

M1 Der israelische Ministerpräsident Ben Gurion und Bundeskanzler Konrad Adenauer
Das erste offizielle Zusammentreffen der beiden Regierungschefs fand am 14. März 1960 in New York statt.

M2 Auszug aus der Regierungserklärung von Bundeskanzler Adenauer am 27. September 1951

... Im Namen des deutschen Volkes sind ... unsagbare Verbrechen begangen worden, die zur moralischen und materiellen Wiedergutmachung verpflichten, sowohl hinsichtlich der individuellen Schäden, die Juden erlitten haben, als auch
5 das jüdische Eigentum, für das heute individuell Berechtigte nicht mehr vorhanden sind ... Die Bundesregierung wird für den baldigen Abschluss der Wiedergutmachungsgesetzgebung und ihre gerechte Durchführung Sorge tragen.
Ein Teil des identifizierbaren jüdischen Eigentums ist zurück-
10 erstattet. Weitere Rückerstattungen werden folgen. Hinsichtlich des Umfanges der Wiedergutmachung – in Anbetracht der ungeheuren Zerstörung jüdischer Werte durch den Nationalsozialismus ein sehr bedeutendes Problem – müssen die Grenzen berücksichtigt werden, die der deutschen
15 Leistungsfähigkeit durch die bittere Notwendigkeit der Versorgung der zahllosen Kriegsopfer und der Fürsorge für die Flüchtlinge und Vertriebenen gezogen sind.
Die Bundesregierung ist bereit, gemeinsam mit den Vertretern des Judentums und des Staates Israel, der so viele hei-
20 matlose jüdische Flüchtlinge aufgenommen hat, eine Lösung des materiellen Wiedergutmachungsproblems herbeizuführen, um damit den Weg zur seelischen Bereinigung unendlichen Leides zu erleichtern ...
Zitiert nach: Deutscher Bundestag. Stenografische Berichte, 1. Wahlperiode, 27. September 1951, S. 6697f.

▨ M3 Der französische Historiker Alfred Grosser über die Wiedergutmachungspolitik Konrad Adenauers

Die Gegenwärtigkeit der Vergangenheit hat sich seit 1949 auf die Festlegung einer Außenpolitik ausgewirkt. Bundeskanzler Adenauer beschloss, ein zugleich achtbares, einträgliches und schwieriges Spiel zu spielen. Die entsetzliche
5 Erbschaft musste akzeptiert werden, um die internationale Ehrenhaftigkeit wiederzuerlangen und zu erreichen, dass die Bundesrepublik als einziger wirklicher Nachfolger des deutschen Einheitsstaates akzeptiert werde ...
Der Bundeskanzler brachte zum ersten Mal den Wunsch des
10 deutschen Volkes, „jedes Unrecht wiedergutzumachen, das in seinem Namen durch ein verbrecherisches Regime den Juden zugefügt worden ist" in einem Interview mit der „Allgemeinen Wochenzeitung der Juden in Deutschland" zum Ausdruck, das am 25. November 1949 veröffentlicht wurde.
15 Anderthalb Jahre lang mussten schwierige Kontakte indirekt und heimlich mit den Politikern des Staates Israel und auf weniger heikle Weise mit dem jüdischen Weltkongress und seinem Präsidenten Nahum Goldmann gepflogen werden,
20 ehe am 27. September 1953 die feierliche Erklärung im Bundestag gegeben werden konnte ...
Als nach langen, mühseligen und wechselhaften Verhandlungen der Vertrag in Luxemburg in einer eisigen Atmosphäre unterzeichnet worden war, waren die Einstellungen bereits verändert. Auf israelischer Seite fand die Regierung im
25 Parlament eine Mehrheit, die sich damit abfand, die Verhandlungen und den Vertrag zu billigen, während sich in Deutschland die Ratifizierung als sehr viel schwieriger erwies als die Billigung der Grundsatzerklärung ...
Für die Ablehnung gab es drei verschiedene, doch unter-
30 einander zusammenhängende Gründe: das Ausmaß der Schuldanerkennung, der Umfang der Belastungen durch die Ausführung des Vertrages und die Furcht, den arabischen Markt zu verlieren. Die drei Milliarden Mark, die Israel in Form von Krediten und Warenlieferungen zugesagt waren,
35 stellten damals tatsächlich eine beträchtliche Summe dar, selbst wenn der spätere Reichtum der Bundesrepublik ihre relative Bedeutung vermindert hat.
... Bis dahin waren Abmachungen und Kontakte zustande gekommen, ohne dass die Beziehungen sich normalisierten, zu-
40 erst, weil die Israelis nicht wollten, dann, weil die deutschen Politiker zögerten. Das spektakuläre Teffen der beiden „Alten", David Ben Gurion und Konrad Adenauer, am 14. März 1960 in New York kennzeichnete einen optimalen Augenblick.
Zitiert nach: Alfred Grosser: Geschichte Deutschlands seit 1945. Eine Bilanz, München (= dtv TB, Nr. 1007) [8]1980, S. 431ff. Übers. von Roberta Hail und Margret Carroux © Carl Hanser Verlag

1 Kläre, in welcher weltpolitischen Situation sowohl die Londoner Schuldenkonferenz stattfand als auch das Wiedergutmachungsabkommen mit Israel abgeschlossen wurde (Autorentext).

2 Nenne die Argumente, mit denen Adenauer Wiedergutmachungszahlungen in seiner Regierungserklärung begründete (M2) und wodurch er Grenzen für diese Zahlungen setzte.

3 Beschreibe anhand des Textes von Grosser (M3), wie sich die Beziehungen zwischen der Bundesrepublik und dem Staat Israel zwischen 1949 und 1960 veränderten. Beziehe auch M1 mit ein.

Plan oder Markt – Wege zum Wohlstand für alle

Schlüsselrolle der Wirtschaft. Nach den Zerstörungen des Kriegs und der Not der Nachkriegsjahre sehnten sich die Menschen nach Sicherheit und Wohlstand. Darin lag auch eine Herausforderung für die Politik. Die Akzeptanz von Demokratie oder Sozialismus hing wesentlich davon ab, ob es gelang, Arbeit und Einkommen zu sichern und Güter gerecht zu verteilen. Entsprechend ihrer Einbindung in unterschiedliche Systeme wurde diese gemeinsame Herausforderung in Ost- und Westdeutschland auf unterschiedliche Weise beantwortet.

Sozialistische ▸ Planwirtschaft. In der DDR trieb man seit 1952 den „planmäßigen Aufbau des Sozialismus" voran. Da alle Betriebe vom Staat kontrolliert wurden, konnte es Konkurrenz und freie Preisbildung nicht mehr geben. Vielmehr legte eine staatliche Planungskommission jeweils auf fünf Jahre fest, welche Güter in welchen Mengen hergestellt werden sollten. Auf diese Weise steigerte die DDR ihre Wirtschaftsleistung bis 1960 um das Zweieinhalbfache; die Bevölkerung war mit den Gütern des Grundbedarfs ausreichend versorgt. Da jedoch der Anreiz, Gewinne zu machen, fehlte, wurden zu wenig neue Ideen entwickelt, Produkte blieben jahrelang die gleichen, Mitarbeiter waren wenig motiviert. Zunehmend kam es zu Engpässen in der Versorgung, Preise stiegen, die Qualität der Waren nahm ab.

Soziale Marktwirtschaft. In den Westzonen waren seit 1946 die Weichen hin zu einer liberalen Wirtschaftsordnung gestellt worden. Das Kapital, d. h. Fabriken und Maschinen, sollte sich in Privatbesitz befinden, verschiedene Firmen um die Gunst der Käufer konkurrieren können. Diejenigen Firmen, die die beste Qualität zu den günstigsten Preisen anböten, würden sich durchsetzen und Gewinne machen. Der „Markt", das Wechselspiel von Angebot, Nachfrage und Preisbildung, sollte also die Wirtschaft regeln. Zugleich traf man Vorsorge, um die Arbeitnehmer vor den Wechselfällen der Wirtschaft wie Firmenzusammenbrüchen und Arbeitslosigkeit und vor allzu großer Macht des Kapitals zu schützen. Wirtschaftstheoretiker formulierten den Grundsatz, der Staat dürfe nicht als liberaler „Nachtwächterstaat" die Wirtschaft ihren eigenen Regeln überlassen, sondern müsse als Sozialstaat mit Gesetzen zugunsten der Schwächeren eingreifen. Diese Ideen vertrat auch Ludwig Erhard, der erste Wirtschaftsminister der Bundesrepublik. In den Betrieben wurde die Mitbestimmung der Arbeitnehmer eingeführt, bei Krankheit wurden Löhne weiter gezahlt, Eltern erhielten Kindergeld; die Renten passte man an die wachsenden Einkommen an.

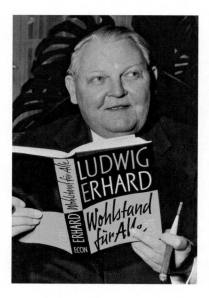

M1 Ludwig Erhard *(Er war von 1949 bis 1963 Wirtschaftsminister und einer der Väter der ▸ sozialen Marktwirtschaft.)*

„Wirtschaftswunder". Die wachsenden Sozialausgaben konnten finanziert werden, weil die Bundesrepublik mit Beginn der 50er-Jahre einen bisher ungekannten Wirtschaftsaufschwung erlebte. Dafür hatten Marshallplanhilfe und die Währungsreform (s. S. 86f.) Grundlagen gelegt. Die Binnennachfrage schnellte nach oben, weil die Westdeutschen nun die Güter kauften, die im Krieg und in der Nachkriegszeit unerreichbar gewesen waren – Kühlschränke, Fernsehapparate, Autos. Die zehn Millionen Vertriebenen aus den Ostgebieten verstärkten die Nachfrage und trugen mit ihrem Fachwissen zum Aufschwung bei. Ein wichtiger Faktor wurde der Koreakrieg (s. S. 102f.). Er veranlasste die Staaten des Westens dazu, statt Güter des zivilen Bedarfs verstärkt Rüstungsgüter zu produzieren. Die Bundesrepublik, die bis 1955 keine Armee besitzen durfte, konnte in die Lücke springen und die westliche Welt, z. B. mit Maschinen, Elektrogeräten oder Autos, versorgen. Überall wurden nun zerstörte oder veraltete Fabriken und Maschinen durch neue Anlagen ersetzt. Die Bundesrepublik trat ihre Rolle als „Exportweltmeister" an.

M2 Werbeplakat für den ersten Fünfjahresplan *(1951–1955). In der Bildmitte: Walter Ulbricht, der Vorsitzende der SED*

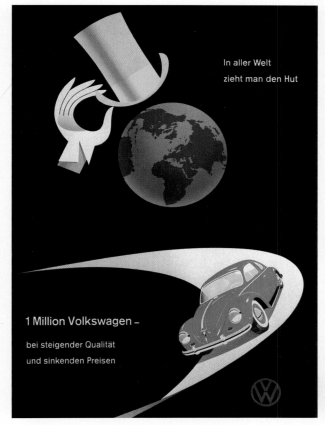

M3 Westdeutsches Werbeplakat *(1955)*

M4 Einstellungen zur Arbeit

In einem Fahrradladen in Halle verkaufte eine Verkäuferin jahrelang grundsätzlich nichts aus dem Lagerraum. Sie hatte keine Lust, nach hinten zu gehen, womöglich noch auf die Leiter zu steigen. Lagen die Artikel nicht griffbereit im Ver-
5 kaufsraum, gab es sie nicht. Die Kunden verwunderte das kaum, sie waren daran gewöhnt, die einfachsten Dinge nicht zu bekommen. Nach zwei Jahren fiel der HO-Zentrale (Handelsorganisation) der überhöhte Lagerbestand und der niedrige Umsatz auf. Die Verkäuferin wurde – ein seltener Fall in
10 der DDR – fristlos entlassen.
Das Gefühl des DDR-Bürgers für Zeit ist von besonderer Art. Das russische „wso budjet" = es wird schon werden, ist zur Normalität geworden. Das amerikanische „time is money" kommt niemandem in den Sinn. Langjährige Erfahrung lehrt,
15 dass es in der zentral geleiteten Wirtschaft vollkommen sinnlos ist, sich bei der Arbeit „zu überschlagen". Arbeitet man schnell, ist das Material schnell verbraucht, es stoppt die Zu-

lieferung, es entstehen Wartezeiten. Schafft man sein Pensum vorfristig, muss man dennoch die Arbeitszeit absitzen.
Zitiert nach: Irene Böhme: Die da drüben. Sieben Jahre DDR, Berlin (Rotbuch) 1986, S. 28ff.

1 Stelle in einer Tabelle die Merkmale der sozialistischen Planwirtschaft und der sozialen Marktwirtschaft einander gegenüber (M1 und Autorentext).
2 Vergleiche die beiden Plakate (M2–M3) und erläutere, welche Gesichtspunkte des jeweiligen Wirtschaftssystems herausgestellt werden.
3 Erkläre das Verhalten der Verkäuferin in Halle (M4). Überlege, welchen Anforderungen sie z. B. in Westdeutschland hätte genügen müssen.
4 Diskutiert Vorzüge und Nachteile einer freien und einer geplanten Wirtschaft (M1–M4).

„Wir sind wieder wer!" – Die Bundesrepublik in der Ära Adenauer

Modernisierung. Die ungewöhnlich lange Hochkonjunktur in der Folge des „Wirtschaftswunders" erzeugte einen zunehmenden Bedarf an Arbeitskräften. Die Arbeitslosenzahlen sanken, 1955 kamen die ersten „Gastarbeiter" aus Italien (s. S. 130f.). Die Heimatvertriebenen und Flüchtlinge erhielten Entschädigung für verlorenes Hab und Gut, das Versorgungsgesetz milderte das Los vieler Kriegsgeschädigter. Die kriegszerstörten Städte wurden im nüchtern-modernen Stil der 50er-Jahre wieder aufgebaut, der soziale Wohnungsbau gefördert. Immer mehr Haushalte legten sich Fernsehgeräte, Telefone und Autos zu.

Im Zeichen hoher Wachstumsraten vollzog sich ein tiefgreifender sozialer Wandel. Der Anteil der Personen, die in der Landwirtschaft arbeiteten, aber auch der Selbstständigen und der Arbeiter sank ständig; immer mehr Menschen wurden als Angestellte in Dienstleistungsbereichen beschäftigt. Gesellschaftliche Gegensätze verloren an Schärfe, vermehrt kamen Westdeutsche zu Wohlstand und zählten sich zur Mittelschicht.

Die zunehmende Motorisierung bescherte den Westdeutschen eine neue Mobilität. Immer mehr Bundesbürger konnten sich Urlaub leisten, Zehntausende fuhren nach Österreich oder Italien.

M1 Ankunft deutscher Urlauber in Italien in den 50er-Jahren

Politische Stabilität. Der allgemeine Wohlstand war einer der Gründe dafür, dass die Ordnung des Grundgesetzes akzeptiert wurde; eine breite Opposition von rechts gegen die parlamentarische Demokratie wie in der Weimarer Republik gab es in der Bundesrepublik nicht. Im Gegensatz zur DDR, wo die Entwicklung schleppend verlief, entzog der Wirtschaftsaufschwung ▶ dem Kommunismus seinen letzten Rückhalt in der westdeutschen Arbeiterschaft. Die regierende CDU/CSU profitierte von dieser Entwicklung. 1957 gewann sie die absolute Mehrheit; noch nie hatte eine Partei bei freien Wahlen in Deutschland ein solches Ergebnis erzielt. Bundeskanzler Adenauer stand auf dem Höhepunkt seiner Macht und konnte seine Stellung bis 1963 behaupten.

Keine Experimente!
Konrad Adenauer CDU

M2 Wahlplakat *1957*

M3 Löhne und Preise

Im Land der großen Mitte stellte man mit geschwellter Brust, in einen Ausruf Ludwig Erhards einstimmend, fest: „Wir sind wieder wer!" Man blickte um sich und sah ein Land, in dem Milch und Honig flossen. Die neue zentrale Figur war der
5 „kleine Mann": Er hatte mehr Freizeit als jemals zuvor; der Tourismus machte ihn zum Weltbürger; er vertraute der Vollbeschäftigung auf Dauer; er hatte mehr Geld als früher und gab es leichter aus. Entsprach auch die Wirklichkeit nicht solcher Euphorie – es ging aufwärts: 1950 musste ein
10 Industriearbeiter noch für 1 kg Bohnenkaffee 22 Stunden und 37 Minuten, für 1 kg Kotelett 4 Stunden und 35 Minuten, für 1 kg Zucker 1 Stunde arbeiten; 1959 hatte er mit 6,15 Stunden 1 kg Kaffee, mit 2 Stunden 25 Minuten 1 kg Kotelett und mit 26 Minuten 1 kg Zucker sich erarbeitet.
15 1950 kosteten gute Schuhe 2 Arbeitstage, ein Rundfunkgerät 15 Arbeitstage, ein Leichtmotorrad 56,5 Arbeitstage, ein Volkswagen 493 Arbeitstage; 1959 musste man für Schuhe 10 Stunden 42 Minuten, für ein Rundfunkgerät 13,5 Arbeitstage, für ein Leichtmotorrad 21 Arbeitstage und für den
20 Volkswagen 174 Arbeitstage aufwenden.

Zitiert nach: Hermann Glaser: Deutsche Kultur 1945–2000, München/Wien (Hanser) 1997, S. 217.

M4 Triumphfahrt der Weltmeistermannschaft von 1954 durch München

M5 Die Fußballweltmeister und das „Wirtschaftswunder"

(Am 4. Juli 1954 schlug) der Außenseiter Bundesrepublik Deutschland im Endspiel um die Fußballweltmeisterschaft in der Schweiz im Berner Wankdorf-Stadion die seit Jahren unbesiegten Ungarn 3:2. Das „8. Weltwunder" war geschehen,
5 wusste die Illustrierte „Quick" im Jahr 1954. In einem Inserat im „Spiegel" (las man), zwei Monate nach der Fußballweltmeisterschaft, aber das „ganze Geheimnis des deutschen Fußballwunders: Es ist letztlich gar kein Wunder, sondern das Resultat gesunden Unternehmer-Geistes, uneigennütziger
10 Arbeit, sportlicher Leistungskraft und ehrlicher Begeisterung, für die Sache des Sports".
Am 5. Juli 1954 schickte die Bundesbahn einen Sondertriebwagen. In Spiez bei Bern ging die Fahrt los. Sie führte über Schaffhausen und Singen nach Konstanz, dann den Bodensee
15 entlang nach Lindau, von dort durch das Allgäu nach München. Der Triumphzug der Fußballweltmeisterschaft 1954 brachte in zwei Tagen mindestens eine Million Menschen auf die Beine. Im Alltag des westdeutschen Volkes ist dies der zweite große Meilenstein. (In) der westdeutschen Nachkriegsge-
20 schichte ragt als erstes großes Datum die Währungsreform vom 20. Juni 1948 heraus, als die Schaufenster wieder voll wurden. Die Fußballweltmeister 1954 und der Triumphzug förderte die Vorstellung des Wirtschaftswunders. Auf dem Triumphzug erhielt (die siegreiche Mannschaft) die Grund-
25 ausstattung des „Wirtschaftswunders": Motorroller, Kühlschränke, Fernsehgeräte, Maggiprodukte. Wer lang ausharrt, bescheiden und kameradschaftlich ist, kommt irgendwann einmal zu seinem materiellen Glück. In der Kameradschaft waren alle, die anpacken wollten, eingeschlossen.

30 (In Singen) hatten Stadtgärtnerei und Bauamt sorgfältig den Empfang vorbereitet. Die „Schaffhauser Nachrichten" beobachteten: „Herr Oberbürgermeister Diez versuchte im Lärm der riesigen Volksmasse, die über die Perrons (= Bahnsteige) hinaus bis auf den Bahnhofsplatz reichte, eine Ansprache zu
35 halten. Sie ging aber im Begeisterungssturm unter". Bei der Stadtmusik hatte man lange überlegt, ob man die Nationalhymne oder einen Marsch spielen sollte, (und schließlich) die Noten der Nationalhymne aufgesteckt. Doch die Stadtmusiker konnten in dem Gedränge kaum die Arme bewegen,
40 noch weniger die Noten ...
In München hatte der Löwenbräukeller zwölf Schweine, zehn Kälber und einige Rinder schlachten lassen. 40 000 Liter Münchner Bier waren in Fässern herangerollt. Nach dem Triumphzug hatte Hans Glas die Spieler noch nach Dingolfing
45 gelockt. Dort standen seine Goggomobil-Werke ... Im Fußballstadion herrschte eine prächtige Stimmung. Auf dem Podium standen grüne Goggomobil-Motorroller in der Luxus-Ausführung – für die Spieler und ihren Trainer.
Das war die Zeit der Goggomobile. Zum trauten Heim gehör-
50 te der vierrädrige Glücksbringer dazu. Dazu muss das Auto in den Vorstellungen durchgesetzt werden. Die Fußballweltmeister waren willkommene Pioniere der Mobilität.
Zitiert nach Alfred Frei (© Singener Wochenblatt 1999):
http://www.wochenblatt.net/zeiten/texte/1954.htm

1 Übertrage die Zahlenangaben in M3 in eine Grafik und erläutere sie.
2 Beschreibe die Bundesrepublik in den 50er-Jahren hinsichtlich Akzeptanz bei den Bürgern, Stabilität des politischen Systems und Wirtschaftslage (M1–M5).
3 Erläutere die historische und politische Bedeutung der Fußballweltmeisterschaft von 1954 (M4–M5).

■ **GESCHICHTE AKTIV / KREATIV**
Projektidee: „Fußball 1954 : 2006"
Vergleicht die beiden Fußballweltmeisterschaften: Ablauf, Teilnehmerzahl, Stimmung, sportliche Fairness, Siegesfeier und vieles mehr. Erstellt aus den gesammelten Materialien eine Dokumentation (Wandzeitung, Power-Point-Präsentation). Eine Zeitzeugenbefragung könnte auch sehr ergiebig sein.

V Trabi und Audi – zwei deutsche „Verwandte"

1909 August Horch gründet in Zwickau eine Autofabrik. Als Firmennamen wählt er „Audi", die lateinische Übersetzung seines Nachnamens.

1916 Die Zschopauer Maschinenfabrik Jörgen S. Rasmussen entwickelt Dampfkraftwagen (DKW). Nach dem Krieg werden Motorräder und Autos hergestellt.

M1 Markenzeichen

1932 In der Weltwirtschaftskrise verbinden sich die Fahrzeughersteller Horch, Audi (beide Zwickau), die DKW Motorradwerke Zschopau und die Chemnitzer Wandererwerke unter Führung der sächsischen Staatsbank zur Auto Union AG. Die vier Ringe werden das Markenzeichen der neuen Firma. Der Konzern produziert auch Rennwagen und steigt zum zweitgrößten Automobilhersteller nach Opel auf.

Im Zweiten Weltkrieg wird der zivile PKW-Bau eingestellt, die Auto Union produziert Rüstungsgüter.

1946 Die Werke der Auto Union werden *verstaatlicht* und sind jetzt „Volkseigene Betriebe" (VEB). Horch wird zum VEB Sachsenring, Audi zum VEB Automobilwerke Zwickau.

Führende Mitarbeiter wandern nach Bayern ab und nehmen Konstruktionspläne mit.

1948 Im Zwickauer Audi-Werk beginnt die Serienproduktion von Autos; bis 1955 werden rund 28 000 Stück hergestellt. Ferner wird das Motorrad DKW RT 125 gebaut.

1958 Die beiden Zwickauer Werke schließen sich zum VEB Sachsenring Automobilwerke Zwickau zusammen. Die Serienproduktion des Trabant P 50 beginnt. Er hat eine *Duroplastkarosserie*.

1973 Der einmillionste Trabant wird ausgeliefert. Das Konzept hat sich in 15 Jahren *kaum geändert*.

1988 Der *Preis* für den Trabant ist von ursprünglich 7 450 MDN (Mark der Deutschen Notenbank) auf 15 000 MDN gestiegen. Die Wartezeit nach der Bestellung beträgt 15 Jahre. Auf dem *Schwarzmarkt* ist ein fabrikneuer „Gebrauchter" für 20 000 MDN zu bekommen. Volkswagen liefert eine komplette Anlage zur Herstellung von Viertaktmotoren.

1991 Der letzte Trabant, ein pinkfarbenes Modell mit breiter Spur, Blechmotorhaube, Viertaktmotor und Scheibenbremsen, läuft vom Band. Insgesamt sind ca. drei Millionen Stück hergestellt worden.

M2 Werbung für den Trabant *(ca. 1960)*

M3 Auslieferung des ▶ **letzten Trabant** *(1991)*

1949 Mit Krediten der bayerischen Staatsregierung und *Marshallplangeldern* entsteht in Ingolstadt ein neuer Standort der Automobilindustrie: Am 3. September wird die Auto-Union GmbH gegründet. Die technischen Grundlagen – Frontantrieb und Zweitaktmotor – sind schon vor dem Krieg in Sachsen entwickelt worden. Unter der Bezeichnung DKW werden zunächst ein kleines, robustes Motorrad (RT 125 W – für „West") und ein Lieferwagen produziert.

1950 Im August wird der erste Nachkriegs-Personenwagen der Auto-Union hergestellt, das Modell DKW Meisterklasse F 89 P als Limousine und viersitziges Karmann Cabriolet.

1958 Daimler-Benz übernimmt die Auto Union. 1963 kommt erstmals ein Wagen dieser Klasse mit *Scheibenbremsen* auf den Markt. Die *Motorleistung* der DKW-Modelle wird bis auf 45 PS *gesteigert*.

1964 Volkswagen übernimmt die Auto Union. Die Motorisierung wird *auf Viertakt-Motoren umgestellt*. Der Markenname „DKW" wird aufgegeben, weil er allzu stark mit dem Zweitaktmotor verbunden ist. Statt dessen wird wieder der alte Name „Audi" benutzt.

M4 Werbung für ein DKW-Motorrad *(1956)*

DKW *Programm 1958*

M5 DKW-Werbung
(1958)

M6 Internationale Automobil Ausstellung
(Frankfurt 2005).

1 Entwickle anhand der Texte dieser Doppelseite einen „Stammbaum" der Herstellerfirmen von Trabant und Audi (Heft, Wandplakat).

2 Erläutere die Firmengeschichten nach dem Zweiten Weltkrieg mithilfe der Texte auf Seite 84 und Seite 114–117. Gehe dabei besonders auf die *kursiv* gedruckten Begriffe dieser Doppelseite ein.

3 Zeige, welche Vorstellung von der Rolle von Frauen und Männern und welches Bild der Familie in den Werbeplakaten M4 und M5 deutlich wird.

4 Eine Automarke für alle oder eine Auswahl von verschiedenen Herstellern? Diskutiert die Vor- und Nachteile.

Die DDR wird Teil des östlichen Bündnisblocks

Deutsch-deutsche Parellelen. Zwischen 1950 und 1955 wurde die DDR fest in den Ostblock eingebunden. Dieser Prozess lief ähnlich ab wie die Westbindung der Bundesrepublik (s. S. 110f.): Am Anfang stand die wirtschaftliche Integration, es folgte der Aufbau von Streitkräften, die Einbeziehung in das jeweilige Bündnissystem und die Gewinnung der staatlichen Souveränität. Häufig erschienen die Schritte in der DDR als unmittelbare Reaktionen auf entsprechende westliche Beschlüsse.

Wirtschaftliche Verflechtung. 1950 wurde die DDR in den „Rat für gegenseitige Wirtschaftshilfe" (RGW) aufgenommen. Seine Aufgabe war es, die Zusammenarbeit der Ostblockstaaten und die Spezialisierung der Volkswirtschaften zu fördern. So belieferte die DDR die Partner u. a. mit Fischverar-

beitungsschiffen und chemischen Produkten; im Gegenzug erhielt sie Omnibusse aus Ungarn und große Traktoren sowie Diesellokomotiven aus der Sowjetunion. Innerhalb des RGW erbrachte die DDR die zweithöchste Wirtschaftsleistung nach der UdSSR.

M1 DDR-Briefmarke *(1974)*

Abgrenzung vom Westen und Militarisierung. Nachdem Adenauer und die Westmächte den Vorschlag, ein neutrales Gesamtdeutschland zu schaffen, 1952 abgelehnt hatten, war die Einheit Deutschlands für Stalin nicht mehr Ziel seiner Politik. Die SED verkündete jetzt offiziell den „planmäßigen Aufbau des Sozialismus" in der DDR (s. S. 114); die Grenze zur Bundesrepublik wurde systematisch abgeriegelt und befestigt.

1952 entstand neben der allgemeinen auch eine militärisch organisierte „Kasernierte Volkspolizei". Sie erhielt sowjetische Ausbildung und Ausrüstung; die Jugendorganisation der Partei, die FDJ (Freie Deutsche Jugend), warb für den Eintritt in die „Nationalen Streitkräfte". Kurz zuvor war die „Gesellschaft für Sport und Technik" gegründet worden, die sich um die vormilitärische Ausbildung der Jugend kümmern sollte.

Nachdem die Bundesrepublik am 9. Mai 1955 Mitglied der NATO geworden war, dauerte es keine Woche bis zur sowjetischen Reaktion. Am 14. Mai gründeten die UdSSR, Polen, die Tschechoslowakei, Ungarn, Rumänien, Bulgarien, Albanien sowie die DDR den Warschauer Pakt. Das Oberkommando hatte ein sowjetischer Marschall. Ihm unterstanden die Truppen der DDR auch in Friedenszeiten. Diese wurden 1956 in „Nationale Volksarmee" (NVA) umbenannt.

M2 Offiziere der „Nationalen Volksarmee" (NVA) auf einem Lehrgang in der Sowjetunion
98 % der NVA-Offiziere waren Mitglieder der SED.

Ein selbstständiger Staat? Am 20. September 1955 schlossen UdSSR und DDR einen Vertrag ab, der die Souveränität der DDR feststellte und die fortbestehende Stationierung der sowjetischen Truppen regelte: 20 Divisionen, etwa 400 000 Mann, sollten in der DDR präsent sein. (In Polen, der Tschechoslowakei und in Ungarn waren es jeweils zwei bis vier Divisionen.) In einer Erklärung bekräftigten die Sowjets ihre Rechte und Verpflichtungen in Bezug auf Gesamtdeutschland.

Ab dem Jahr 1956 standen sich auf beiden Seiten der innerdeutschen Grenze auch deutsche Armeen gegenüber, die fest in ihren jeweiligen Block eingebunden waren. Damit wurde die Zweistaatlichkeit Deutschlands für lange Zeit festgeschrieben.

M3 Die „Staatsgrenze West" der DDR zwischen Thüringen und Hessen

M5 Wachtturm und DDR-Grenzsoldaten

M4 Die Wiederbewaffnung aus Sicht der DDR

Die Eingliederung der BRD in die NATO erwies sich als eine entscheidende Zäsur (Einschnitt) in der nationalen Frage …
Die Pariser Verträge versperrten den Weg zur Bildung eines einheitlichen demokratischen deutschen Staates …

5 Nach dem Inkrafttreten der Pariser Verträge wurde mithilfe der USA die Bundeswehr in schnellem Tempo aufgebaut. Alle leitenden Positionen übernahmen ehemalige Generale der faschistischen Wehrmacht … Der BRD war die Rolle des Stoßkeils gegen den Sozialismus zugedacht. Die aggressivs-
10 ten Kräfte des Imperialismus glaubten, dass sie, gestützt auf die NATO, in absehbarer Zeit die Ergebnisse des Zweiten Weltkriegs und der Nachkriegsentwicklung revidieren und den Sozialismus „zurückrollen" könnten …
Die zunehmende Aggressivität des Imperialismus machte die
15 Aufstellung bewaffneter Streitkräfte der DDR notwendig. Am 18. Januar 1956 beschloss die Volkskammer das Gesetz über die Bildung der Nationalen Volksarmee. Die NVA wurde zunächst auf dem Prinzip der Freiwilligkeit aufgebaut. Die Offiziere, Unteroffiziere und Soldaten entstammten vor allem
20 der Arbeiterklasse und der werktätigen Bauernschaft, die Führungskader hatten sich im Kampf gegen den Faschismus bewährt.
(Die NVA) ist das militärische Machtinstrument der Arbeiterklasse und der anderen Werktätigen. In enger Waffenbrüder-
25 schaft mit der Sowjetarmee und den anderen Armeen der sozialistischen Verteidigungskoalition dient die NVA den Lebensinteressen des Volkes, dem Schutz des Sozialismus und der Sicherung des Friedens an der Westgrenze des sozialistischen Weltsystems.
Zitiert nach: Heinz Heitzer: DDR. Geschichtlicher Überblick, Berlin (Dietz) 1984, S. 114ff.

**M6
An der Grenze:
„Du bist wohl noch neu hier?"**
*(„Die Welt",
18. September
1961)*

1 Finde anhand der Flaggen heraus, welche Staaten Mitglieder des RGW waren (M1).

2 Stelle in einer Tabelle den Prozess der Blockeinbindung der Bundesrepublik und der DDR 1949–1956 zusammen. Nenne Parallelen und Unterschiede (Autorentext und S. 110f.).

3 Beschreibe die Grenzanlagen der DDR und erörtere ihren Zweck (M3 und M5–M6).

4 Arbeite aus M4 heraus, wie die Wiederbewaffnung in der DDR begründet wurde. Nimm kritisch Stellung dazu.

5 Erläutere, inwiefern die östliche Wirtschafts- und Verteidigungsgemeinschaft als „Block" bezeichnet werden kann (M1–M6).

Umbau nach sowjetischem Muster – die DDR in den 50er-Jahren

Mangelnde Versorgung. In der DDR waren die Ausgangsbedingungen für einen wirtschaftlichen Wiederaufbau schwieriger als in der Bundesrepublik (s. S. 88f.). Die Sowjetunion hatte die Annahme von Mitteln aus dem Marshallplan verhindert und konnte selbst keine Hilfe gewähren. Vielmehr entnahm sie bis 1954 Reparationen aus der DDR wie Bahngleise und Industrieanlagen. Die DDR besaß außer Braunkohle kaum Rohstoffe. Die Industrie Sachsens und Thüringens stellte traditionell hochwertige Fahrzeuge und Apparate her und war auf die Verbindung mit den schwerindustriellen Zentren im Ruhrgebiet und Oberschlesien sowie auf die nationalen und internationalen Märkte angewiesen. Durch die Grenzziehungen im Osten und im Westen waren diese Verbindungen zerrissen worden.

Im ersten Fünfjahresplan setzte die SED das Ziel, eine von westlichen Importen unabhängige Volkswirtschaft aufzubauen (s. S. 114f.). Dafür wurde, ähnlich wie in der Sowjetunion in den 30er-Jahren (s. S. 14f.), eine eigene Stahlindustrie aus dem Boden gestampft. Sie verschlang fast alle Investitionsmittel, für die Konsumgüterindustrie blieb wenig übrig. Die Folge war, dass die Menschen in der DDR nur unzureichend mit Kleidung, Möbeln, Haushaltsgeräten, Fahrzeugen, ja selbst Fleisch, Fett und Zucker versorgt wurden. Umso größer erschien der Unterschied zu den Lebensverhältnissen in der Bundesrepublik. Die Unzufriedenheit wuchs.

Volksaufstand vom 17. Juni 1953. Um den Plan zu erfüllen, erhöhte die SED im März 1953 die Arbeitsnormen, d. h. die zum gleichen Lohn geforderte Arbeitsleistung, um 10 %. Dagegen streikten im Juni Arbeiter in Berlin. Am 17. Juni erfasste die Welle der Streiks und Demonstrationen große Teile der DDR. Die Teilnehmer forderten nicht nur die Rücknahme der Normerhöhung, sondern den Rücktritt der Regierung, freie Wahlen und die deutsche Einheit. Der Westberliner Rundfunk berichtete ausführlich, Hilfe aus dem Westen erhielten die Aufständischen aber nicht. Nachdem die Volkspolizei die Kontrolle verloren hatte, wusste die SED-Führung keinen anderen Ausweg und rief die in der DDR stationierten sowjetischen Truppen zu Hilfe. Am Nachmittag des 17. Juni rasselten sowjetische Panzer durch die Straßen und schlugen die Aufstände nieder.

Die Partei sichert ihre Herrschaft. In der Folge des 17. Juni 1953 baute das Ministerium für Staatssicherheit („Stasi") sein Spitzelnetz aus. Unkontrollierter Widerstand war jetzt nur noch schwer möglich, aber Opposition hat es immer gegeben. 1954 nahm die SED ihre Politik des „planmäßigen Aufbaus des Sozialismus" wieder auf.

M1 Ausstellung „10 Jahre DDR" in Berlin *(1959)*

Im Bild links vorne: Walter Ulbricht

Die Menschen in der DDR hatten nur die Wahl, sich mit dem Regime abzufinden oder das Land zu verlassen (s. S. 124). Diejenigen, die blieben, fanden im privaten Freundeskreis oder durch Engagement bei den Kirchen mancherlei Freiräume, wo sie sich der Beeinflussung durch die Partei entziehen konnten. Vielen bot die sozialistische Neuordnung konkrete Vorteile: Es gab keine Arbeitslosigkeit, auch die Frauen waren aufgrund eines permanenten Arbeitskräftemangels in die Arbeitswelt einbezogen. Alle Schüler besuchten eine Einheitsschule (ab 1959 „Polytechnische Oberschule" mit 10 Klassen), auf den Universitäten wurden die Kinder von Bauern und Arbeitern bevorzugt. Auf diese Weise entstand eine neue Elite aus der bisherigen Unterschicht und ersetzte so die in den Westen Abgewanderten. Allerdings zeigte sich im Laufe der Jahre immer deutlicher, dass die Leistungsfähigkeit der Wirtschaft nicht ausreichte, um die Sozialpolitik der DDR zu finanzieren.

M2 Der Potsdamer Platz in Berlin am 17. Juni 1953

M3 Aus dem Bericht eines Volkspolizisten am 17. Juni 1953

Bei meinem gestrigen Einsatz konnte ich besonders feststellen, dass die größten Schreier und Aggressoren Jugendliche waren … Es wurden Losungen wie „Wir brauchen keine Volks-
5 armee, wir brauchen Butter!", „Wir fordern freie Wahlen!", „Wir rufen zum Generalstreik auf!" gerufen. Vielfach wurden von den Jugendlichen feindliche Haltungen gegenüber Parteigenossen eingenommen, die durch das Parteiabzeichen erkenntlich waren oder
10 durch ihre Argumente versuchten, (sie) von der Falschheit ihrer Haltung zu überzeugen. Besonders stark war das Geschreie, wenn Volkspolizisten erblickt wurden, wobei dann immer gerufen wurde: „Wir brauchen keine Nationale Verteidigungsarmee!".
15 Zwei Lautsprecherwagen wurden angegriffen. Von dem ersten Wagen wurden die Vorderscheiben mit Knüppeln eingeschlagen. Der zweite Wagen wurde dann in Gang gebracht und über die Lautsprecher die verschiedensten Parolen durchgegeben. So u. a.: „Heraus zum Generalstreik!". Vor
20 dem Gebäude des Zentralkomitees wurde die Zurücknahme der Normenerhöhung sowie die Abschaffung der Normen überhaupt gefordert, weiterhin eine 40%ige Senkung der HO-Preise (HO = Handelsorganisation; staatliche Unternehmen) verlangt …
25 In der Friedrichstraße gingen Gruppen von Jugendlichen, die in Sprechchören Folgendes riefen: „Wir sind am Ende unserer Qual, wir fordern freie Wahl!" … Hierbei konnte festgestellt werden, dass die Sprechchöre gut funktionierten, was darauf schließen lässt, dass westliche Elemente sowohl die Losungen wie auch das Aufrufen organisiert haben.
Zitiert nach: BpB/D-Radio/Zentrum für Zeithistorische Forschung Potsdam, Projekt „17. Juni 1953",
http://www.17juni53.de/chronik/530616/53-06-17_fdgb_nohr.pdf

M4 Lehren des 17. Juni

Ein moderner Historiker:
Zum einen ist die gewaltsame Niederschlagung einer spontanen Revolte eine nachhaltige Risikoerfahrung für die Bevölkerung gewesen. In künftigen Krisen sollte sich diese Erfahrung auf das politische Verhalten auswirken … Zum
5 anderen aber war der Aufstand der „führenden Klasse" gegen ihre „Vorhut" für die SED ein Schockerlebnis, das bis zum Ende des Arbeiter- und Bauern-Staates nachwirkte. An der politischen Linie, die 1952 auf der Zweiten Parteikonferenz formuliert worden war, hielt die SED zwar
10 auch künftig fest. … In der politischen Praxis aber ging man vorsichtiger und flexibler vor. Durch rechtzeitige Zugeständnisse sollte ebenso wie durch die Organisation von Kampfbereitschaft (der 1952 begonnene Aufbau von Betriebskampfgruppen wurde systematisch vorangetrieben)
15 eine Wiederholung derartiger systemerschütternder Krisen verhindert werden. Die Angst der Machtelite vor der aufmüpfigen Basis aber blieb. Noch am 31. August 1989 fragte der DDR-Minister für Staatssicherheit, Erich Mielke, seine Untergebenen: „Ist es so, dass morgen der 17. Juni ausbricht?"
Zitiert nach: Christoph Kleßmann: Aufbau eines sozialistischen Staates. In: Informationen zur politischen Bildung, Nr. 256, Bonn 1997, S. 26ff.

3 Zeige, wie der Volkspolizist die Ereignisse bewertet (M3). Nimm zu seiner Aussage kritisch Stellung. Beziehe M2 mit ein.
4 Erläutere, welche Lehren Führung und Bevölkerung der DDR aus dem 17. Juni 1953 zogen (M4).
5 Diskutiert, ob sich der 17. Juni als Nationalfeiertag für die Bundesrepublik eignete (M2–M4).

1 Charakterisiere Alltag und Lebensverhältnisse in der DDR (M1 und Autorentext).
2 Stelle die Parolen der Demonstranten zusammen. Was hätte ihre Erfüllung für die DDR bedeutet (M3)?

Die DDR schließt sich ein

Flucht in den Westen. Während in der Bundesrepublik die Bevölkerung zunehmenden Wohlstand genoss, kam es in der DDR ab 1960 erneut zu Engpässen in der Versorgung der Bürger. Dieser Umstand und die verbreitete Unzufriedenheit mit den politischen Verhältnissen veranlassten viele Menschen, in die Bundesrepublik zu flüchten. Da die Grenze zwischen den West-Sektoren Berlins und dem Ostteil der Stadt offen war, konnten viele DDR-Bürger ihr Land verlassen.

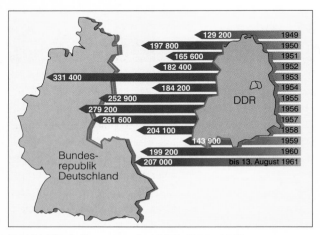

■ **M1 Flüchtlinge aus der DDR 1949–1961**

Der Mauerbau. Unter den Flüchtlingen gab es viele junge und gut ausgebildete Bürger. Bald fehlten in den Betrieben der DDR zusehends Arbeiter, in den Krankenhäusern Ärzte und Schwestern, in den Schulen Lehrer und Schüler. Diese Abwanderung konnte die Regierung in Ostberlin nicht tatenlos hinnehmen. Anstatt aber mit Reformen der weit verbreiteten Unzufriedenheit entgegenzusteuern, entschloss sie sich, bestehende Fluchtwege in den Westen künftig ganz zu versperren: Am 13. August 1961 wurden daher an der gesamten Grenze des sowjetischen Sektors von Berlin Barrieren aus Stacheldraht und Betonquadern errichtet. In den folgenden Tagen ersetzte man sie durch eine feste Mauer. Bis 1989 ließ die DDR-Regierung die Grenzanlagen in Berlin ebenso wie die innerdeutsche Grenze immer wieder ausbauen und erweitern: Wachttürme wurden errichtet, Stolperdrähte gezogen, Minenfelder angelegt, Sperrgräben für Autos ausgehoben. Wenn diese und weitere Hindernisse einen Flüchtenden nicht stoppen konnten, hatten die Grenztruppen der DDR

den Befehl zu schießen. In der DDR war es eine Straftat, wollte man das eigene Land verlassen. Wer bei einem Fluchtversuch ertappt wurde, musste damit rechnen, zu einer langjährigen Haftstrafe wegen „Republikflucht" verurteilt zu werden.

M2 Mauerbau *(Foto vom 13. August 1961)*
Die Mauer umgab Westberlin auf einer Länge von 165 km und war Teil eines fast unüberwindbaren Grenzsystems.

Folgen des Mauerbaus. Die Mauer trennte Familien, schnitt Menschen von ihrem Arbeitsplatz ab und kappte Verkehrsverbindungen. Der Bau löste weltweit Entsetzen und Empörung aus. In Westberlin und in der Bundesrepublik demonstrierten Hunderttausende dagegen. Auch international regte sich Protest; zu weitergehenden Maßnahmen aber, geschweige denn einem bewaffneten Konflikt, waren weder die USA noch andere Staaten willens, weil sie einen Krieg vermeiden wollten (s. S. 100).

M3 Gescheiterter Fluchtversuch *(September 1971 an der Lindenstraße in Berlin-Kreuzberg)*

Auch nach dem Bau der Berliner Mauer und dem Ausbau der innerdeutschen Grenze flohen noch über 200 000 Menschen aus der DDR. Vor allem in den 60er-Jahren waren viele Fluchtversuche erfolgreich. Zum Teil gruben Flüchtlinge Tunnel unter den Sperranlagen hindurch, überquerten die Ostsee auf Surfbrettern oder flogen im selbst gebastelten Heißluftballon in die Bundesrepublik. Viele Flüchtende aber scheiterten. Bei dem Versuch, die Grenze zu überwinden und in den Westen zu gelangen, starben zwischen 1961 und 1989 an die 1 000 Menschen.

M4 Grenzsicherung

Aus einer Rede des SED-Politbüromitglieds Albert Norden vor Soldaten der Grenztruppen (1963):

… jeder Schuss aus der Maschinenpistole eines unserer Grenzsicherungsposten zur Abwehr solcher Verbrechen (Fluchtversuche) rettet in der Konsequenz Hunderten von Kameraden, rettet Tausenden von Bürgern der DDR das
5 Leben und sichert Millionenwerte an Volksvermögen. Ihr schießt nicht auf Bruder und Schwester, wenn ihr mit der Waffe Grenzverletzer zum Halten bringt. Wie kann der euer Bruder sein, der die Republik verrät … Verrätern gegenüber menschliche Gnade zu üben, heißt, unmenschlich am ganzen
10 Volk zu handeln.

Zitiert nach: „Volksarmee", Nr. 41 / 1963.

M5 Hinweise der Grenztruppen der DDR für den Aufenthalt von Touristen in Schierke (Harz)

DDR-Bürger, die in der so genannten Sperrzone nahe der Grenze lebten, wurden vom Staat dauerhaft kontrolliert und überwacht. Auch Touristen wurden genau beobachtet: Werte Gäste! Sie haben das Vertrauen erhalten, in einem Kurort unmittelbar an der Staatsgrenze zur BRD Ihren Urlaub zu verbringen, und wir erwarten, dass Sie dieses während Ihres Aufenthaltes stets rechtfertigen … Innerhalb der
5 Sperrzone benutzen Sie bitte die Wanderwege, die mit Schildern der Aufschrift „Schutzstreifen! Betreten und Befahren verboten!" gekennzeichnet sind, nie! … Wir möchten Sie … darauf hinweisen, dass das Betreten des Schutzstreifens eine hohe Verletzung der Ordnung und Sicherheit
10 darstellt und Sie sich außerdem in große Gefahr bringen, da unsere Grenzsoldaten nicht erkennen können, ob es sich um einen Urlauber, der sich verirrt hat, oder um ein versuchtes Grenzverbrechen handelt. Unsere Soldaten sind befugt, im Interesse des Friedens und zum Schutz der Heimat von der
15 Schusswaffe Gebrauch zu machen. Beim Betreten des Schutzstreifens haben Sie mit sofortiger Ausweisung aus der Sperrzone zu rechnen. Ihr Urlaub ist ohne Rückvergütung abzubrechen. Sie können weiterhin mit einem Ordnungsstrafverfahren und Benachrichtigung Ihres Betriebes rechnen.

Zitiert nach: Jürgen Ritter/Peter Joachim Lapp: Die Grenze. Ein deutsches Bauwerk, Berlin (Christoph Links Verlag) 1997, S. 100ff.

1 Nimm zu der These Stellung, die DDR wäre ohne den Bau der Mauer langfristig „ausgeblutet" (M1).

2 Zeige, in welcher Weise die Grenzanlagen der DDR ausgebaut wurden (M2–M3 und Autorentext).

3 Erläutere, weshalb M4 zufolge auf Flüchtlinge geschossen werden durfte. Beschreibe das Bild, das Albert Norden von Flüchtlingen zeichnete. Welche Argumente könnte man ihm entgegenhalten (M4)?

4 Nenne die Funktionen, welche die Grenzanlagen der DDR M4 und M5 zufolge hatten und nimm zu den entsprechenden Angaben kritisch Stellung.

5 Beschreibe das Verhältnis des Staates zu seinen Bürgern, das in M5 deutlich wird.

6 Fasse die Reaktionen auf den Mauerbau im August 1963 zusammen (Autorentext); beziehe auch die Zeitungsmeldung auf Seite 100 mit ein.

Leben im Schatten der Mauer

Errungenschaften des Sozialismus? Viele Menschen fanden sich nach dem Mauerbau mit den bestehenden Verhältnissen in der DDR ab. Auf den Parteitagen der SED wurden Planziele festgelegt, der sozialistische Wettbewerb um die Planerfüllung prägte das Arbeitsleben der Menschen in der DDR. Aber trotz aller Anstrengungen konnte von 1960 bis 1963 nur ein geringer Zuwachs des Nationaleinkommens erzielt werden. Das Schwergewicht der Produktion lag weiterhin auf der Schwer-, Elektro- und der chemischen Industrie. Die DDR wurde zweitstärkster Industriestandort innerhalb des RGW (s. S. 116).

M1 Propagandaplakat *(1959)*

Obwohl sich in der ersten Hälfte der 60er-Jahre die Situation verbesserte, blieb der Lebensstandard in der DDR immer weiter hinter dem der Bundesrepublik zurück. Die Preise für die vom Staat subventionierten Grundnahrungsmittel, die öffentlichen Verkehrsmittel, Mieten, Strom-, Gas- und Wasserpreise oder die Kosten im Gesundheitswesen waren zwar niedrig, aber zum Beispiel Kaffee und Schokolade sowie Elektrogeräte wurden durch ihre Preise fast zum Luxus; auf ein Auto musste man bis zu 15 Jahre warten (s. S. 118f.).

Freizeit. Für die Jugendlichen boten die „Jungen Pioniere" und die „Freie Deutsche Jugend" Freizeitaktivitäten wie Zeltlager und Radtouren sowie Filmvorführungen an. Allerdings waren auch hier sämtliche Veranstaltungen politisch geprägt (s. auch S. 124f.). Für die Werktätigen gab es nur wenige attraktive Freizeitangebote. Der Betrieb der sogenannten „Kulturhäuser" wurde subventioniert. Für seine Mitglieder richtete der FDGB (= Freier Deutscher Gewerkschaftsbund), die Einheitsgewerkschaft in der DDR, kostengünstige Ferienplätze ein. Dies taten auch viele Betriebe und Institutionen für die eigene Belegschaft; für deren Kinder gab es Betriebsferienlager. Die Angebote waren aber begrenzt und die Reiseziele lagen z. B. an der Ostsee, im Thüringer Wald oder in „sozialistischen Bruderstaaten". Fast unmöglich war ein Urlaub ohne feste Buchung.
Die Bevölkerung der DDR informierte sich über Radio und Fernsehen über die Bundesrepublik, obgleich dies offiziell nicht erlaubt war. Das Bild vom Westen wurde im Wesentlichen durch Erzählungen und Medien geprägt. Die Jugend orientierte sich besonders an westlicher Mode und Musik.

Politik und Sport. Sportliche Disziplinen hatten, wie in allen sozialistischen Ländern, einen großen Stellenwert in der Gesellschaft. Die SED maß dem Leistungssport eine hohe politische Bedeutung bei und wollte mit Spitzenleistungen einerseits die Anerkennung des Auslands gewinnen und andererseits im Innern die Identifikation mit dem Staat erleichtern. Schon im Kindergarten wurden Eignungstests durchgeführt, um frühzeitig sportliche Talente zu entdecken und zu fördern. Flächendeckend überprüfte man im ersten und dritten Schuljahr die Kinder auf ihre sportliche Befähigung. Zugleich schulte man die dafür notwendigen Trainer, Sportlehrer und Wissenschaftler. Die Sportler erhielten für ihre Bestleistungen eine Vielzahl von Vergünstigungen.

M2 Jugendweihe *(Ostberlin 1961)*

Mit vierzehn Jahren wurden die meisten Jugendlichen in das „aktive gesellschaftliche Leben" aufgenommen, wie es offiziell hieß. Dies geschah bei einer festlichen Veranstaltung, der sogenannten Jugendweihe, die der Konfirmation in der evangelischen Kirche nachempfunden war. Diese Feier erfreute sich stets großer Beliebtheit, wurde aber eher als Familienfest als eine politische Feier angesehen. Einen politischen Charakter hat diese Feier heute nicht mehr.

M3 „Parteidiskussion" *(Willi Neubert, 1962)*

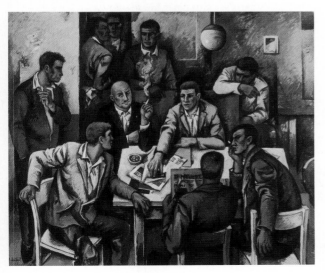

M4 Lernjahre sind keine Herrenjahre *(1962)*
Der Autorin dieses Gedichts, Helga M. Novak, geboren 1935 in Berlin-Köpenick, wurde wegen Kritik am Sozialismus die DDR-Bürgerschaft aberkannt:

mein Vaterland hat mich gelehrt:
achtjährig
eine Panzerfaust zu handhaben
zehnjährig
5 alle Gewehrpatronen bei Namen zu nennen
fünfzehnjährig
im Stechschritt durch knietiefen Schnee
zu marschieren
siebzehnjährig
10 in eiskalter Mitternacht Ehrenwache
zu Stalins Tod zu stehen
zwanzigjährig
mit der Maschinenpistole gut zu treffen
dreiundzwanzigjährig
15 meine Mitmenschen zu denunzieren
sechsundzwanzigjährig
das Lied vom guten und schlechten
Deutschen zu singen
wer hat mich gelehrt
20 *Nein zu sagen*
und ein schlechter Deutscher zu sein?

Zitiert nach: Helga M. Novak; Solange noch Liebesbriefe eintreffen. Gesammelte Gedichte, hrsg. von Rita Jorek. Mit einem Nachwort von Eva Demski, Frankfurt a. M. (Schöffling & Co Verlagsbuchhandlung) 1999, S. 75.

1 Manch ein DDR-Bürger war von den positiven Seiten der SED-Regierung überzeugt. Nenne Argumente, die er dafür vorgebracht haben könnte (M1 und Autorentext). Lies dazu auch auf Seite 110 nach. Weise zugleich auf die negativen Seiten hin.
2 Erkläre, wie der Staat der DDR gesehen werden wollte (M2 und M3). Stelle die Aussagen des Gedichts (M4) gegenüber.
3 Welche Erziehungsziele und –methoden spiegelt das Gedicht der DDR-Autorin (M4)? Beziehe den Autorentext und die Quellen auf dieser Doppelseite mit ein. Diskutiert auch die drei Schlusszeilen des Gedichts.

◀ *Das Gemälde war sehr bekannt und wurde auch viel diskutiert. Der Maler selbst war von Beruf Stahlarbeiter.*

Jugend in West und Ost in den 50er- und 60er-Jahren

Eine „distanzierte" Generation. Die prägenden Kindheitserinnerungen von Jugendlichen in den 50er-Jahren waren mit dem Krieg und der Nachkriegszeit verknüpft: So hatten sie die Bombardierung ihrer Heimatstädte erlebt; wurden von ihren Müttern „aufs Land" geschickt, um in größerer Sicherheit vor feindlichen Angriffen zu sein; erlebten, wie ihre Familien Hals über Kopf aus ihrer Heimat flohen oder aus ihr davongejagt wurden. Viele Väter waren gefallen oder kamen mit Kriegsverletzungen und traumatisiert zurück. Das Bewusstsein, dies infolge der Entscheidungen von Politikern erlebt zu haben, veranlasste viele Jugendliche in den 50er-Jahren, der Politik distanziert gegenüber zu stehen.

Jugendpolitik in Ost und West. Die Jugendlichen zur Demokratie zu erziehen, galt als eines der wichtigen Ziele in der Bundesrepublik. Bundes- und Landesregierungen unterstützen bis heute die Arbeit zahlreicher Jugendorganisationen. Jugendlichen sollten vielfältige Möglichkeiten geboten werden, ihre Freizeit zu gestalten und am gesellschaftlichen Leben teilzunehmen. Dagegen gründete die SED in der DDR staatlich gelenkte Jugendverbände, in denen möglichst alle Kinder und Jugendlichen Mitglieder sein sollten: die Pionierorganisation für 6- bis 14-Jährige und die Freie Deutsche Jugend (FDJ) für Jugendliche bis ca. 27 Jahren. Die FDJ bot u. a. Arbeitsgemeinschaften und Zeltlager an, diente aber vor allem dazu, die Jugend mit der marxistischen Weltanschauung vertraut zu machen. Offiziell wurde niemand gezwungen, der FDJ beizutreten, tatsächlich aber erschwerte man Nichtmitgliedern beispielsweise den Besuch weiterführender Schulen.

Popkulturelle Gemeinsamkeiten. Waren die jugendpolitischen Konzepte in West und Ost auch unterschiedlich, so einigte viele Jugendliche die Vorliebe für eine Musik, die ab Mitte der 50er-Jahre die Welt eroberte: Rock'n'Roll. Er bot die Möglichkeit, einer Erwachsenenwelt zu entfliehen, die viele als spießig und, was das Verhältnis zwischen den Geschlechtern betraf, verklemmt empfanden. So entwickelte sich eine eigene Jugendkultur. Ihre Symbolfigur wurde Elvis Presley. Die Art, wie er sang und sich auf der Bühne bewegte, faszinierte viele Jugendliche – und schockierte ihre Eltern. Bestätigt wurde deren weitgehende Ablehnung der neuen Jugendkultur, als es während verschiedener Rock'n'Roll-Konzerte zu Krawallen kam, bei denen Jugendliche, sogenannte Halbstarke, das Mobiliar ganzer Konzertsäle zertrümmerten. Eine tolerante Einstellung gegenüber der neuen Musik setzte sich erst durch, als deutsche Interpreten wie Peter Kraus diese Musik zurückhaltender präsentierten, was die Elterngeneration weit weniger verschreckte. Den Regierenden in der DDR dagegen war der Rock'n'Roll und mit ihm jede Form einer sich unabhängig vom Staat entwickelnden Jugendkultur verdächtig. Bis zur Wende 1989 mussten kritische Sänger und Bands unter Umständen mit Auftritts- oder Veröffentlichungsverboten rechnen.

M 1 Rock'n'Roll

a) Elvis Presley auf der Bühne (1956)

b) Peter Kraus sagte 1999:

Rock'n'Roll war die große Revolution (der 50er-Jahre). Endlich hatten wir Jugendlichen unser eigenes Ausdrucksmittel. Es hatte ja immer geheißen: „Dafür bist du viel zu jung!" Man wurde erst mit 21 volljährig, und bis dahin war
5 man für alles zu jung … Aber für den Rock'n'Roll waren auf einmal die Erwachsenen zu alt. Das war eine Form des Protests.

Zitiert nach: TV Hören und Sehen Nr. 19 vom 15. – 21. März 1999.

M2 Tanzstunde 1952

M3 FDJ-Veranstaltung Mitte der 60er-Jahre

M4 „Gesetze" der Pionier-Organisation *(1968)*

Wir ... Pioniere lieben unser sozialistisches Vaterland, die Deutsche Demokratische Republik ... lieben und achten unsere Eltern ... lernen fleißig, sind ordentlich und diszipliniert ... lieben die Arbeit ... und alle arbeitenden Menschen ..., lie-
5 ben die Wahrheit, sind zuverlässig und einander freund ..., halten unseren Körper sauber und gesund, treiben regelmäßig Sport und sind fröhlich.

Zitiert nach: Hermann Weber (Hrsg.): DDR. Dokumente zur Geschichte der Deutschen Demokratischen Republik 1945–1985, München (= dtv-TB, Nr. 2953) ³1987, S. 304f.

■ M5 Geschichte erzählt
Erinnerungen einer DDR-Bürgerin an ihre Jugend

Wir griffen nach den Sternen, wollten das höchste Menschenglück ... Das Zauberwort hieß: Kommunismus. Für ihn lohnte sich alle Mühe. Dafür lernten wir. Dafür wollten wir arbeiten. Mädchen genauso wie Jungen. Bei der Wahl des Beru-
5 fes überlegte man weniger: Was würde mir Spaß machen? Eher: Womit wäre ich am Nützlichsten? Ich wuchs heran mit einem Wust von unerreichbaren Idealen ... Mit zwanzig, als Studentin der Journalistik, schob ich die Spitzelwut, die Engstirnigkeit und Verlogenheit der Hochschullehrer und ih-
10 rer Helfer unter den Studenten auf ihre persönliche Unfähigkeit, nie aber auf den Sozialismus als Ganzes, mein Ziel und Ideal ... Ich war ein Pionier geblieben bis über die Dreißig. Und es gab viele wie mich ... Nein, es war nicht nur Angst und Feigheit. Und wir haben es auch nicht nur mit uns ma-
15 chen lassen. Wir haben es selbst gemacht. Wir sind einem falschen Ideal aufgesessen.

Zitiert nach: Vera-Maria Baehr: Wir denken erst seit Gorbatschow, Recklinghausen (Bitter Verlag) 1990, S. 7ff.

---

1 Vergleiche M1, M2 und M3. Begründe, welche Veranstaltung du am liebsten besucht hättest.
2 Erläutere, was der Regierung in der DDR, aber auch westdeutschen Eltern, an Elvis Presley missfallen haben könnte (M1–M3).
3 Beschreibe Kleidung und Körpersprache der Jugendlichen (M2).

4 Arbeite die Erziehungsziele heraus, die in der Pionier-Organisation verfolgt wurden (M4).
5 Stelle die Haltung zum Kommunismus dar, welche die Erzählerin in M5 als Jugendliche einnahm. Welche Kritik übte sie als Erwachsene?

Die deutsche Wirtschaft braucht mehr Arbeitskräfte

Gastarbeiter kommen ins Land. Als ab Mitte der 50er-Jahre die westdeutsche Wirtschaft boomte und es an Arbeitskräften mangelte, wurden sogenannte Gastarbeiter aus Südeuropa sowie aus der Türkei angeworben, um in Deutschland zu arbeiten. Mit Italien schloss die Bundesregierung 1955 die erste Anwerbevereinbarung. Das Interesse der Gastarbeiter daran, vorübergehend in Deutschland zu arbeiten, war wirtschaftlich begründet: Oft stammten sie aus Regionen wie Süditalien oder Anatolien, in denen hohe Arbeitslosigkeit herrschte. Daher war für sie ein Arbeitsplatz in Deutschland besonders attraktiv.

M1 Werbebroschüre Ruhrbergbau *(1957)*

Das Werbeplakat verheißt ein neues Leben nahe den Kohlefördergebieten in Westdeutschland.

Anfangs meinten die Bundesregierung und ebenso die meisten Gastarbeiter, sie würden nur für eine gewisse Zeit in Deutschland leben und arbeiten. Schließlich waren die Arbeitsverträge zunächst zeitlich befristet, auch wenn sie immer wieder verlängert werden konnten. Da viele Gastarbeiter nun über einen längeren Zeitraum in Deutschland blieben, ließen viele von ihnen ihre Familien nachkommen. Auf diese Weise wurden aus Gastarbeitern und ihren Angehörigen Mitbürger.

Wegen des großen Zuzugs, aber auch, weil die Wirtschaft nicht mehr wie in den 50er-Jahren florierte, wurde 1973 ein Anwerbestopp verfügt. Eine weitergehende Ausländerpolitik, die sich um die Eingliederung der eingewanderten Gastarbeiter und ihrer Familien in die bundesrepublikanische Gesellschaft kümmerte, wurde jedoch kaum betrieben.

Gelungene Integration? In den vergangenen Jahrzehnten haben Ausländer vor allem die deutsche Alltagskultur tief greifend verändert. So sind griechische Restaurants, türkische Lebensmittelläden und Fernsehsender zur Selbstverständlichkeit geworden. Heute ist die deutsche Gesellschaft vielgestaltig und multikulturell. Diese Veränderung bringt jedoch auch Probleme mit sich. Denn die Integration mancher Migranten ist durchaus nicht gelungen. So belegen Bildungsstudien, dass Kinder, deren Eltern aus dem Ausland stammen, besonders häufig in der Schule scheitern. Unzureichende Deutschkenntnisse oder auch eine gewollte Abschottung gegenüber der „deutschen" Umgebung erschweren die Integration zum Teil noch zusätzlich.

M2 Der einmillionste Gastarbeiter *(1964)*

Der Portugiese Armado Sá Rodrigues erhielt bei seiner Ankunft auf dem Bahnhof von Köln-Deutz zur Begrüßung ein Moped geschenkt.

M3 Ankunft in Deutschland *(1959)*

Der Italiener Silvano J. kam mit anderen Gastarbeitern mit dem Zug. In Augsburg stiegen die ersten aus, in Ulm die nächsten. „Da war jemand, der hat gesagt, Du und Du und Du, Ihr geht da jetzt raus. Leute waren da, die haben uns
5 praktisch an der Hand geführt wie Kinder." Er kam mit weiteren 15 Italienern in Stuttgart an. Dort standen schon Leute von Firmen am Bahnsteig zur Abholung bereit. Zu Silvano J. und einem Kollegen sagte jemand: „Ihr geht jetzt in diesen Zug rein, Richtung Ludwigsburg." ... Die Unterbringung er-
10 folgte (dort) nicht in Holzbaracken, sondern in festen Häusern, zu dritt in einem Zimmer ohne Stockbetten. „Nur das Bett war nicht gut, es bestand aus einem Holzbrett und als Matratze ein bisschen Stroh." Als sie den Chef fragten: „Schlafen Sie auch so?", bekamen sie richtige Betten.

Zitiert nach: Migration (= Deutschland und Europa), hrsg. von der Landeszentrale für politische Bildung Baden-Württemberg, Heft Nr. 45 (2002), S. 42.

M4 Die Portugiesin Rosa P. berichtet

Meine Schwester war schon seit einigen Jahren in Deutschland und hatte mir einen Arbeitsvertrag 1969 als Reinigungskraft in der Klinik besorgt, in der sie auch arbeitete. Mit meiner ersten Stelle war ich gar nicht zufrieden, ich konnte mich
5 nicht richtig verständigen und ich fühlte mich isoliert. Meine Schwester hat versucht, mich zu trösten und sagte, dass es am Anfang allen so gehe. Nach drei Monaten habe ich die Stelle gewechselt, dort gefiel es mir besser. Später dann habe ich lange Zeit an der Garderobe des Bundeshauses gear-
10 beitet. Alle Abgeordneten, auch der Bundeskanzler, gaben ihre Mäntel bei mir ab. Ich habe einen jungen Mann aus unserer Straße kennengelernt, der auch in Deutschland arbeitete. Wir haben geheiratet und zwei Kinder bekommen.

Zitiert nach:www.angekommen.com/iberer/08/08-3.html

1 Wiederhole: Nenne Wanderungsbewegungen, die dir aus der Geschichte bekannt sind? Welche Ursachen hatten sie?

2 Untersuche M1: Für welche Arbeit wird hier wie geworben? Was lässt sich über die Gründe dieser Form der Werbung vermuten? Ziehe ergänzend M2 heran.

3 Erläutere, mit welchen Hoffnungen Gastarbeiter nach Deutschland kamen und mit welchen Schwierigkeiten sie konfrontiert wurden (M1, M3–M4 und Autorentext).

Methode: Zeitzeugen befragen

Für Ereignisse mindestens ab der Mitte des 20. Jh. stehen uns nicht nur Text-, Ton und Bildquellen zur Verfügung: Wir können auch Zeitzeugen befragen, also Menschen, die diese Zeit persönlich erlebt haben. Sie geben dabei natürlich ihre subjektive Sicht der historischen Ereignisse wieder; damit wird verdeutlicht, wie sich politische Entscheidungen auf Menschen auswirkten. Somit kann das Befragen von Zeitzeugen (= Oral History) eine wertvolle Quelle erschließen und die Darstellung der großen historischen Zusammenhänge ergänzen, aber nie ersetzen. Immer ist menschliche Erinnerung der Gefahr ausgesetzt, die Ereignisse z.B. zu verklären und es sind immer nur kleine Ausschnitte der großen Ereignisse. Stets ist zu berücksichtigen, in welcher Beziehung der Zeitzeuge zu dem Ereignis stand, ob er aktiv beteiligt war oder nur Beobachter.

Wenn ihr einen Zeitzeugen gefunden habt, der eure Fragen beantworten möchte, beachtet Folgendes:

● Bereitet euch gut auf das Gespräch vor, indem ihr euch zunächst vertieft über die geschichtlichen Hintergründe informiert. Grenzt das Fachgebiet ein (Alltag, Politik, Jugendzeit, Beruf etc.), arbeitet im Vorfeld Leitfragen aus (immer schriftlich).

● Vereinbart einen Termin. Schafft auch eine angenehme Atmosphäre für den Gesprächsverlauf. Der Zeitzeuge sollte schon vorher informiert werden, worüber ihr ihn befragen wollt. So kann er sich vorbereiten, z.B. auch Erinnerungsstücke heraussuchen. Beim Interview muss der Zeitzeuge ausreichend Zeit zur Beantwortung der Fragen haben.

● Legt fest, wer die Gesprächsleitung übernimmt, wer evtl. das Gespräch per Videokamera oder Kassette festhält und/oder wer ein schriftliches Protokoll verfasst. Was soll mit dem gesammelten Material gemacht werden (z.B. als Beitrag für die Schülerzeitung)? Wie sollen die Informationen archiviert werden (z.B. im Schularchiv)?

4 Gibt es in eurer Klasse Schüler, die oder deren Eltern aus dem Ausland stammen? Lädt einen Zeitzeugen in die Schule ein. Berücksichtigt die Tipps auf dieser Seite.

BRD – DDR: zwei Staaten – eine Sprache – zwei Denkweisen

1949	Gründung der NATO
1949–1963	„Ära Adenauer"
1950–1953	Koreakrieg
17. Juni 1953	**Volksaufstand in der DDR**
Mai 1955	Bundesrepublik Deutschland Mitglied der NATO Gründung des Warschauer Pakts/ DDR wird Mitglied
13. Aug. 1961	**Mauerbau in Berlin**

M1 Günter Kunert „Wo Deutschland lag"

Der 1929 in Berlin geborene Schriftsteller widmet sich thematisch vorrangig den beiden deutschen Staaten und dem wiedervereinigten Deutschland:

Wo Deutschland lag, liegen zwei Länder,
Zwei Länder liegen dort,
Und es trennt sie mehr als eine Grenze.
Die gleiche Sprache sprechen sie,
5 die gleiche,
Aber sie können sich nicht verstehen,
weil
sie eine andere Sprache sprechen,
eine andere,
10 Denn sie sind zwei Länder, zwei Länder
sind sie, und liegen, wo Deutschland lag.

Zitiert nach: www.hdbg.de/verfas/hbr70.htm

Sicherung der Grundbegriffe

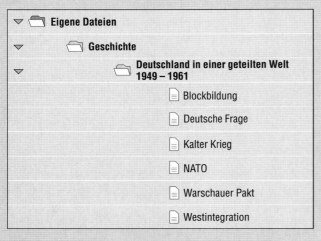

- ▽ 📁 **Eigene Dateien**
  - ▽ 📁 **Geschichte**
    - ▽ 📁 **Deutschland in einer geteilten Welt 1949 – 1961**
      - 📄 Blockbildung
      - 📄 Deutsche Frage
      - 📄 Kalter Krieg
      - 📄 NATO
      - 📄 Warschauer Pakt
      - 📄 Westintegration

M2 Plakat für einen deutschen Verteidigungsbeitrag *(1952)*

VEREINTE ABWEHR

M3 Plakat des Amtes für Information der DDR *(1951)*

Von den Sowjetmenschen lernen heißt siegen lernen

ЗА МИР!

Für den Frieden

Marshallplan
Nordatlantikpakt
Westblock

ПРОЧЬ С ДОРОГИ, ПОДЖИГАТЕЛИ ВОЙНЫ!

Aus dem Wege, Ihr Kriegsbrandstifter!

Kriegspakt mit Washington bringt Elend und Tod –

Freundschaft mit der Sowjetunion Frieden und Brot!

■ M4 Zwei Staaten – zwei Ideale: das Bild der Frau

Im Dezember 1957 erschien ein offener Brief der Leiterin der Arbeitsgruppe Frauen im Zentralkomitee der SED an die Chefredaktion der seit 1956 sehr erfolgreichen DDR- Modezeitschrift „Sibylle" mit der klaren Frage: „Für wen macht ei-
5 gentlich ‚Sibylle' Mode, ... für die ‚Dame der guten Gesellschaft' oder für die Arbeiterfrauen?" Den Wünschen der arbeitenden Frauen müsse Rechnung getragen werden, gut und praktisch gekleidet zu sein. Umgehend wurde „Sibylle" unter staatliche Aufsicht gestellt und konnte im Juni 1959
10 nach einer Umfrage zur idealen Frau der DDR deren Eigenschaften klar benennen: intelligent, kulturelles Interesse und das Selbstbewusstsein einer berufstätigen Frau, die eigenständig ihren Weg geht.

Damit unterschied sich die Frau in der DDR, als berufstätige
15 Mutter und „Mitgestalterin des Sozialismus" gepriesen, erheblich von ihrer westdeutschen Konkurrentin. Bundesfamilienminister Franz Josef Wuermeling hatte 1959 verkündet: „Mutterberuf ... ist Hauptberuf und wichtiger als jeder Erwerbsberuf." Und er gab damit zweifellos die Meinung der
20 überwiegenden Mehrheit der Bundesbürger wieder, wonach die Frau ihre Bestimmung in Ehe und Familie finden sollte. Diesem Frauenbild entsprach auch die zunehmende Produktwerbung der 50er- und 60er-Jahre. Mit dem „Gleichstellungs-

gesetz" von 1957/58 wurde zwar die rechtliche Stellung der
25 bundesdeutschen Frau verbessert, doch die Männer- und Frauenrollen blieben weitgehend unangetastet ...

Zitiert nach: Ungleiche Schwestern. Anspruch und Alltag, Gemeinsamkeiten und Unterschiede. Ausstellungskatalog des Hauses der Geschichte der Bundesrepublik Deutschland, Bonn 1997, S.22f.

M6 Werbung in der Bundesrepublik

Die „Weiße Dame" wurde 1922 von dem Berliner Maler Kurt Heiligenstaedt entworfen und war seitdem Markenzeichen. 1950, bei der Wiedereinführung des Waschmittels, passte man die Kleidung der Mode jener Zeit an.

M5 Frauentag *(DDR-Plakat 1954)*

1 Zwei Staaten – zwei politische Systeme. Stelle die beiden Systeme mithilfe der Chronologie, der Grundwissenswörter und der Quellen M1–M3 vor. Lies im Buch auf den Seiten 110ff. nach.
2 Das Ziel beider Staaten war es, die Jugend auf das jeweilige System vorzubereiten. Berichte, vergleiche Seite 126ff.
3 Beschreibe das Frauenbild, das auf den Plakaten dargestellt wird (M5 und M6). Suche nach Gründen für diese unterschiedlichen Frauenleitbilder (M4).
4 1953 und 1961 haben zwei Ereignisse die DDR erschüttert (s. S. 122ff.). Zeige auf, welche Maßnahmen von der SED ergriffen wurden. Inwieweit spiegelte sich in diesen Ereignissen der Ost-West-Konflikt?

Weltpolitische Veränderungen im Schatten des Kalten Kriegs

UNO – Hoffnung auf den Weltfrieden

Ende des europäischen Zeitalters. Mit dem Zweiten Weltkrieg kam es zu einem tiefen Einschnitt in den internationalen Beziehungen. Diese waren zuvor von den europäischen Mächten und ihren Interessen dominiert worden. Nun rückten die bisherigen „Randmächte" USA und Sowjetunion in den Vordergrund und stiegen zu Welt- und Supermächten auf. Deutschland und Italien waren besiegt sowie England und Frankreich zu geschwächt, um ein größeres Gewicht in die internationale Waagschale werfen zu können.

Bereits während des Zweiten Weltkriegs gaben die USA ihre per Gesetz 1935 festgeschriebene Neutralität auf (s. S. 46). Im Sommer 1944 beriefen sie eine Weltkonferenz nach Bretton Woods (New Hampshire) zur Neuordnung der zerrütteten Weltwirtschaft ein. Auf ihr wurde auch der heute noch existierende „Internationale Weltwährungsfonds" (IWF) gegründet, hauptsächlich mit Kapital aus den Vereinigten Staaten. Den Dollar erklärte man zur Leitwährung, womit die Dominanz der Amerikaner klar festgeschrieben war. Damit sollte es leichter möglich werden, das kriegszerstörte und am Boden liegende Europa wieder aufzubauen. Die Beschlüsse von Bretton Woods wurden nach ihrer Ratifizierung durch 28 Staaten am 27. Dezember 1945 wirksam. Die zunächst teilnehmenden Russen traten jedoch dem Abkommen nicht bei, eine weltweit einvernehmliche Finanz- und Wirtschaftspolitik war damit bereits im Ansatz unterbunden.

Gründung der UNO. Wenige Wochen nach der Konferenz von Bretton Woods trafen sich in Washington Vertreter der Alliierten, um die Gründung einer weiteren Weltorganisation vorzubereiten. Von August bis Oktober 1944 berieten Vertreter der USA, Großbritanniens, Chinas und der UdSSR über eine neue Weltorganisation, die den Völkerbund ersetzen sollte. Im Mai 1945 konnte dann in San Francisco die Gründungskonferenz der „United Nations Organization" (UNO) tagen, wo am 26. Juni die UN-Charta feierlich unterzeichnet wurde. Mit ihrer Ratifizierung durch die zunächst 49 Mitgliedsstaaten trat der Vertrag am 24. Oktober 1945 in Kraft. Ihren Sitz nahm die Organisation in New York.

Die UNO stellte sich in den ersten Jahren als eine Siegervereinigung dar, die sich zunächst weigerte, die ehemaligen Feindstaaten als Mitglieder aufzunehmen. Des weiteren zeigte sich, dass ihre Arbeit mit der schon bald nach Kriegsende einsetzenden Uneinigkeit zwischen den Westalliierten und der Sowjetunion zunehmend belastet wurde. Das festgelegte Vetorecht der fünf Großmächte im Sicherheitsrat belastete die Zusammenarbeit zusätzlich, sodass auch die UNO mit ihrer Vollversammlung und dem Sicherheitsrat schnell zu einem Ort der Auseinandersetzungen zwischen dem West- und Ostblock wurde.

Wovon handelt dieses Kapitel? Mit dem Blick auf die Entstehung und Organisation der UNO konntet ihr jene bis heute aktive Weltorganisation näher kennenlernen, auf die bei ihrer Gründung vor über 60 Jahren große Hoffnungen gesetzt wurden. Doch auch ihr Wirken war in den 50er- und 60er-Jahren überschattet vom Kalten Krieg und sie konnte letztlich nur in dem Maße tätig sein, wie es ihr von den

M1 Plakat *(John Eveleigh, 1947)*

Supermächten USA und UdSSR zugestanden wurde. Und dabei war die Welt jener Jahrzehnte von gewaltigen Umwälzungen geprägt: In Europa begann der Traum von einer gemeinsamen, friedlichen Zukunft Wirklichkeit zu werden. Basis war die endgültig besiegelte deutsch-französische Freundschaft. Ein schmerzhafter und keinesfalls in gewaltfreien Bahnen verlaufender Prozess für die einstigen europäischen Großmächte war die Loslösung ihrer Kolonien. Hieraus entwickelte sich u. a. der Nord-Süd-Konflikt, der bis in unsere Tage Bedeutung hat. Weltpolitische Bedeutung erlangte die Gründung des Staates Israel, der sich in mehreren Kriegen mit seinen arabischen Nachbarn auseinandersetzen musste, da sie seine Existenz nicht anerkennen wollten. Bis heute ist dieser Nahostkonflikt, trotz mehrfacher Intervention durch die UNO, nicht befriedet.

M2 Auszug aus der Charta der Vereinten Nationen
(26. Juni 1945)
Artikel 2: Die Organisation und ihre Mitglieder handeln … nach folgenden Grundsätzen:

1. Die Organisation beruht auf dem Grundsatz der souveränen Gleichheit aller ihrer Mitglieder …

5 3. Alle Mitglieder legen ihre internationalen Streitigkeiten durch friedliche Mittel so bei, dass der Weltfriede, die internationale Sicherheit und die Gerechtigkeit nicht gefährdet werden.

4. Alle Mitglieder unterlassen in ihren internationalen Bezie-
10 hungen jede gegen die territoriale Unversehrtheit oder die politische Unabhängigkeit eines Staates gerichtete oder sonst mit den Zielen der Vereinten Nationen unvereinbare Androhung oder Anwendung von Gewalt.

5. Alle Mitglieder leisten den Vereinten Nationen jeglichen
15 Beistand bei jeder Maßnahme, welche die Organisation im Einklang mit dieser Charta ergreift; sie leisten einem Staat, gegen den die Organisation Vorbeugungs- oder Zwangsmaßnahmen ergreift, keinen Beistand …

7. Aus dieser Charta kann eine Befugnis der Vereinten Na-
20 tionen zum Eingreifen in Angelegenheiten, die ihrem Wesen nach zur inneren Zuständigkeit eines Staates gehören, oder eine Verpflichtung der Mitglieder, solche Angelegenheiten einer Regelung aufgrund dieser Charta zu unterwerfen, nicht abgeleitet werden; die Anwendung von Zwangsmaßnahmen
25 wird durch diesen Grundsatz nicht berührt.
Zitiert nach: www.documentarchiv.de/in/1945/ un-charta.htm

M3 Organisation der UNO

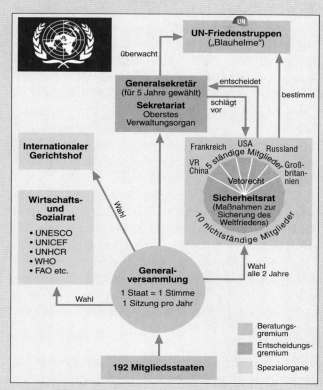

1 Stelle mithilfe des Plakats (M1) fest, welche Staaten zu den Gründungsstaaten der UNO gehörten. Sucht nach Gründen für die große Zahl von Staaten, die 1945 noch nicht Mitglieder waren.

2 Gib die in der UN-Charta formulierten Ziele und Verpflichtungen der Mitgliedsstaaten mit eigenen Worten wieder.

3 Zeige anhand des Schemas M3 den Aufbau und die Organisation der UNO. Finde heraus, welche Aufgaben die UN-Organisationen UNESCO, UNICEF und FAO haben.

4 Schau dir das Bild auf Seite 134 oben an. Welche Flaggen sind dargestellt? Berichte kurz über diesen Kriegsschauplatz (s. S. 106f.).

5 Das auf Seite 134 (unten) abgebildete Denkmal steht vor dem Gebäude der Vereinten Nationen in New York. Warum wurde es gerade dort aufgestellt?

6 Die beiden Plakate auf Seite 135 stehen für wichtige Entwicklungen in Afrika und Europa. Mache Vorschläge, was sie für den jeweiligen Kontinent bedeuten könnten.

Hoffnung über Jahrhunderte – eine europäische Friedensordnung

Historische Vorläufer. Nicht erst nach zwei verheerenden Weltkriegen begannen europäische Politiker über die Schaffung einer kontinentalen Friedensordnung nachzudenken. Bereits am Ende des Dreißigjährigen Kriegs 1648 fand der erste europäische Friedenskongress statt. Doch erst der Philosoph Immanuel Kant (1724–1804) propagierte in seiner Schrift „Vom ewigen Frieden" die Idee eines föderativen Staatenbundes, der zukünftig in Europa die Kriegsfurie bändigen sollte. Aber auch Kant musste den Aufstieg Napoleons noch erleben. Erneut trafen sich nach der Niederwerfung Frankreichs die Sieger, um auf dem Wiener Kongress (1814/15) eine Friedensordnung zu entwerfen, basierend auf dem Gleichgewicht der Mächte. Frankreich nahm als gleichberechtigter Partner teil. Doch mit der Schaffung des Deutschen Reichs in der Mitte Europas verschoben sich erneut die Gewichte. Das 20. Jh. begann schließlich mit einem bis dahin nicht gekannten Wettrüsten und dem Ersten Weltkrieg (1914–1918) mit Millionen von Kriegstoten.

Vision eines geeinten Europa. „Krieg wäre für ganz Europa eine unausdenkbare Katastrophe: aber zugleich der kürzeste Weg zum europäischen Zusammenschluss." Diese Worte aus dem Jahr 1938 stammen von Richard Coudenhove-Kalergi (1894–1972), der 1923 die „Paneuropa-Union" gegründet hatte. Unterstützt durch führende Bankiers des Deutschen Reichs sowie die Außenminister von Frankreich und Deutschland, warb er für ein Europa ohne England und Russland, die als Hegemonialmächte bereits eigene Machträume beherrschten. Russland wurde sogar zur eigentlichen Gefahr für Europa erklärt. 1926 fand in Wien der erste Paneuropa-Kongress mit 1 000 Delegierten aus 24 Nationen statt. Ein Jahr später übernahm der französische Außenminister Aristide Briand das Ehrenpräsidium. Dieser hatte 1926 zusammen mit seinem deutschen Kollegen Gustav Stresemann den Friedensnobelpreis für die gemeinsam betriebene Aussöhnungspolitik erhalten.

Europavision und nationale Interessen. Für die deutsche Politik war die Revision des Versailler Friedensvertrags der Dreh- und Angelpolitik jeglicher Außenpolitik, auch der Gustav Stresemanns. Doch für ihn stand fest, dass er die Isolation Deutschlands nur überwinden und den Wiederaufstieg in den Kreis der Großmächte erreichen konnte, wenn Frankreichs Sicherheitsinteressen befriedigt wurden. So war der Locarno-Vertrag 1925 keinesfalls der Vorstoß zu einem geeinten Europa, da die Grenzlinien im Osten offen blieben. Doch Frankreich erhielt seine Rheingrenze garantiert. Dass der Europagedanke lediglich Mittel und nicht Ziel der Politik Stresemanns war, musste sein französischer Kollege auf der Herbsttagung des Völkerbundes 1929 erleben. Hier regte Briand die Schaffung einer „Europäischen Föderativen Union" an. Stresemann unterstützte seinen französischen Amtskollegen, soweit es die Zusammenarbeit auf wirtschaftlichem Gebiet betraf; der Abgabe von Souveränitätsrechten konnte er nicht zustimmen. Damit war die Vision einer „Europa-Union" zerstört.

M 1 „Der Magister Europas"
(Aristide Briand in einer Karikatur aus dem Wochenblatt „Kladderadatsch", 15. Juni 1930)

Zehn Jahre später begann in Europa der Zweite Weltkrieg, als dessen Ergebnis über 50 Millionen Tote zu beklagen waren. Für die Widerstandskämpfer des 20. Juli 1944 (s. S. 58) war es bereits eine unumkehrbare Erkenntnis, dass Deutschland nur noch in einem geeinten Europa eine Zukunft haben könnte. Winston Churchill wiederum formulierte 1946 erneut den Plan der „Vereinigten Staaten von Europa".

M2 Aristide Briand vor dem Völkerbund

(5. September 1929)

Ich denke, dass unter den Völkern, deren Länder geografisch zusammengehören, wie die europäischen Völker, eine Art von einem föderativen Band bestehen sollte. Diese Völker müssen die Möglichkeit haben, in Kontakt miteinander zu
5 treten, über ihre gemeinsamen Interessen zu diskutieren, gemeinsame Entschlüsse zu fassen, kurz, sie müssen untereinander ein Band der Solidarität knüpfen, das ihnen erlaubt, widrigen Verhältnissen im gewünschten Augenblick zu begegnen, wenn sie eintreten sollten. Alle meine Anstrengun-
10 gen sind darauf gerichtet, dieses Band zu schaffen ...
Zitiert nach: Georges Suarez: Briand, Bd. 6, Paris (Plon) 1952, S. 327. Übers. vom Verfasser.

M3 Stresemanns Erwiderung auf die Rede Briands

(9. September 1929)

... Was erscheint denn an Europa, an seiner Konstruktion vom wirtschaftlichen Gesichtspunkte aus so außerordentlich grotesk? ... Ist es nicht grotesk, dass Sie aufgrund neuer praktischer Errungenschaften die Entfernung von Süd-
5 deutschland nach Tokio um 20 Tage verkürzt haben, sich aber in Europa irgendwo selbst stundenlang mit der Lokomotive aufhalten lassen müssen, weil eine neue Grenze kommt, eine neue Zollrevision stattfindet, als wenn das Ganze ein Kleinkrämergeschäft wäre, das wir in Europa innerhalb der
10 gesamten Weltwirtschaft noch führen dürfen? ... Wo bleibt in Europa die europäische Münze, die europäische Briefmarke? Sind diese aus nationalem Prestige heraus geborenen Einzelheiten nicht sämtlich Dinge, die durch die Entwicklung der Zeit längst überholt wurden und diesem Erdteil einen außer-
15 ordentlichen Nachteil zufügen?
Zitiert nach: Gustav Stresemann: Vermächtnis, Bd. 3, hrsg. von Henry Bernhard, Berlin (Ullstein) 1932, S. 577ff.

1 Tragt eure Kenntnisse über den Westfälischen Frieden und den Wiener Kongress zusammen (Autorentext). Welche Rolle spielte „Deutschland" bei den Friedensüberlegungen?

2 Beschreibe, wie der Karikaturist die Arbeit von Briand sieht (M1). Ordne dabei zunächst die Schüler einer europäischen Macht zu und interpretiere dann, wie ihre Einstellung zeichnerisch umgesetzt wurde.

3 Stelle mit deinem Banknachbarn die wichtigsten Aussagen der Reden Briands (M2) und Stresemanns (M3) zusammen und vergleiche die Ansätze der beiden Politiker.

M4 „Raub der Europa"

(Gemälde von Max Beckmann, 1933)

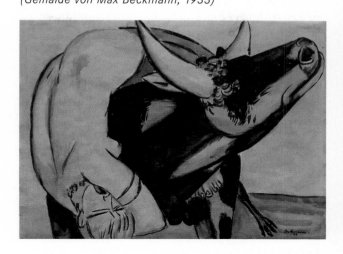

M5 Aus dem Vermächtnis des Widerstandskämpfers Carl Goerdeler *(1944)*

Kurz vor seiner Verhaftung schrieb er:

Dieser Krieg muss zu einem engen Zusammenschluss der europäischen Völker führen, wenn die Opfer einen Sinn erhalten sollen ... (Dies soll geschehen) aber nicht durch Unterwerfung anderer Völker, sondern durch freiwilligen
5 Zusammenschluss selbstständiger Nationalstaaten ... Sie sollen sich nur solcher Souveränitätsrechte entäußern, die auf den europäischen Staatenbund übergehen müssen, um seine Zwecke wirksam zu machen:
a) einheitliches Wirtschafts- und Verkehrsrecht b) Zollunion
10 c) einheitliche Verkehrstechnik d) stabile Währungen auf der Grundlage gegenseitig kontrollierter Haushalte e) verpflichtendes Schiedswesen f) Aufstellung einer europäischen Luftpolizei, Abbau einer eigenen Wehrmacht zugunsten einer europäischen Verteidigungswehr.
15 Der europäische Staatenbund würde einen Wirtschaftsrat, eine Bundesversammlung und ein ständiges Bundeskomitee haben, dessen Sitz und Vorsitz wechseln könnten.
Zitiert nach: Nachlass Carl Goerdelers, N 11113/73 Bundesarchiv Koblenz.

4 Interpretiere das Bild „Raub der Europa" (M4). Informiere dich zunächst genauer über die griechische Sage und stelle sie der Darstellung von Max Beckmann gegenüber. Welche politische Konstellation wollte der Künstler mit seinem Bild andeuten?

5 Stelle die Vorstellungen eines geeinten Europas in M5 der heutigen politischen Situation gegenüber.

Auf dem Weg zu einem gemeinsamen Europa

Wirtschaft als Motor der ▶ europäischen Einigung. Im Mai 1945 war der Krieg zwar beendet, aber der Friede noch längst nicht gesichert. So stellte Jean Monnet, einer der Wegbereiter der „Europäischen Wirtschaftsgemeinschaft", wohl zu Recht fest: „Europa hat niemals bestanden – das wirkliche Europa muss man erst schaffen." Nach den schrecklichen Erfahrungen der zwei Weltkriege wuchs in breiten Teilen der Bevölkerung der Wunsch, nie mehr Krieg zu führen. Zugleich waren die Staaten Europas durch die Kriege geschwächt und wussten, dass sie nur gemeinsam ein Gegengewicht in Bezug auf die neuen Weltmächte USA oder UdSSR darstellen konnten. Viele europäische Politiker, wie der französische Außenminister Robert Schuman oder Konrad Adenauer, begrüßten die Idee des britischen Premierministers Winston Churchill von den „Vereinigten Staaten von Europa".

Wichtige Impulse waren bereits vom Marshallplan (s. S. 88) ausgegangen, weil die USA den westeuropäischen Staaten die Verteilung der Gelder auf die einzelnen Länder übertrug. Noch zentraler erschien aber eine Aussöhnung zwischen den „Erbfeinden" Frankreich und Deutschland. Diese konnte nur erfolgen, wenn beide Seiten sich von einer Zusammenarbeit Vorteile erhoffen durften. Frankreichs Sicherheitsinteressen mussten berücksichtigt werden, während Deutschland eine künftige politische Gleichberechtigung sehen wollte.

Auf Initiative von Robert Schuman kam am 18. April 1951 der „Vertrag über die Europäische Gemeinschaft für Kohle und Stahl" (EGKS) zustande. Durch die Unterzeichnung stimmten beide Länder einer gemeinsamen Kontrolle der kriegswichtigen Kohle- und Stahlindustrie zu. Italien und die Benelux-Länder schlossen sich dieser Montanunion an – die „Gemeinschaft der Sechs" war geboren.

Die Montanunion ebnet Europa den Weg. Bereits 1951 hatten die Vertragspartner eine Vertiefung ihrer Zusammenarbeit beschlossen. Wollte man der Konkurrenz des amerikanischen Marktes und des Welthandels wirksam entgegentreten, mussten sich die Volkswirtschaften der einzelnen Staaten einem Binnenmarkt öffnen und diesen durch gemeinsame Außenzölle schützen. Durch die „Römischen Verträge" formierte sich am 25. März 1957 die „Europäische Wirtschaftsgemeinschaft" (EWG). Auch wenn die sechs Gründungsmitglieder der EGKS zunächst vor allem ein ökonomisches Zusammenwirken verabredeten, waren sie sich im Kern über das Fernziel einig, einen engeren politischen Zusammenschluss anzustreben. Die zeitgleich mit der EWG gegründete „Europäische Atomgemeinschaft" (Euratom) sollte in den Zeiten des Kalten Kriegs eine friedliche Nutzung der Atomenergie vorantreiben. Aus dem Zusammenschluss von Montanunion, Euratom und EWG entstand 1967 schließlich die „Europäische Gemeinschaft" (EG).

Europarat. Bereits 1949 hatten Vertreter von zehn europäischen Nationen in Straßburg den Europarat gegründet. Diese Gemeinschaft wollte die europäischen Ideale der Demokratie und der Menschenrechte fördern und auf wirtschaftlichem, kulturellem und sozialem Gebiet zusammenarbeiten. Gesetzeskraft erlangten ihre Vorschläge nur, wenn die jeweiligen nationalen Parlamente diese billigten. 1950 verabschiedete der Europarat die „Konvention zum Schutz der Menschen- und Grundfreiheiten", deren Anerkennung Voraussetzung für die Mitgliedschaft ist.

M1 Demonstration an der deutsch-französischen Grenze

(7. August 1950, zwischen Wissenbourg in Frankreich und Sankt Germansdorf). Die Fahnensymbolik erinnert an die Paneuropäische Union.

140

M2 Werbung für ein einiges Europa
(Entwurf für ein Plakat, 1950)

M3 Vereinigte Staaten von Europa
Winston Churchill äußerte sich am 19. September 1946 an der Universität Zürich:

Es gibt ein Heilmittel, das aus freien Stücken angewandt ... innerhalb weniger Jahre ganz Europa, oder wenigstens dessen größeren Teil, frei und glücklich machen könnte ... Worin besteht dieses Allheilmittel? Darin, dass man die europäi-
5 sche Familie, oder doch einen großen Teil davon, wiederauf-richtet und ihnen Ordnung gibt, unter der sie in Frieden, Sicherheit und Freiheit leben kann. Wir müssen eine Art Ver-einigte Staaten von Europa schaffen. Nur dann können viele hundert Millionen arbeitender Menschen sich wieder den
10 einfachen Freuden und Hoffnungen hingeben, die das Leben lebenswert machen ... Wenn zu Anfang auch nicht alle Staaten Europas willens oder in der Lage sind, der Union bei-zutreten, müssen wir uns dennoch ans Werk machen, diejenigen Staaten, die es wollen und können, zusammenzufas-
15 sen und zu vereinen ... Ich möchte jetzt etwas sagen, das Sie in Erstaunen setzen wird. Der erste Schritt zur Neubildung der europäischen Familie muss eine Partnerschaft zwischen Frankreich und Deutschland sein ... Es wird keine Er-neuerung Europas geben ohne ein geistig großes Frankreich
20 und ein geistig großes Deutschland. Wenn das Gebäude der Vereinigten Staaten von Europa gut und gewissenhaft errich-

tet wird, muss darin die materielle Stärke eines einzelnen Staates von untergeordneter Bedeutung sein. Kleine Staaten werden ebenso zählen wie große und sich durch ihren
25 Beitrag zur gemeinsamen Sache Ehre erwerben ...
Zitiert nach: Rolf-Hellmut Foerster (Hrsg.): Die Idee Europa 1300-1946. Quellen zur Geschichte der politi-schen Einigung, München (dtv) 1963, S. 253ff.

M4 Der Schumanplan

Karikatur aus der englischen Zeitschrift „Punch" (1950)

1 „Wirtschaft als Motor der europäischen Einigung". Gib stichpunktartig einige Beispiel dafür wieder (Au-torentext). Tipp: Unter www.europa.eu findest du wichtige Informationen dazu.
2 Beschreibe die Wirkung des Plakats auf den Be-trachter (M2). Vergleiche mit M1.
3 Zeige auf, welches „Heilmittel" (M3) Churchill ge-gen Kriege sieht. Vergleiche seine Idee mit dem Schu-manplan (Autorentext).
4 Die einstigen Rivalen Deutschlands, u. a. Groß-britannien und die Sowjetunion, haben sicherlich die Schritte der deutsch-französischen Partnerschaft stets beobachtet. Erkläre, welche Sichtweise sich aus der Karikatur M4 ergibt.

Gestern Feinde, heute Freunde – die deutsch-französische Annäherung

Die Vergangenheit begraben. Die Erzählung des französischen Schriftstellers Vercors, „Das Schweigen des Meeres", 1942 als maßgebliches Werk der Résistance im Untergrundverlag „Éditions de Minuit" erschienen, beschreibt die große Aufgabe, vor die sich Deutsche und Franzosen nach dem Zweiten Weltkrieg erneut gestellt sahen: Wollten sie verhindern, dass alte Feindbilder in der Zukunft neuen Hass und Krieg säten, so mussten sie endlich den Weg zur Aussöhnung ebnen. Einen ersten wichtigen Schritt waren die Staats- und Regierungschefs beider Länder gegangen, als sie im April 1951 die Montanunion vertraglich besiegelt hatten (s. S. 140). Diese wirtschaftliche Zusammenarbeit auf dem Gebiet Kohle und Stahl sollte auf andere Bereiche ausgedehnt werden, um die angestrebte Partnerschaft noch zu festigen.

Streitfall Saargebiet. Bevor man an eine Erweiterung denken konnte, musste die Frage um die Zugehörigkeit des an Bodenschätzen reichen Saarlandes im deutsch-französischen Einvernehmen gelöst werden. Dieses Gebiet war 1946 mit dem Ziel, es auf Dauer von Deutschland loszulösen, dem französischen Zollgebiet zugeschlagen worden. Eine politische Angliederung an Frankreich lehnte die Mehrheit der Bevölkerung jedoch ab. Da die ungelöste Saarfrage die westeuropäische Zusammenarbeit behinderte, vereinbarten Bundeskanzler Konrad Adenauer und der französische Ministerpräsident Pierre Mendès-France 1954 im Saarstatut eine Europäisierung des Gebietes bis zum Abschluss eines Friedensvertrags mit Deutschland. Das eindeutige „Nein" der Saarländer, das aus einer Volksabstimmung hervorging, führte ab 1. Januar 1957 aber zu einer Rückführung des Landes in die Bundesrepublik Deutschland. Somit war das entscheidende Hindernis für die deutsch-französische Kooperation überwunden.

Deutsch-Französischer Freundschaftsvertrag (1963). Als die Gründung einer Europäischen Union im April 1962 an der Frage der Beziehungen zu den USA und an den unterschiedlichen Ansichten über einen EWG-Beitritt Großbritanniens zu scheitern drohte, verstärkten sich die Bemühungen um eine engere deutsch-französische Zusammenarbeit. Die Idee, die Zusammenarbeit Frankreichs und Deutschlands in einem Vertragswerk schriftlich zu fixieren, wurde während de Gaulles Deutschlandbesuch 1962 geboren. Immer wieder betonte der französische Präsident in seinen Reden vor dem begeisterten deutschen Publikum die Versöhnung zwischen Deutschland und Frankreich und die Notwendigkeit einer engen Zusammenarbeit im europäischen Rahmen. Konrad Adenauer stimmte nach längeren Überlegungen diesem Angebot auch zu. Am 22. Januar 1963 unterzeichneten der deutsche Bundeskanzler Konrad Adenauer und der französische Staatspräsident Charles de Gaulle ein Abkommen, das die Freundschaft beider Völker besiegeln sollte. Im Sinne einer engen und vielschichtigen Zusammenarbeit wurde vereinbart, dass sich die Staats- und Regierungschefs mindestens zweimal im Jahr, die Außenminister alle drei Monate treffen sollten, um Bereiche der Außen-, Wirtschafts-, Verteidigungs- und Kulturpolitik aufeinander abzustimmen.

M1 Adenauer und de Gaulle bei ihrem Treffen in Deutschland *(1962)*

Adenauer verband mit dem französischen Präsidenten eine enge Freundschaft.

Um die Verständigung auch auf zwischenmenschlicher Ebene zu fördern, einigten sich Adenauer und de Gaulle auf die Gründung eines deutsch-französischen Jugendwerks.

Dem Ruf nach Völkerverständigung folgten fünfzig Bürgermeister deutscher und französischer Städte, als sie 1951 den „Rat der Gemeinden Europas" gründeten und damit eine internationale Grundlage für den Aufbau von Städtepartnerschaften schufen. Heute verbinden 1 700 Partnerschaften Europäer überall auf dem Kontinent.

M2 Karikatur „Typisch Franzose!" ... „typisch Deutscher!"?
(Karikatur von Fritz Behrendt, 1990)

M3 Auszüge aus dem Deutsch-Französischen Vertrag vom 22. Januar 1963

C Erziehungs- und Jugendfragen

1. Auf dem Gebiet des Erziehungswesens richten sich die Bemühungen hauptsächlich auf folgende Punkte:

a) Sprachunterricht

5 Die beiden Regierungen erkennen die wesentliche Bedeutung an, die der Kenntnis der Sprache des anderen in jedem der Länder zukommt. Zu diesem Zweck werden sie sich bemühen, konkrete Maßnahmen zu ergreifen, um die Zahl der französischen Schüler, die Deutsch lernen, und die der deut-
10 schen Schüler, die Französisch lernen, zu erhöhen ...

b) Frage der Gleichwertigkeit der Diplome

Die zuständigen Behörden beider Staaten sollen gebeten werden, beschleunigte Bestimmungen über die Gleichwertigkeit der Schulzeiten, der
15 Prüfungen, der Hochschultitel und -diplome zu erlassen.

c) Zusammenarbeit auf dem Gebiet der wissenschaftlichen Forschung

Die Forschungsstellen und die wissenschaftli-
20 chen Institute bauen ihre Verbindungen untereinander aus, wobei sie mit einer gründlicheren gegenseitigen Unterrichtung beginnen ...

2. Der französischen und der deutschen Jugend sollen alle Möglichkeiten geboten werden, um
25 die Bande, die zwischen ihnen bestehen, enger zu gestalten und ihr Verständnis füreinander zu vertiefen. Insbesondere wird der Gruppenaustausch weiter ausgebaut.

Es wird ein Austausch- und Förderungswerk der
30 beiden Länder errichtet ... Diesem Werk wird ein französisch-deutscher Gemeinschaftsfonds zur Verfügung gestellt, der der Begegnung und dem Austausch von Schülern, Studenten, jungen Handwerkern und jungen Arbeitern zwischen beiden Ländern dient.

Zitiert nach: Außenpolitik der Bundesrepublik Deutschland. Dokumente von 1949 bis 1994, hrsg. vom Auswärtigen Amt, Köln (Verlag Wissenschaft und Politik) 1995, S. 275ff.

1 Diskutiert die Bedeutung, die die persönlichen Beziehungen zwischen Adenauer und de Gaulle für die deutsch-französische Freundschaft hatten (M1). Vergleiche die Biografien der beiden Politiker.

2 Analysiert die Karikatur M2. Berücksichtigt dabei auch: Welche Ereignisse haben das Verhältnis zwischen Deutschen und Franzosen beeinflusst? Welche Entwicklung wird erwünscht bzw. festgestellt?

3 Erarbeitet, wie die Verständigung zwischen Deutschland und Frankreich verbessert werden sollte. Welche Rolle spielt dabei die Sprache (M3)?

4 Geschichte vor Ort: Erkundige dich, zu welchen Städten oder Gemeinden dein Heimatort Partnerschaften aufgebaut hat. Wann und wie kamen diese zustande?

Tipp: Weitere interessante Informationen erhältst du unter folgenden Internet-Links:

www.france-allemagne.fr
www.deutschland-und-frankreich.de

www.deutschland-und-frankreich.de
www.auswaertiges-amt.de/diplo/de/Europa/
Deutschlandineuropa

Die Kolonien gewinnen die Freiheit

Auf dem Weg zur Unabhängigkeit. Ende des Zweiten Weltkriegs besaßen noch viele europäische Länder Kolonien. Bis in die 60er- und 70er-Jahre beherrschten Großbritannien, Frankreich, Belgien, die Niederlande und Portugal ausgedehnte Gebiete in Afrika und Asien. Die Kolonialherren sträubten sich gegen die Entkolonialisierung, die Entlassung der Kolonien in die Unabhängigkeit. Deutschland hatte seine Kolonien bereits infolge des Ersten Weltkriegs verloren. Daher war es nicht von diesem Prozess betroffen, den man kaum mehr verhindern konnte. Die Kolonialmächte waren einerseits nach dem Zweiten Weltkrieg geschwächt, andererseits forderten die Kolonien ihre Unabhängigkeit nachdrücklicher denn je. Dafür gab es Gründe:

• das gesteigerte Selbstbewusstsein der Kolonialvölker, das darauf beruhte, im Krieg auf der Seite des Mutterlandes gekämpft zu haben;

• die zunehmend kritische Wahrnehmung wirtschaftlicher Ausbeutung der Kolonien durch die Kolonialherren;

• die Übernahme europäisch geprägter Ideen wie der Freiheit und des Selbstbestimmungsrechts der Völker, das die Kolonisierten nun auch für sich beanspruchten;

• der Umstand, dass der einzige wirkliche Sieger des Zweiten Weltkriegs, die USA, eine antikoloniale Politik verfolgten, weil sie an weltweit offenen Absatzmärkten interessiert waren.

Kolonien, Spielbälle im Ost-West-Konflikt. In zahlreichen Kolonien versuchten Befreiungsbewegungen, die Unabhängigkeit ihres Landes mit Gewalt zu erreichen. Beispielsweise führten die Franzosen in Algerien (s. S. 146f.) und Vietnam einen jahrelangen Kampf um ihren Kolonialbesitz, ohne diesen erhalten zu können.

Sowohl die USA als auch die UdSSR unterstützten viele Befreiungsbewegungen, soweit sie die politischen und wirtschaftlichen Grundsätze der jeweiligen Supermacht teilten. Auf diese Weise versuchten Washington und Moskau im Zeitalter des Kalten Kriegs, ihren Einfluss weltweit zu vergrößern. Die Befreiungsbewegungen kämpften dabei gleichsam stellvertretend für die Supermächte um deren weltweite Machtposition; deshalb bezeichnet man diese Kriege als ▶ Stellvertreterkriege.

Zum Teil setzten sich die Auseinandersetzungen zwischen Kolonialvölkern und Kolonialmächten in Bürgerkriegen fort. So kämpften in der portugiesischen Kolonie Angola seit 1961 mehrere Befreiungsbewegungen für die Unabhängigkeit ihres Landes. Nach ihrem Sieg konnten sie sich jedoch nicht über die Verteilung der Macht einigen. So kam es 1975 zum Bürgerkrieg: In ihm wurde die marxistische MPLA von der Sowjetunion unterstützt und die westlich orientierte UNITA von den USA. Der Bürgerkrieg ruinierte das Land und endete auch nicht, als sich die Supermächte aus ihm zurückzogen. Erst 2002, nach vierzig Jahren Krieg, gelang es, das Land zu befrieden. Doch damit hatte das Sterben infolge des Bürgerkriegs noch kein Ende gefunden: Die Konfliktparteien hatten millionenfach Landminen vergraben; weil viele von ihnen nicht entschärft werden konnten, fordern sie bis heute ihre Opfer. Die Bundesregierung unterstützt mit beträchtlichen Hilfsgeldern die Minenräumung. Es wird noch Jahre dauern, bis das Land stabile politische und wirtschaftliche Verhältnisse haben wird.

M1 Mahatma Gandhi *(1869–1948)* **am Spinnrad**

Gandhi befürwortete den gewaltlosen Widerstand gegen die britische Kolonialherrschaft in Indien, den er jahrzehntelang bis zur Unabhängigkeit des Landes anführte. Die britische Regierung hatte den Indern die Herstellung von Stoffen verboten, um die eigene Textilindustrie zu fördern.

Die Kolonie Britisch-Indien wurde 1947 geteilt, sodass zwei Staaten entstanden: Pakistan und Indien. Unmittelbar nach der Unabhängigkeit Indiens kam es zu blutigen Auseinandersetzungen zwischen Hindus und Muslimen. Dörfer wurden überfallen und Flüchtlinge getötet. Viele Muslime flohen in das benachbarte Pakistan, aus dem Hindus nach Indien flüchteten. Indien und Pakistan verfügen über Atomwaffen.

Umstritten ist bis heute die Kaschmir-Region, um die beide Staaten mehrfach Krieg geführt haben. Seit 1999 kommt es zwischen indischen und pakistanischen Einheiten immer wieder zu Gefechten im Grenzgebiet zu Kaschmir.

▉ M2 Britisch-Indien 1945 – die heutigen Länder

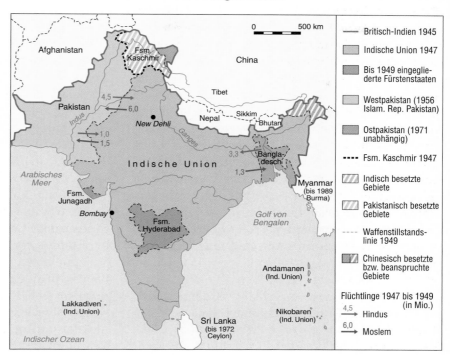

Legende:
- Britisch-Indien 1945
- Indische Union 1947
- Bis 1949 eingegliederte Fürstenstaaten
- Westpakistan (1956 Islam. Rep. Pakistan)
- Ostpakistan (1971 unabhängig)
- Fsm. Kaschmir 1947
- Indisch besetzte Gebiete
- Pakistanisch besetzte Gebiete
- Waffenstillstandslinie 1949
- Chinesisch besetzte bzw. beanspruchte Gebiete

Flüchtlinge 1947 bis 1949 (in Mio.)
- 4,5 → Hindus
- 6,0 → Moslem

M3 Indien wird unabhängig

Am 14. August 1947 entließ Großbritannien Indien in die Unabhängigkeit. Aus diesem Anlass sprach der indische Premierminister, Jawaharlal Nehru, vor dem Parlament:
Um Mitternacht, wenn die Welt schläft, wird Indien zum Leben und zur Freiheit erwachen. Es ist dies ein Augenblick, den man nur selten in der Geschichte erlebt: Wir lösen uns von dem Alten und begegnen dem Neuen, ein Zeitalter endet, und die Seele der Nation, die lange unterdrückt war, äußert sich frei und ungehemmt. Es ziemt sich, dass wir in die-
5 sem feierlichen Augenblick uns zum Dienst an Indien und seinem Volk und zum Dienst an der Menschheit verpflichten ... Wir müssen arbeiten, hart arbeiten, um unsere Träume zur Wirklichkeit werden zu lassen. Diese Träume gelten Indien, aber sie gelten auch der Welt, denn alle Völker und Nationen
10 sind eng miteinander verbunden, sodass kein Volk mehr glauben kann, dass es allein für sich leben kann. Der Friede, so heißt es, ist unteilbar, das gilt auch für die Freiheit und für den Wohlstand und für das Unheil in dieser Einen Welt, die sich nicht länger in isolierte Fragmente aufteilen lässt.
15 Zitiert nach: Dietmar Rothermund: Delhi, 15. August 1947. Das Ende kolonialer Herrschaft, München (dtv) 1998, S. 9.

M4 Flüchtlingsströme (1947)
Muslime flüchten mit dem Zug von Indien nach Pakistan.

1 Erkläre, inwiefern sich der Ost-West-Konflikt in Afrika ausgewirkt hat (Autorentext).

2 Zeige mithilfe von M1 auf, was man unter „gewaltlosem Widerstand" versteht.

3 Beschreibe das Weltbild, das Nehru in seiner Rede entwirft, sowie die Rolle, die Indien ihm zufolge in der Welt spielen soll (M3).

4 Erläutere Folgen der Teilung Indiens im Jahre 1947 (M2 und M4).

Algerienkonflikt – der lange Schatten der Kolonialpolitik

Ein Stück Afrika wird Teil Frankreichs. Die koloniale Unterwerfung Algeriens durch die Franzosen begann im Jahre 1830. Das gesamte Land bis zur Sahara wurde zu französischem Besitz erklärt, in drei Departements aufgeteilt und galt nicht als Kolonie, sondern als Teil Frankreichs. Ein stetiger Strom von Auswanderern aus dem Mutterland zog auf die andere Seite des Mittelmeeres. Die Ländereien längs der Küste wurden den arabischen Besitzern weggenommen und den Siedlern aus Europa als Privatbesitz übergeben. Im Ersten Weltkrieg stellten die Algerier einen großen Teil der Soldaten der französischen Kolonialarmee. Zwischen den Weltkriegen erhoben algerische Arbeiter und Intellektuelle in Frankreich erstmals die Forderung nach Gleichberechtigung zwischen Algerienfranzosen und muslimischen Arabern.

Der Befreiungskrieg. Am 8. Mai 1945, dem Tag der deutschen Kapitulation, brach in der Stadt Sétif ein arabischer Aufstand gegen die Franzosen aus, den 10 000 Algerier mit dem Leben bezahlten. Alle Versprechungen für mehr Selbstbestimmung der Algerier wurden enttäuscht. Die französischen Siedler weigerten sich, die Macht mit den Muslimen Algeriens zu teilen. In Frankreich selbst setzten sich zwar einige Politiker der linken Parteien und Intellektuelle für ein Selbstbestimmungsrecht Algeriens ein, doch das beherrschende Thema in Paris war der Indochinakrieg um die Rückgewinnung der französischen Kolonien Vietnam, Laos und Kambodscha. Völlig unerwartet begann daher in der Nacht zum katholischen Feiertag Allerheiligen am 1. November 1954 der Kampf der algerischen Befreiungsbewegung mit einer Serie von Anschlägen gegen französische Einrichtungen. Paris entsandte binnen kurzem fast eine halbe Million Soldaten. Der französischen Armee gelang eine weitgehende Wiederherstellung der militärischen Kontrolle über das Land. Der nun folgende grausame Partisanenkrieg mit Terror und Gegenterror, Verschleppungen und Folter wurde zu einem der blutigsten Unabhängigkeitskriege des 20. Jahrhunderts. Die Gesamtzahl der getöteten algerischen Zivilisten nach französischen Angaben bei 350 000 Menschen; algerische Quellen sprechen von 1,5 Millionen Toten. Etwa 18 000 französische Soldaten und 350 000 algerische Freiheitskämpfer starben.

Alle Versuche von Verhandlungen scheiterten an der kompromisslosen Haltung der Algerienfranzosen. Während im Mutterland eine Mehrheit für die sofortige Beendigung des Kriegs und Verhandlungen mit der Nationalen Befreiungsfront (FLN) eintrat, drohten die französischen Siedler und Teile des Militärs mit einem Putsch.

Die Folgen der Unabhängigkeit. Mit einer Politik kleiner Schritte steuerte der ab 1958 regierende Präsident Charles de Gaulle auf die Selbstbestimmung Algeriens hin und ließ sich diese Politik in einer Volksabstimmung im Januar 1961 bestätigen. 78 % der Bevölkerung stimmte für einen Rückzug aus Algerien. Einige Generäle, die sich von de Gaulle verraten fühlten, versuchten daraufhin erfolglos einen Militäraufstand.

Bei der Ausrufung der Unabhängigkeit Algeriens im Juli 1962 verließen eine Million Franzosen, die teilweise seit vielen Generationen in Nordafrika lebten, Algerien und mussten in allen Teilen Frankreichs angesiedelt werden. Die Eingliederung dieser Flüchtlinge bedeutete eine schwere wirtschaftliche Last für die französische Politik. Auch 150 000 Algerier, die aufseiten der Franzosen als Hilfstruppen gegen die Befreiungsbewegung gekämpft hatten, standen bei Kriegsende zwischen den Fronten. Mehreren Zehntausend dieser „Harkis" genannten Algerier gelang die Flucht nach Frankreich, wo sie und ihre Nachkommen in Slums am Rande der Großstädte leben.

M1 Feiern anlässlich der Unabhängigkeit *(Algier 1962)*

M2 Ausgewählte Daten zu Algerien im Jahre 1954

	Algerien-franzosen	Muslimische Algerier
Bevölkerung 1954	980 000	8 850 000
Bevölkerung 1958	1 030 000	9 250 000
Geburtenrate in Promille	19	45
Kindersterblichkeit	46	181
Besitzanteile an der landwirtschaftlich nutzbaren Fläche	25 %	75 %
Erwerbstätige in der Landwirtschaft	2 %	98 %
Weinproduktion	19,3 Mio. h	0
Traktoren	19 091	418
Tageslohn in der Landwirtschaft	1 000 Francs	380 Francs
Grundschulbesuch	100 %	20 %

M3 Die algerische Befreiungsfront (FLN) über ihre Ziele *(August 1956)*

Die Kampfhandlungen der Befreiungsarmee haben das politische Klima in Algerien vollkommen verändert … Die Aktionen erlauben es dem algerischen Volk, seiner nationalen Würde bewusst zu werden und den Sieg der Freiheit zu si-
5 chern … Ziel der algerischen Revolution ist es nicht, die Algerier europäischer Herkunft „ins Meer zu jagen", sondern das unmenschliche Kolonialjoch zu zerbrechen. Die algerische Revolution ist kein Bürgerkrieg und kein Religionskrieg. Die algerische Revolution will die nationale Unabhängigkeit
10 erobern, um eine demokratische und soziale Republik zu errichten, die die wirkliche Gleichheit aller Bürger ohne Diskriminierung sichert.

Zitiert nach: André Mandouze: La révolution algérienne par les textes, Paris (Seuil) 1961, S. 31ff. Übers. vom Verfasser.

M4 Ein französischer Soldat erinnert sich *(2001)*

Ich wäre 1940 gern in die Résistance gegen die Nazis gegangen, wie mein Bruder und mein Vater, doch war ich damals erst sieben Jahre alt. Mein Krieg war daher der Algerienkrieg, der von unserer Regierung als „notwendige Operation zur
5 Aufrechterhaltung von Ruhe und Ordnung" bezeichnet wurde …

Doch die Realität des Kriegs bestand aus feigen und abscheulichen Aktionen, bei denen kein Gesetz unserer Zivilgesellschaft beachtet wurde. Folter und Terrorakte des Geg-
10 ners rechtfertigen doch nicht die Umsiedlung größerer

Bevölkerungsteile, die vielen Erschießungen und Vergewaltigungen und schon gar nicht die alltägliche Praxis der Folterung durch die Armee eines Landes, das sich als Erfinder der Menschenrechte rühmt … Als ich nach Hause zurück-
15 kehrte, habe ich mich ins Schweigen geflüchtet, wie alle der damals jungen Soldaten.

Zitiert nach: www.cliotexte/html/algerie. independance.html 27.1.2007, S. 5, S. 7 und S. 17. Übers. vom Verfasser.

M5 Aus dem Abkommen von Evian *(18. März 1962)*

Einstellung der Kampfhandlungen ab dem 19. März 1962, 12.00 Uhr.

Frankreich erkennt die volle und ungeteilte Selbstständigkeit Algeriens an.

Algerien garantiert die Rechte der europäischen Siedler, res-
5 pektiert die wirtschaftlichen Interessen Frankreichs und erlaubt die weitere Erdölförderung durch französische Gesellschaften.

Frankreich leistet Wirtschaftshilfe zur Wahrung seiner Interessen.

10 Algerien bleibt Mitglied in der französischen Wirtschaftsunion.

Frankreich entschädigt alle die Algerienfranzosen, deren Land durch die algerische Agrarreform enteignet wird.

Frankreich reduziert seine Truppen in Algerien auf 80 000
15 Mann, die noch drei Jahre im Land bleiben.

Frankreich darf weitere fünf Jahre das Testgelände für Atomwaffen in Reggane (algerische Sahara) nutzen.

Les accords d'Evian. Zitiert nach: www.cliotexte. Zusammenstellung und Übers. vom Verfasser.

1 Gib stichpunktartig die wesentlichen Ereignisse in Algerien von 1830 bis zur Unabhängigkeit 1962 wieder (M1–M5 und Autorentext). Beziehe die Überschrift dieser Doppelseite mit ein.

2 Werte die Zahlen der Tabelle M2 aus: Wo zeigen sich die Privilegien der europäischen Siedler besonders deutlich?

3 Welche Forderungen erhob die FLN (M3)?

4 Erläutere anhand von M4 die These, der Algerienkrieg sei ein „schmutziger Krieg" gewesen.

5 Versetze dich in die Lage eines französischen und eines algerischen Unterhändlers in Evian. Welche Verhandlungsergebnisse betrachtest du als positiv, welche als negativ (M5)?

Der Nord-Süd-Konflikt

Globale Ungleichheit. Heute sprechen wir gerne von „Einer Welt", in der die Menschen leben. Dieser Begriff soll Zusammengehörigkeit und Gemeinsamkeiten betonen. Dabei herrscht unter den Menschen keine Gleichheit: Weltweit betrachtet, bestehen in den verschiedenen Ländern erhebliche Unterschiede, u. a. hinsichtlich des Wohlstands, der Gesundheitsversorgung oder der Bildungsmöglichkeiten. Besonders schwerwiegend sind diese zwischen den westlichen Industrienationen und den sogenannten Entwicklungsländern. Letztere sind zum größten Teil jene Staaten, die nach dem Zweiten Weltkrieg aus den Kolonien der europäischen Mächte in Afrika, Asien und der Karibik hervorgingen. Zwischen ihnen und den Industrieländern existieren erhebliche wirtschaftliche und soziale Gegensätze. Da die meisten Industrieländer auf der Nord-, die Entwicklungsländer aber auf der Südhalbkugel der Erde liegen, spricht man auch vom Nord-Süd-Konflikt.

M1

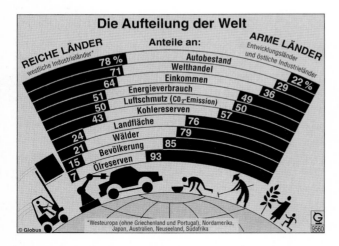

Die Aufteilung der Welt

REICHE LÄNDER
westliche Industrieländer*

Anteile an:

ARME LÄNDER
Entwicklungsländer
und östliche Industrieländer

	REICHE LÄNDER	ARME LÄNDER
Autobestand	78 %	22 %
Welthandel	71	29
Einkommen	64	36
Energieverbrauch	51	49
Luftschmutz (CO_2-Emission)	50	50
Kohlereserven	43	57
Landfläche	24	76
Wälder	21	79
Bevölkerung	15	85
Ölreserven	7	93

*Westeuropa (ohne Griechenland und Portugal), Nordamerika, Japan, Australien, Neuseeland, Südafrika

© Globus 9560

Ursachen für den Entwicklungsrückstand. Was die Wirtschafts- und Handelsstrukturen betrifft, so hat sich das Verhältnis zwischen Industrie- und Entwicklungsländern seit der Kolonialzeit kaum geändert: Die Industrieländer produzieren vor allem Fertigwaren; die Entwicklungsländer exportieren hauptsächlich Agrarerzeugnisse und Rohstoffe. Deren Preise sind auf dem Weltmarkt erheblichen Schwankungen ausgesetzt. Deshalb fordern die Entwicklungsländer für ihre Produkte immer wieder Preisstabilität, welche die Industrieländer freilich nicht bereit sind zu garantieren. Eine weitere Forderung gilt gerechteren Handelsbedingungen, vor allem dem Zugang zu den europäischen Märkten: Die in den Entwicklungsländern billig produzierten Waren, z. B. Textilien, können nämlich nicht ohne weiteres in den Industrieländern abgesetzt werden (Zölle, Handelsbeschränkungen). Für die Entwicklungsländer schmälert diese Handelspolitik die Chancen, wirtschaftlich voranzukommen.

Die Armut auf der Südhalbkugel ist aber nicht allein die Folge der Handelspolitik der Industrieländer:
● Weit verbreiteter Analphabetismus verhindert die Ausübung qualifizierter Arbeiten und damit die Möglichkeit, einen höheren Lohn zu erhalten;
● korrupte Regierungen wirtschaften zum Teil große Teile der Staatseinnahmen in die eigene Tasche;
● ungünstige klimatische Bedingungen bewirken vor allem in einigen afrikanischen Ländern Dürre und in ihrer Folge Hungerkatastrophen;
● nicht zuletzt übertrifft das Bevölkerungswachstum in einigen Regionen das Wirtschaftswachstum.

Entwicklungshilfe. Um die Zustände in den Entwicklungsländern zu bessern, werden sie von den Industriestaaten unterstützt, u. a. finanziell, aber auch durch Vermittlung von technischem Know-how. Daneben stellen sie in Fällen akuter Krisen, z. B. bei Hungersnöten, Lebensmittel und Medikamente zur Verfügung.

Viele Entwicklungsländer haben sich in den vergangenen Jahrzehnten hoch verschuldet. Zum Teil belasten Zins- und Tilgungszahlungen die Staatshaushalte in einem Maße, dass kaum noch Geld für Investitionen in Schulen, Krankenhäuser oder die Wasserversorgung übrig bleibt. Deshalb haben die Industriestaaten in den vergangenen Jahren einigen Entwicklungsländern ihre Schulden erlassen. Die Voraussetzung für den Schuldenerlass ist aber, dass sich die politisch Verantwortlichen in den Entwicklungsländern zu „good governance" verpflichten: Gute Regierungsführung heißt, u. a. für Rechtssicherheit, Korruptionsbekämpfung und den Aufbau einer leistungsfähigen Verwaltung einzutreten. Auf diese Weise hoffen die Industrieländer, zu einer nachhaltigen Entwicklung beizutragen.

M2 Entwicklung der Rohstoffpreise *(1960–2000)*

Auch zwischen 2003 und 2006 unterlagen die Preise für viele Rohstoffe auf dem Weltmarkt zahlreichen Schwankungen. Insgesamt haben sie sich zum Teil mehr als verdoppelt. Dies gilt beispielsweise für Rohöl und verschiedene Erze, u. a. Kupfer, Nickel, Blei und Zink.

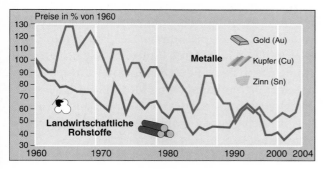

M3 Afrikanische Perspektiven

a) Afrika und die westlichen Industrieländer (Karikatur aus der südafrikanischen Zeitung „Sowetan", 1998)

1 Erkläre den Begriff Nord-Süd-Konflikt mit eigenen Worten und nenne Gründe dafür (Autorentext).

2 Einer verbreiteten These zufolge ist die Kolonialherrschaft der europäischen Staaten die Ursache für die Armut, die heute in den Entwicklungsländern vorherrscht. Nimm zu dieser These Stellung (M2–M4 und Autorentext).

3 Definiere das Verhältnis zwischen Industrie- und Entwicklungsländern (M1).

4 Beschreibe die Preisentwicklung für Metalle und agrarische Rohstoffe. Welche Folgen könnte sie für Staat und Gesellschaft eines Entwicklungslandes haben (M2)?

b) Aus einer Rede des Staatschefs von Tansania, Julius Nyerere (Bonn, 1976):

Wir sind aus Erfahrung zu der Erkenntnis gelangt, dass das ganze Konzept der Hilfe falsch ist … Sie erniedrigt die armen Länder zu Bettlern. Was die Armen jetzt fordern – im eigenen wie in Ihrem Interesse – ist eine faire Chance auf Entwick-
5 lung. Wir wollen einen echten und automatischen Transfer von Produkten von den Reichen zu den Armen und umgekehrt. Wir wollen angemessene Vertretung in internationalen Gremien. Wir wollen eine echte Verpflichtung zur Entwicklung der Welt als einer Einheit, bei bewusster Begünstigung
10 der Armen und Benachteiligten.

Zitiert nach: Jochen R. Klicker (Hrsg.): Afrika. Texte, Dokumente, Bilder. Ein Arbeitsbuch, Wuppertal (Hammer Verlag) 1980, S. 173f.

M4 Bevölkerungswachstum

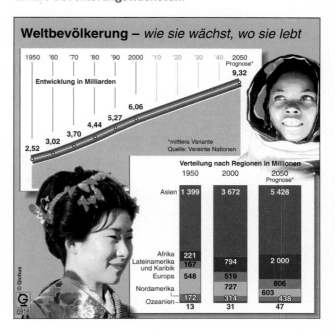

5 Stelle dar, wie der Karikaturist das Verhältnis zwischen den westlichen Industrieländern und Afrika beurteilt. Achte auch auf die Beschriftung des Halsbandes. Nimm kritisch Stellung (M3a und Autorentext).

6 Diskutiere, ausgehend von Julius Nyreres Rede, Vorzüge und Nachteile von Entwicklungshilfe (M3b und Autorentext).

Der Weg zum Staat Israel

„Land ohne Volk für ein Volk ohne Land"? Infolge eines zunehmenden Antisemitismus in Europa am Ende des 19. Jh. wanderten viele Juden in die USA und nach Palästina aus. Die Ideen zu einer Auswanderung in den Nahen Osten, ins „Land der Väter", hatte der jüdische Schriftsteller Theodor Herzl (1860–1904) geliefert. Mit seinem Buch „Der Judenstaat – Versuch einer modernen Lösung der Judenfrage" (1896) wurde Herzl zum Vordenker des Zionismus. Anhänger dieser Bewegung kauften Land in Palästina und siedelten ab 1919 Juden an, die vor allem aus dem von Revolution und Bürgerkrieg gezeichneten Russland stammten. Doch die Region Palästina war bei weitem kein „Land ohne Volk", denn dort lebten muslimische und christliche Araber. Bis 1918 bildete Palästina einen Teil des Osmanischen Reichs, das im Ersten Weltkrieg an der Seite Deutschlands und Österreichs gekämpft hatte. Während dieses Kriegs machte die britische Politik unterschiedliche Versprechungen: Den Arabern wurde ein unabhängiger Staat in Aussicht gestellt, wenn sie sich von den Türken lossagten. Den Zionisten versprachen die Briten einen jüdischen Staat und den Franzosen eine Aufteilung des Nahen Ostens in Interessengebiete.

Palästina bis zum Ende des Zweiten Weltkriegs. Die Briten duldeten die kontinuierliche Einwanderung. Lebten nach dem Ersten Weltkrieg etwa 60 000 Juden in Palästina, so stieg ihre Zahl während der 20er-Jahre auf 175 000 an. Zwischen 1932 und 1938 gelangten fast 200 000 Juden auf der Flucht vor Hitler nach Palästina. Dieser rasante Anstieg der Einwanderung verstärkte die bestehenden Spannungen mit den Arabern. Im Mai 1936 kam es zu arabischen Aufständen zunächst gegen Juden, dann auch gegen die britische Verwaltung. Großbritannien schickte weitere Soldaten und erlaubte den Juden, sich zu bewaffnen. In der Folgezeit gerieten die Briten zwischen die Fronten: Sie bremsten die weitere Einwanderung, da sie ein Bündnis der Araber mit Hitler-Deutschland fürchteten. Selbst Holocaust-Überlebende, die in überfüllten Schiffen in Palästina anlandeten, durften nicht von Bord. Jüdische Terrorgruppen führten wiederholt Bombenanschläge gegen britische Verwaltungseinrichtungen und deren Mitarbeiter durch.

Die Gründung des Staates Israel. Die ausweglose politische Situation veranlasste Großbritannien 1947, sich aus der Region zurückzuziehen und die Entscheidung über die Zukunft Palästinas in die Hände der UN zu legen. Der Sicherheitsrat entschied, in Palästina einen jüdischen und einen arabischen Staat zu schaffen, mit einer internationalen Verwaltung für Jerusalem. Die Juden stimmten zu, die Palästinenser lehnten den Teilungsplan ab. Am 14. Mai 1948, wenige Stunden vor Ablauf des englischen Mandats in Palästina, rief der spätere israelische Ministerpräsident David Ben Gurion (1886–1973) den Staat Israel aus, weil er den Vereinten Nationen nicht zutraute, für die Sicherheit des Landes zu sorgen.

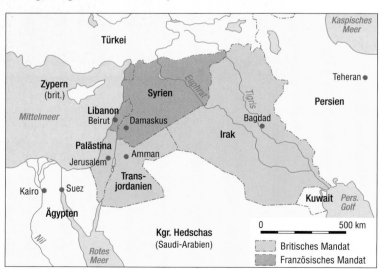

M1 Der Nahe Osten nach dem Ersten Weltkrieg

Statt eines arabischen Nationalstaats entstanden mehrere von Briten oder Franzosen abhängige Staaten (Mandatsgebiete), deren Grenzen mit dem Lineal gezogen wurden. Über den künstlich geschaffenen Irak schrieben zwei amerikanische Historiker: „Der Irak ist ein Produkt Churchills, der die Idee hatte, zwei völlig auseinander liegende Ölgebiete zu verbinden, indem er drei Völker, die nichts miteinander gemein haben, Kurden, Sunniten und Schiiten, in einen Staat presste".

150

M2 Die Balfour-Deklaration vom 2. November 1917

Brief des britischen Außenministers Lord Balfour an den Führer der britischen Zionisten, Lord Rothschild:

Verehrter Lord Rothschild,

ich bin sehr erfreut, Ihnen im Namen der Regierung Seiner Majestät die folgende Erklärung der Sympathie mit den jüdisch-zionistischen Bestrebungen übermitteln zu können, die

5 dem Kabinett vorgelegt und gebilligt worden ist: Die Regierung Seiner Majestät betrachtet mit Wohlwollen die Errichtung einer nationalen Heimstätte für das jüdische Volk in Palästina und wird ihr Bestes tun, die Erreichung dieses Zieles zu erleichtern, wobei, wohlverstanden, nichts geschehen

10 soll, was die bürgerlichen und religiösen Rechte der bestehenden nicht-jüdischen Gemeinschaften in Palästina oder die Rechte und den politischen Status der Juden in anderen Ländern in Frage stellen könnte. Ich wäre Ihnen dankbar, wenn Sie diese Erklärung zur Kenntnis der Zionistischen

15 Weltorganisation bringen würden. Ihr ergebener A. J. Balfour

Zitiert nach: Rolf Steininger: Der Nahostkonflikt, Frankfurt a. M. (= fischer kompakt) 2005, S. 75.

M3 Rückblick auf die Einwanderung

Jael Dajan, Tochter des israelischen Verteidigungsministers von 1967, über den Landerwerb der ersten Siedlergeneration:

Sie nahmen das Land, das zur Verfügung stand. Das Land war damals wirklich nicht fruchtbar, und sie haben daraus einen blühenden Garten gemacht ... Das Land wurde von der

5 Jewish Agency gekauft, und zwar von den Arabern oder den Türken. Es war unfruchtbares Land, das eigentlich niemand haben wollte ... Die Araber in dieser Gegend und in anderen Tälern waren meistens Nomaden ... Im Allgemeinen gab es gute Beziehungen ... Mein Vater ist mit arabischen Nachbarn

10 aufgewachsen. Wir wollten uns nicht das Land gegenseitig nehmen. Wir benutzten dasselbe Land und dieselben Brunnen.

Zitiert nach: Rolf Tophoven: Der israelisch-arabische Konflikt, hrsg. von der Bundeszentrale für politische Bildung, Bonn 1990, S. 23.

M4 Der britische Außenminister Lord Curzon *(1920)*

Die Zionisten wollen einen jüdischen Staat mit Arabern als Holzfäller und Wasserträger. Das wollen auch viele Briten, die mit den Zionisten sympathisieren ... Das ist nicht meine

5 Sicht der Dinge. Ich will, dass die Araber eine Chance haben, und ich will keinen Staat der Hebräer ... Da gibt es ein Land mit 580 000 Arabern und 30 000 oder möglicherweise 60 000 Juden (keinesfalls alle Zionisten). Für uns gilt das ed-

le Prinzip der Selbstbestimmung ... Ich für meine Person er-

10 kenne nicht an, dass die Verbindung der Juden mit Palästina, die vor 1200 Jahren zu Ende gegangen ist, ihnen was auch immer für einen Rechtsanspruch gibt.

Zitiert nach: Steininger: a. a. O., S. 15f.

M5 Erklärung der Arabischen Liga am 24. März 1945

Die Arabische Liga erklärt, dass sie niemandem in dem Bedauern über die Leiden nachsteht, die den Juden Europas durch europäische Diktaturen zugefügt wurden. Aber die

5 Angelegenheit dieser Juden sollte nicht mit dem Zionismus verwechselt werden, denn es kann kein größeres Unrecht und keine größere Aggression geben, als wenn das Problem der Juden Europas durch ein anderes Unrecht gelöst wird, indem den Arabern Palästinas unterschiedlicher Religion und Konfession Unrecht getan wird.

Zitiert nach: Steininger: a. a. O., S. 32.

M6 David Ben Gurion ruft die Unabhängigkeit Israels aus, 14. Mai 1948. *An der Wand ein Porträt Theodor Herzls. Elf Minuten später erfolgte die Anerkennung des neuen Staates durch die USA.*

1 Benenne und erläutere anhand von M1 die Aufteilung des Nahen Ostens und die Entstehung von Konflikten, die bis heute in dieser Region andauern.

2 „117 Worte, die die Welt veränderten" (M2). Erkläre diese Einschätzung.

3 Deute die Aussagen von M4–M6 für die Ursachen des Nahostkonflikts und die heutige politische Lage in der Region. Stelle M3 gegenüber.

4 Informiere dich über Theodor Herzl und berichte kurz über diesen Befürworter des Zionismus.

Israels Kampf um sein Existenzrecht

Der erste Nahostkrieg (1948). Einen Tag nach der Gründung des Staates Israel griffen am 15. Mai 1948 arabische Truppen aus Ägypten, Syrien, Transjordanien und dem Irak den neuen Staat an. Der Krieg war nach kurzer Zeit zugunsten der Israelis entschieden. Deren 65 000 Soldaten gingen hoch motiviert und gut gerüstet in den Kampf. Die arabischen Soldaten waren schlechter ausgerüstet, die Aktionen der Befehlshaber aus verschiedenen Ländern wenig koordiniert. In der Endphase des Konflikts besetzten die Israelis so viel Land wie möglich und vergrößerten ihr Territorium von 14 100 auf 20 700 km². Dem Waffenstillstand folgte kein Friedensschluss, denn die arabischen Länder verweigerten eine Anerkennung Israels und lehnten die Errichtung eines arabischen Staates im Westjordanland (Westbank) ab. Über 700 000 Palästinenser waren geflohen oder wurden vertrieben. Die arabischen Nachbarstaaten boten den Flüchtlingen kaum Möglichkeiten der Eingliederung in ihre Gesellschaften, sondern förderten in den Elendslagern die Propaganda einer baldigen Rückeroberung Palästinas. Die ungelöste Flüchtlingsfrage bildete fortan ein zentrales Thema des Nahostkonflikts.

Der zweite Nahostkrieg (1956). Im Juli 1956 putschten in Ägypten junge Offiziere und setzten den König ab. Ihr Anführer Gamal Abdel Nasser (1918–1970) wurde zum Führer eines neuen arabischen Nationalismus, der enge Kontakte zur Sowjetunion aufbaute. Als die Israelis von sowjetischen Waffenlieferungen an Nasser hörten, trafen sie verstärkte Vorkehrungen für einen Angriffskrieg. Den Anlass hierzu bot die Verstaatlichung der britisch-französischen Suez-Kanalgesellschaft durch Nasser. Franzosen und Briten sahen ihre wirtschaftlichen und strategischen Interessen bedroht und ermutigten Israel zum Angriff am 29. Oktober 1956 durch Invasion der Sinai-Halbinsel. Für Briten und Franzosen geriet der Krieg zu einem Desaster. Das Ziel eines Sturzes von Nasser wurde nicht erreicht; dieser galt fortan als der starke Mann in der arabischen Welt. Für die Israelis hingegen bedeutete die militärische Auseinandersetzung einen Erfolg, da sie große Teile der Sinai-Halbinsel unter ihre Kontrolle bekamen.

Der Sechstagekrieg (1967). Der dritte Nahostkrieg begann am 5. Juni 1967. Schon nach wenigen Stunden stand Israel als Sieger fest, da es durch die rasche Zerstörung der gegnerischen Luftwaffe die völlige Lufthoheit erreicht hatte. Hauptgrund für den israelischen Angriff war die Sperrung der Straße von Tiran durch die Ägypter. Durch diese Meerenge kamen die Schiffe mit den gesamten Öleinfuhren Israels. Zudem schürte Nasser unablässig den Hass auf Israel und verkündete noch wenige Tage vor dem Krieg: „Die Juden haben mit Krieg gedroht … wir sind zum Krieg bereit. Das Hauptziel, das wir in dem bevorstehenden umfassenden Krieg verfolgen, ist die Zerstörung Israels." Der Sechstagekrieg veränderte erneut die Landkarte des Nahen Ostens. Israel hatte das Dreifache seines Territoriums erobert. Eine Million Araber wurden unter israelische Militärverwaltung gezwungen; die Israelis besetzten u. a. die Golanhöhen und die Westbank. Die Stadt Jerusalem wurde wieder vereint. Über eine halbe Million Palästinenser flohen aus der Westbank nach Jordanien. Erst ab diesem Zeitpunkt bekannte sich die amerikanische Politik offen zur Unterstützung Israels.

M1 Israelische Soldaten vor der Klagemauer *(1967)*

Seit 1947 war Jerusalem durch eine Mauer in einen jüdischen West- und einen arabischen Ostteil getrennt. Die Klagemauer lag im Ostteil.

Nach dem Sechstagekrieg begann der Ausbau jüdischer Siedlungen in den eroberten Gebieten. Bis 2003 entstanden etwa 200 Neugründungen. Diese jüdischen Siedlungen inmitten arabischen Landes wurden in der Folgezeit zum größten Hindernis bei allen Lösungsversuchen des Nahostkonflikts.

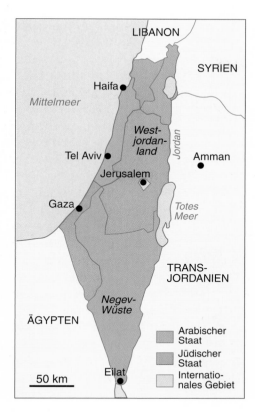

M2 Israel 1947–1967

Links: UN-Teilungsplan (1947)

Rechts: Territoriale Veränderungen bis 1967

Map labels (left): LIBANON, SYRIEN, Haifa, Mittelmeer, West-jordan-land, Tel Aviv, Jerusalem, Amman, Jordan, Gaza, Totes Meer, TRANS-JORDANIEN, Negev-Wüste, ÄGYPTEN, Eilat, 50 km

Legende: Arabischer Staat / Jüdischer Staat / Internationales Gebiet

Map labels (right): LIBANON, Golan, SYRIEN, Haifa, Mittelmeer, West-jordan-land, Tel Aviv, Jerusalem, Amman, Jordan, Gaza, Totes Meer, ISRAEL, JORDANIEN, ÄGYPTEN, SINAI 1967 israel. besetzt., Eilat, 50 km

Legende: Seit 1967 von Israel besetzte Gebiete. Gründung israelischer Siedlungen. Jerusalem ganz unter israelischer Verwaltung

M3 Die Flüchtlingsfrage

Unter Arabern und Juden gibt es kaum ein Thema, das so heiß umstritten ist wie die Diskussion über die Gründe der Flüchtlingsbewegung. Die arabische Seite behauptet, man habe sich „von zionistischem Terror" bedroht gefühlt …

Andererseits weisen die Israelis auf die von arabischer Seite massiv gegen die Juden geführten Terrorakte hin. Ferner, so behaupten die Araber, seien sie von den Israelis systematisch aus Palästina vertrieben worden. Israel bestreitet jede Vertreibung und gibt den arabischen Anrainerstaaten die Schuld für die Massenflucht. Die arabische Propaganda habe die Palästinenser zur vorübergehenden Evakuierung aufgefordert und die baldige Rückkehr nach einem schnellen Sieg versprochen … Erst die 1964 in Kairo gegründete Palästinensische Befreiungsorganisation (PLO) machte sich zum Verfechter palästinensischer Interessen. Ihre Stunde kam nach dem Sechstagekrieg von 1967.

Zitiert nach: Rolf Tophoven: Israels Kampf mit den Palästinensern (= Informationen zur politischen Bildung Nr. 247), Bonn 1995, S. 15.

M3 Aus der Charta der PLO *(1964)*

Die bewaffnete Befreiung Palästinas ist eine nationale Pflicht, um die zionistische … Invasion der großen arabischen Heimat abzuwehren. Die Teilung Palästinas … und die Gründung Israels sind von Grund auf nichtig. Denn sie widersetzen sich dem Willen des palästinensisch-arabischen Volkes und seinem natürlichen Recht auf Heimat; sie widersprechen den Grundsätzen der Vereinten Nationen, vor allem dem Recht auf Selbstbestimmung …

Das arabisch-palästinensische Volk weist alle Lösungen, die einen Ersatz für die vollständige Befreiung Palästinas darstellen, zurück.

Zitiert nach: Helmut Mejcher: Die arabische Welt. Aufbruch in die Moderne (= Quellen und Arbeitshefte zur Geschichte und Politik), Stuttgart (Klett) 1976, S. 65ff.

1 Skizziere die territoriale Entwicklung im Nahen Osten 1947 bis 1967 (M1–M2 und Autorentext).

2 Der erste Nahostkrieg heißt in Israel „Unabhängigkeitskrieg" und bei den Palästinensern „Die Katastrophe" (al-nakba). Erkläre anhand der verschiedenen Bezeichnungen die unterschiedliche Sicht auf den Krieg und dessen Folgen (Autorentext).

3 Fasse die Forderungen der PLO zusammen. Erläutere die Belastungen des israelisch-arabischen Verhältnisses durch die Flüchtlingsfrage (M3).

4 Informiere dich über die Lage und die Zugangsmöglichkeiten zu den heiligen Stätten von Juden, Christen und Muslimen in der Altstadt Jerusalems.

Zwischen Konfrontation und der Suche nach Frieden

1948	Gründung des Staates Israel
1952	Montanunion (Europäischer Zusammenschluss für Kohle und Stahl)
1957	Gründung der EWG („Europäische Wirtschaftsgemeinschaft")
1960	viele afrikanische Staaten erlangen ihre Unabhängigkeit
1963	**Deutsch-Französischer Freundschaftsvertrag**
Juni 1967	„Sechstagekrieg" Israels mit seinen arabischen Nachbarn

M1 „Bezwinger des Kosmos" *(russisches Gemälde, 1960)*

Sicherung der Grundbegriffe

▽ 🗀 **Eigene Dateien**
　▽　🗀 **Geschichte**
　　▽　　🗀 **Weltpolitische Veränderungen im Schatten des Kalten Kriegs**
　　　　　📄 Entkolonialisierung
　　　　　📄 Europäische Einigung
　　　　　📄 Nahostkonflikt
　　　　　📄 Nord-Süd-Konflikt
　　　　　📄 UNO

Im Schatten des Kalten Kriegs: Der Wettlauf im Weltraum

Ein Piepton aus dem All. Es war für die westliche Welt und besonders für die Führungsmacht USA ein Schock, als am 4. Oktober 1957 der erste künstliche Satellit „Sputnik" von der Sowjetunion ins All gebracht wurde. Von dort sendete er tagelang deutliche akustische Signale und bewies so seine erfolgreichen Erdumrundungen. Vielen Amerikanern wurde jetzt erst richtig deutlich, dass auch der Himmel über Amerika „offen" war.

Sowjetischer Triumphzug im All. Die amerikanische Öffentlichkeit hatte den „Sputnikschock" vom Oktober noch nicht richtig verarbeitet, als die nächste Hiobsbotschaft aus Moskau eintraf: Im November schossen die Russen die Polarhündin Laika als erstes Lebewesen in den Weltraum. Erst im Februar 1958 konnten die USA mit ihrem unbemannten Satelliten „Explorer" erstmals nachziehen; zu groß waren ihre Probleme mit einer geeigneten Trägerrakete. Als ihre Wissenschaftler endlich ein sicheres System gefunden hatten, kam aus Moskau bereits die dritte Triumphmeldung: Am 12. April 1961 meldete sich der sowjetische Kosmonaut Juri Gagarin als erster Mensch aus dem Weltall. Das Zeitalter der bemannten Raumfahrt hatte mit einer Erdumrundung von einer Stunde und 48 Minuten begonnen. Am 5. Mai folgte der Amerikaner Alan Shepard, dessen Kapsel ihn aber nicht in eine Erdumlaufbahn brachte; sein Weltraumausflug dauerte nur 15 Minuten.

M2 Parade zu Ehren von Alan Shepard ▶ in Washington *(Juni 1960)*

Auf dem Weg zum Mond. Der amerikanischen Regierung war klar, dass in Zeiten des sich zuspitzenden Kalten Kriegs dem Wettlauf im All eine nicht zu unterschätzende öffentliche Wirkung zukam. Es war der amerikanische Präsident J. F. Kennedy, der nur 20 Tage nach dem Flug von Shepard in einer Rede vor beiden Häusern des Kongresses der Nation ein großes Ziel vorgab: „Jetzt ist Zeit für ein großes, neues amerikanisches Wagnis, Zeit für diese Nation, die führende Rolle in der Raumfahrt zu übernehmen, in der auch der Schlüssel für unsere Zukunft hier auf der Erde zu finden sein mag. Ich glaube, dass diese Nation sich das Ziel setzen sollte, noch vor Ende dieses Jahrzehnts einen Mann auf dem Mond zu landen und ihn sicher wieder zur Erde zurückzubringen." Die nationale Weltraumorganisation NASA sollte die Anstrengungen koordinieren; Staatsgelder in nie gekanntem Ausmaß wurden zur Verfügung gestellt.

Doch erst am 20. Februar 1962 konnte auch der US-Astronaut John Glenn in eine Erdumlaufbahn gebracht werden und landete, trotz einer schweren Beschädigung am Hitzeschild seiner Kapsel, sicher im Pazifik. Wieder waren es die Russen, die mit neuen Sensationen antworten konnten: Zunächst starteten sie im August 1962 innerhalb von 24 Stunden zwei Trägerraketen mit jeweils einem Kosmonauten, die beide drei bzw. vier Tage im All blieben. Medienwirksam schickte Moskau im Juni 1963 dann mit Valentina Tereschkowa die erste Frau ins All und im Mai 1965 unternahm ein russischer Kosmonaut den ersten Weltraumspaziergang. Es war eine sowjetische Sonde, die im Januar 1966 erstmals weich auf dem Mond landete.

Aber die USA erhöhten ihren finanziellen und technischen Einsatz. Am Weihnachtstag 1968 konnte eine amerikanische Besatzung erstmals den Mond umrunden, 400 000 km von der Erde entfernt. Am 20. Juli 1969 betrat der amerikanische Astronaut Neil Armstrong als erster Mensch den Mond und beendete damit den Wettlauf der beiden Supermächte. Doch Moskau hatte sich bereits einem neuen Ziel zugewandt: der ersten dauerhaft bemannten Raumstation im All.

M3 Karikatur von Marie Marcks *(1970)*

1 Teil des Kalten Kriegs war auch die Propaganda. Welchen Eindruck sollen die Abbildungen M1 und M2 beim Betrachter erwecken?

2 Trage in einer Tabelle die Stationen des Wettlaufs im All ein, getrennt für die UdSSR und die USA (Autorentext). Stelle dann dieser Übersicht wichtige politische Ereignisse gegenüber.

3 Der Weg in die Unabhängigkeit vieler Staaten stand auch im Schatten des Kalten Kriegs. Beziehe M3 mit ein und erkläre anhand eines Beispiels aus dem Geschichtsbuch.

4 Auch unter dem Eindruck des Wettlaufs im Weltall gab es in Europa mehrere Bestrebungen, um ein friedliches Miteinander zu erreichen. Fasse die wesentlichen Schritte auf dem Weg zur europäischen Einigung zusammen (s. S. 138ff.).

5 Erarbeitet eine Übersicht für die Zeit von 1949 bis 1963. Bildet dazu eine Gruppe für Europa, eine weitere für die Ereignisse in Asien und Afrika. Die Zeittafel am Anfang des Buches (s. S. 6f.), aber auch die Chronologien der beiden letzten Großkapitel können dazu hilfreich sein (s. S. 132 und S. 154). Manche Daten, die ihr nicht in den Zeittafeln findet, müsst ihr im Geschichtsbuch nachlesen. Fügt die erarbeiteten Übersichten zusammen und berichtet über die wichtigsten Ereignisse in Kurzform.

Nordsee

Ostsee

DK

Schleswig-
Holstein

Kiel

Mecklenburg-
Vorpommern

Schwerin

Hamburg

PL

Bremen

Elbe

Niedersachsen

Weser

Sachsen-

Havel

Berlin

Potsdam

Ems

Hannover

Magdeburg

Brancenburg

Oder

Spree

Anhalt

Neiße

NL

Rhein

Nordrhein-

Ruhr

Düsseldorf

Westfalen

Saale

Elbe

Sachsen

Bonn

Fulda

Erfurt

Dresden

B

Hessen

Werra

Thüringen

CZ

Rheinland-

Mosel

Wiesbaden

Main

L

Pfalz

Mainz

Saarland

Saarbrücken

Bayern

F

Baden-

Stuttgart

München

Donau

Isar

Inn

Württemberg

Rhein

Neckar

Donau

Neugablonz

Lech

Bodensee

CH

A

156

Zur Vertiefung: Deutsche Städte – Geschichte im Fokus

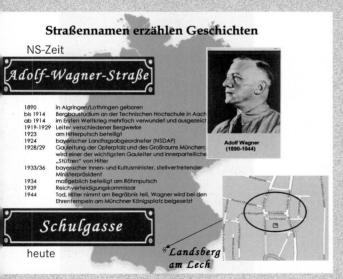

Straßennamen erzählen Geschichten

NS-Zeit

Adolf-Wagner-Straße

1890	in Algringen/Lothringen geboren
bis 1914	Bergbaustudium an der Technischen Hochschule in Aach
ab 1914	im Ersten Weltkrieg mehrfach verwundet und ausgezeich
1919-1929	Leiter verschiedener Bergwerke
1923	am Hitlerputsch beteiligt
1924	bayerischer Landtagsabgeordneter (NSDAP)
1928/29	Gauleitung der Opferpfalz und des Großraums München; wird einer der wichtigsten Gauleiter und innerparteiliche „Stützen" von Hitler
1933/36	bayerischer Innen- und Kultusminister, stellvertretender Ministerpräsident
1934	maßgeblich beteiligt am Röhmputsch
1939	Reichverteidigungskommissar
1944	Tod, Hitler nimmt am Begräbnis teil, Wagner wird bei den Ehrentempel am Münchner Königsplatz beigesetzt

Adolf Wagner
(1890-1944)

Schulgasse

heute

Landsberg am Lech

Spiegel unserer Geschichte. Als die Stadtverwaltung von Köln im Mai 1945 zum ersten Mal zusammentrat, diskutierte sie mit dem von den Briten eingesetzten Oberbürgermeister Konrad Adenauer einen schwerwiegenden Vorschlag: Ist es nicht sinnvoller, das völlig vom Krieg zerstörte Köln weiter südlich als neue Stadt wieder aufzubauen? Schnell wurde der Gedanke verworfen, nicht nur, weil die im Boden verlaufende Infrastruktur keinesfalls völlig zerstört war, sondern weil alle darin übereinstimmten, dass man eine historisch gewachsene Stadt nicht durch eine Neubausiedlung an einer anderen Stelle ersetzen konnte.

Viele Städte tragen die über Jahrhunderte gewachsenen historischen Male in ihrem Stadtbild, waren Schauplatz historischer Ereignisse und geben so die Geschichte eines Volkes in der ganz eigenen Weise wieder. Aber es gibt auch Städte, die nach dem Zweiten Weltkrieg in Deutschland entstanden, um Flüchtlingen und Vertriebenen eine neue Heimat zu bieten.

Die nachfolgend dargestellten Städte spiegeln deutsche Nachkriegsgeschichte wider; ihre Zahl wäre beliebig zu erweitern.

Ebenso ein historischer Spiegel sind Straßennamen, die nicht selten in den verschiedenen Phasen der deutschen Geschichte geändert wurden.

Hamburg, die Beatles und ein neues Lebensgefühl

Das „Tor zur Welt". Hamburg, die zweitgrößte Stadt Deutschlands und seit dem Mittelalter eines der wichtigsten Verkehrszentren Deutschlands, wurde während des Zweiten Weltkriegs schwerst zerstört. Sie schaffte es aber im Gefolge des Wirtschaftswunders, schnell wieder zum „Tor zur Welt" zu werden: Die Zeit der Entbehrungen war in den 50er- und 60er-Jahren beinahe schon wieder vergessen, die Wirtschaft pulsierte, zeitweise herrschte sogar Vollbeschäftigung. Damit aber nicht genug: Der HSV wurde deutscher Fußballmeister, die Reeperbahn boomte und der legendäre „Star-Club" öffnete seine Pforten.

M1 Hamburger Star-Club *(1965)*

Lehrjahre in Hamburg. Wegen mangelnder Engagements in ihrer Heimatstadt Liverpool machten sich im August 1960 fünf junge Männer – John Lennon war gerade neunzehn Jahre alt, Paul McCartney achtzehn – auf den Weg nach Hamburg, um in den zahlreichen Clubs der Elbmetropole spielen zu können. Sie bekamen ihre Chance, z. B. im „Indra", im „Kaiserkeller" und auch im „Star-Club". Die Band wurde schnell zum Geheimtipp, knüpfte wichtige Kontakte und entwickelte nach und nach ihren eigenen Stil – weg vom Rock'n'Roll und Elvis Presley (s. S. 128), hin zu einem bis dahin noch nicht gehörten Sound, der die „Beatles" ab 1962 zur bis heute erfolgreichsten, wichtigsten und innovativsten Band der Popgeschichte machen sollte.

Weg mit den alten Traditionen! 1966, auf dem Höhepunkt der Beatlemania, kehrte die inzwischen zum Quartett geschrumpfte Band noch einmal nach Hamburg zurück, um dort einige Konzerte in der Ernst-Merck-Halle zu geben: Während die Fans begeistert vor der Bühne jubelten, gab es draußen auf der Straße lautstarke Krawalle: Junge Leute, Studenten zumeist, stellten überkommene gesellschaftliche Strukturen in Frage und wandten sich letztlich gegen eine Elterngeneration, die mit einem anderen Wertesystem aufgewachsen war. Parallel zur politisch engagierten Studentenbewegung, sich häufig überschneidend, entwickelte die Jugend der 60er-Jahre auch andere alternative Lebensentwürfe: Die Hippies beispielsweise standen für freie Liebe, Drogenkonsum, „Make love not war"-Sprüche. Deutsche Eltern schüttelten resigniert ihre Köpfe und sprachen von „Gammlern", wenn sie ihre langhaarigen Söhne und die wenig adrett gekleideten Töchter beim Nichtstun erwischten.

M2 Jugendliche „Gammler" auf der Hamburger Reeperbahn *(1967)*

Sprachrohr einer Generation. Schon die frühen Hits der Beatles – „I want to hold your hand" (1963) beispielsweise – hatten den Nerv einer Jugend getroffen, die ganz anders – freier – dachte und fühlte als ihre Eltern. Zum Sprachrohr einer gesamten Generation wurde die Band aber wohl erst ab 1965/66: Alben wie „Rubber Soul", „Revolver", „Sergeant Pepper's Lonely Hearts Club Band" und „Abbey Road" sind bis heute musikalische Meilensteine und spiegeln das Lebensgefühl einer Generation wider, die neue Wege suchte und teils auch fand.

M3 Die Beatles in Hamburg *(1962)*

M5 Fans in Hamburg *(1966)*

M4 „Revolution" *(1968)*

Du sagst, du willst 'ne Revolution.

Weißt du, wir alle wollen diese Welt verändern.

Du sagst mir, das sei Evolution.

Weißt du, wir alle wollen diese Welt verändern.

5 Doch wenn du von Zerstörung redest,

ach weißte, auf mich brauchst du dann nicht zu zählen.

Ach weißte, es kommt schon irgendwie hin, schon hin, schon

hin, schon hin.

Du sagst, du hast eine Lösung in Händen.

10 Weißt du, wir alle würden den Plan gern beäugen.

Du bittest mich, ich soll was spenden.

Weißt du, wir tun ja schon, was wir können.

Doch wenn du Geld für Leute haben willst, die hassen,

kann ich nur sagen: Bruder, ich muss dich warten lassen.

15 Ach weißte, es kommt schon irgendwie hin, schon hin, schon

hin, schon hin.

Die Verfassung erscheint dir änderungsbedürftig.

Weißt du, wir alle wollen das Kommando korrigier'n.

Du sagst, es sei die Einrichtung an sich.

20 Weißt du, befrei doch lieber mal dein eigenes Hirn.

Und wenn du Bilder anschleppst von Steuermann Mao,

dann schaffst du's wohl mit keinem oder sonst da wo.

Ach weißt du, es kommt schon irgendwie hin, schon hin,

schon hin, schon hin.

25 *Zitiert nach: The Beatles Songbook I. Das farbige Text-*

buch der Beatles, hrsg. von Alan Aldridge, München

(Deutscher Taschenbuchverlag) [14]*1981, S. 192. Übers. von*

Peter Zentner.

■ **GESCHICHTE AKTIV / KREATIV**

Projektidee: „Ausstellung zum ‚Wandel der Jugendkultur in den 60er-Jahren im Vergleich zu heute'"

• Die Aufbruchstimmung in der zweiten Hälfte der 60er-Jahre erfuhr sehr schnell eine übertriebene Verklärung. Mithilfe einer Passantenbefragung solltet ihr klären können, welche Spuren die „68er" in der Erinnerung der Menschen hinterlassen haben.

• Sammelt Informationen zu: APO, Rudi Dutschke, Kommune 1, Studentenbewegung, The Doors, Bob Dylan, Easy Rider, Flower-power, Musical „Hair", Jimi Hendrix, Hippies, Jack Kerouac, LSD, Robert Pirsig, Andy Warhol, Woodstock etc.

• Entwickelt Multiple-Choice-Fragebögen zu den oben genannten Stichwörtern. Die Abschlussfrage sollte offen gestaltet sein: Welche Bedeutung hatten die „68er" für die bundesrepublikanische Gesellschaft? Achtet bei der Passantenbefragung und der Auswertung auf das Alter der befragten Person.

• Vergleicht mit der Jugend heute und ihrem Zeitgeschmack.

• Bereitet eure Recherche- und Umfrageergebnisse in Form einer Ausstellung auf.

1 Welche Rückschlüsse kann man anhand der hier vorgestellten Bilder hinsichtlich der gesellschaftlichen Veränderungen in den 60er-Jahren ziehen?

2 „Revolution" thematisiert die verschiedenen Strömungen der Jugendbewegung der 60er-Jahre. Stelle die Schlüsselbegriffe des Textes gegenüber und ordne sie der entsprechenden Gruppierung zu (Autorentext).

159

Berlin – Spiegel deutscher Geschichte

Eine Stadt als Brennpunkt. Kaum eine Stadt ist so eng mit der Geschichte Deutschlands verknüpft und zugleich mit internationalen Ereignissen verflochten wie Berlin. Zunächst Hauptstadt des Kurfürstentums Brandenburg und der Preußenkönige, erlebte die Stadt an der Spree seit 1871 als Hauptstadt des deutschen Kaiserreichs einen nie zuvor gekannten Aufstieg: Berlin wurde eine der führenden Metropolen Europas, ja der Welt. Durch Eingemeindungen erreichte die Stadt bis zum Beginn des Ersten Weltkriegs ca. 4,1 Millionen Einwohner. Auch wenn sich die erste deutsche Republik nach dem Ort der Entstehung ihrer Verfassung „Weimarer Republik" nannte, so spielte sich doch das zentrale politische und kulturelle Leben Deutschlands zumeist in Berlin ab. Verdüsterten sich auch die Bilder mit der Machtübernahme der Nazis, so stand Berlin erneut 1936 im Mittelpunkt als strahlender Gastgeber der Olympischen Spiele. Für Berlin planten die Machthaber gewaltige Bauvorhaben – und die Umbenennung in „Welthauptstadt Germania". Am Ende des „Dritten Reichs" tobte als letzte Schlacht die um Berlin; ein gigantisches Trümmerfeld blieb zurück.

„Völker der Welt, schaut auf Berlin!" Was sich dann von 1945 bis 1989 abspielte, kann nur als einmaliges Ereignis in der Welt gesehen werden. Wie das übrige Deutschland gleichfalls in vier Zonen geteilt, lagen die westlichen Zonen als „Westberlin" wie eine Insel in der 1949 gegründeten DDR. Drei Jahre nach Kriegsende von den westalliierten Siegern über fast ein Jahr nur durch eine Luftbrücke am Leben gehalten, ging der „Eiserne Vorhang" des Kalten Kriegs von nun an mitten durch die Stadt. Und hier manifestierte er sich in besonders grausamer Weise, als am 13. August 1961 die Machthaber der DDR Westberlin komplett einmauern ließen. Ein sicherlich erhebender Augenblick für die Bewohner von Berlin war, als der amerikanische Präsident Kennedy 1963 vor Hunderttausenden den berühmten Satz sagte: „Ich bin ein Berliner!"

Und doch blieb Berlin noch 26 Jahre eine welthistorische Einmaligkeit: Den vier Siegermächten des Zweiten Weltkriegs direkt unterstellt, hatte der Osten der Stadt von den Sowjets den Status einer Hauptstadt der DDR zugestanden bekommen. Westberlin erhielt völkerrechtlich einen Sonderstatus in seinem Verhältnis zur Bundesrepublik, was sich nicht nur in eigenen Briefmarken zeigte, sondern u. a. in der Kuriosität, dass keine deutsche Airline die Stadt anfliegen durfte. Damit mussten auch der Bundeskanzler oder der Bundespräsident nach Berlin grundsätzlich eine ausländische Maschine benutzen. Mit den Ereignissen in der Nacht vom 9./10. November 1989 wurde Berlin nochmals zum Brennglas der weltpolitischen Ereignisse um das Ende des Kalten Kriegs: Plötzlich waren die „Grenzübergänge" zwischen West- und Ostberlin offen, die Menschen strömten von Ost nach West und erklommen begeistert die Mauer. Berlin wurde neben Leipzig zum Symbol der friedlichen Revolution in der DDR, die zur deutschen Wiedervereinigung und damit zum Beginn der „Berliner Republik" führte.

M1 Brandenburger Tor 1933

M2 1945

M3 1953

M4 1961

M5 1989

M6 Berlin preisgeben?

Ausschnitte aus der Rede des Regierenden Bürgermeisters von Berlin, Ernst Reuter, am 9. September 1948 vor dem Reichstag:

... Wenn heute dieses Volk von Berlin zu Hunderttausenden hier aufsteht, dann wissen wir, die ganze Welt sieht dieses Berlin.

... Wer diese Stadt, wer dieses Volk von Berlin preisgeben
5 würde, der würde eine Welt preisgeben; noch mehr: er würde sich selber preisgeben, und er würde nicht nur dieses Volk von Berlin preisgeben in den Westsektoren und im Ostsektor Berlin. Nein, wir wissen auch, wenn es nur könnte, stünde heute das Volk von Leipzig, von Halle, von Dresden, von all
10 den Städten der Ostzone so wie wir auf ihren Plätzen und würde unserer Stimme lauschen ... Das Volk von Berlin hat gesprochen. Wir haben unsere Pflicht getan, und wir werden unsere Pflicht weiter tun. Völker der Welt! Tut auch Ihr Eure Pflicht und helft uns in der Zeit, die vor uns steht, nicht nur
15 mit dem Dröhnen Eurer Flugzeuge, nicht nur mit den Transportmöglichkeiten, die Ihr hierher schafft, sondern mit dem standhaften und unzerstörbaren Einstehen für die gemeinsamen Ideale, die allein unsere Zukunft und die auch allein Eure Zukunft sichern können. Völker der Welt, schaut auf
20 Berlin! Und Volk von Berlin, sei dessen gewiss, diesen Kampf, den wollen, diesen Kampf den werden wir gewinnen!

Zitiert nach: Ernst Reuter: Artikel, Briefe, Reden 1946 – 1949, Berlin (Propyläen) 1971, S. 478f.

1 Füge zu jedem Bild (M1–M5) einige Sätze über das jeweilige Ereignis bzw. über die Ereignisse zu jener Zeit hinzu. Lies im Buch nach (Autorentext und S. 24, S. 66f. und S. 122ff.).
2 Erstellt eine Wandzeitung mit Bildern zum Brandenburger Tor aus unterschiedlichen Epochen und fügt stichpunktartig die geschichtlichen Hintergründe hinzu. Alternativ könnt ihr auch eine Wandzeitung zum Reichstagsgebäude machen.
3 Lest die Auszüge der Rede von Ernst Reuter (M6) laut vor. Sprecht über die Adressaten und die Absicht des Redners.

Bonn – ein „Provinzstädtchen" wird Hauptstadt auf Zeit

Tagungsort des Parlamentarischen Rats. Als am 1. September 1948 der Parlamentarische Rat in dem kleinen Universitäts- und Beamtenstädtchen am Rhein zu seiner ersten Sitzung zusammentrat, ahnte noch kein deutscher Politiker, dass Bonn ein Jahr später provisorische Bundeshauptstadt werden würde. Für Überraschung hatte die nordrhein-westfälische Landesregierung bereits vorher gesorgt, als es ihr gelang, den Beratungsort für das Grundgesetz nach Bonn zu holen. Hauptargument war, dass auch in der britischen Zone ein „Geburtsort" für den neuen westdeutschen Staat liegen sollte, nachdem man sich bisher zu Beratungen in der französischen oder amerikanischen Zone getroffen hatte. In wenigen Wochen waren alle Baugenehmigungen erteilt, die Gelder bereitgestellt, Zimmer angemietet und als Tagungsort die Pädagogische Akademie hergerichtet. Telefonisch gaben die Ministerpräsidenten ihr Einverständnis. Die Eröffnungsversammlung des Parlamentarischen Rats fand im Naturkundemuseum König statt, inmitten von verhängten ausgestopften Tieren.

M1 Provisorische Schilder zur zukünftigen Hauptstadt

Der „Kampf" um Bonn. Bereits am Abend vor der Eröffnung des Parlamentarischen Rats meldete der hessische Ministerpräsident im Kreise seiner Amtskollegen den Anspruch Frankfurts am Main an, zukünftige Bundeshauptstadt zu werden. Er wies daraufhin, dass hier bereits für die Bizonenverwaltung erhebliche Investitionen für Neubauten getätigt wor-

den seien, zugleich wäre Frankfurt eine bedeutende Wirtschafts- und Börsenstadt. Doch keiner hatte mit Konrad Adenauer gerechnet, dem Präsidenten des Parlamentarischen Rats, der jeden Abend zu seinem Haus unweit von Bonn fuhr. Er war sich mit der Landesregierung in Düsseldorf einig, dass Bonn Bundeshauptstadt werden müsste. Bereits Ende September 1948 konnte er in einem vertraulichen Gespräch mit Vertretern der Landesregierung in NRW feststellen: „Es geht ganz ausgezeichnet. Die Leute fühlen sich hier so wohl, dass sie gar nicht mehr weg wollen. Jetzt können wir daran gehen, einen Vorschlag in der Richtung zu machen, dass Bonn vorläufige Bundeshauptstadt wird." 1948 ließ er Denkschriften über die Unterbringungsmöglichkeiten der Bundesbehörden in Bonn anfertigen und unterrichtete die völlig überraschten Abgeordneten über die Vorzüge von Bonn. Sofort regte sich heftiger Widerstand vor allem beim Vorsitzenden der SPD, Kurt Schumacher, der sich nachdrücklich für Frankfurt aussprach. Ohne zu zögern, ließ Adenauer daraufhin einen Düsseldorfer Architekten beauftragen, Baupläne für den Umbau der Pädagogischen Akademie zum „Bundeshaus" anzufertigen. Die notwendigen Umbauarbeiten begannen im Februar 1949; die Baugenehmigungen trafen nach Fertigstellung ein. Ein besonders starkes Argument lieferte die britische Besatzungsmacht, die den völligen Truppenabzug der in Bonn stationierten alliierten Truppen zusagte und damit den zukünftigen Regierungssitz zu einem entmilitarisierten Gebiet machte. Frankfurt war Sitz der amerikanischen Verwaltung, ein Abzug damit undenkbar. Zudem sah man in Bonn lediglich ein Provisorium, während Frankfurt/Main auch Hauptstadt eines vereinten Deutschlands sein konnte. Am 10. Mai 1949 kam es um 23.30 Uhr im Parlamentarischen Rat zur geheimen Abstimmung: Mit 33 gegen 29 Stimmen wurde Bonn zum vorläufigen Regierungssitz bestimmt. Bereits in der ersten Sitzung des Deutschen Bundestags am 7. September 1949 beantragte die oppositionelle SPD die Verlegung der Bundesorgane nach Frankfurt. Wieder war es Adenauer, der seine ganze Amtsautorität als erster Bundeskanzler einsetzte und in der entscheidenden Abstimmung am 3. November 1949 den Sieg für Bonn sicherte. Das Provisorium Bonn blieb bis zur Wiedervereinigung von Bundesrepublik und DDR 1989 Bundeshauptstadt.

M2 Erste Briefmarke der Bundesrepublik

(Eröffnung des ersten Deutschen Bundestags am 7. September 1949: Richtfest des „Bundeshauses")

M3 Die Gebäude der Pädagogischen Akademie nach dem Umbau zum „Bundeshaus"

Im Bauhausstil von Martin Witte zwischen 1930–1933 erbaut. Hier tagten der Bundestag und der Bundesrat. In den über 40 Jahren als Sitz der beiden Verfassungsorgane wurde es bis zur Verlegung der Institutionen 1999 nach Berlin mehrfach erweitert und umgebaut. Heute werden die Räumlichkeiten in erster Linie für Kongresse und Tagungen genutzt.

M4 Palais Schaumburg, Sitz des Bundeskanzlers

M5 Villa Hammerschmidt

Eines der beliebtesten Fotomotive in Bonn: Seit 1950 ist die Villa Amts- und Wohnsitz des Bundespräsidenten der Bundesrepublik Deutschland. Das spätklassizistische Haus wurde 1860 nach den Plänen des Architekten August Dieckhoff errichtet. Wegen seiner Ähnlichkeit mit dem Weißen Haus in Washington, dem Amtssitz des amerikanischen Präsidenten, wird es auch als „Weißes Haus von Bonn" bezeichnet.

1 Gebäude machen Geschichte: Wiederhole anhand der Abbildungen M2–M5 die wesentlichen Schritte bis zur Gründung der Bundesrepublik (s. auch S. 94f. und 98f.).

2 Noch mehr Informationen über das Bonner Regierungsviertel erhältst du über folgenden Link: www.wegderdemokratie.de/rundgang/0_hdg.htm

3 Berlin wurde 1990 Hauptstadt des wiedervereinigten Deutschland. Finde heraus, wo der Bundeskanzler, die einzelnen Ministerien bzw. der Bundespräsident residieren (Stadtplan Berlin).

4 Bundeskanzler Adenauer hat sich nicht nur für Bonn als Hauptstadt eingesetzt, sondern insgesamt jene Zeit sehr geprägt. Man spricht auch von der „Ära Adenauer". Gib stichpunktartig einige Leistungen Adenauers wieder (Autorentext sowie S. 94f., 98f. und 106–112).

◄ *Das Palais wurde von Hans Schwippert für die neue Nutzung umgebaut. Als die Räumlichkeiten nicht mehr ausreichten, zog das Amt in einen Neubau in der Nähe um. Das Palais dient aber weiterhin für Repräsentationszwecke und ist zweiter Dienstsitz des Bundeskanzler(amt)s.*

Neugablonz

Vertreibung aus Böhmen. Nach der Niederlage der Deutschen im Zweiten Weltkrieg wurden mehr als drei Millionen Sudetendeutsche aus ihrer Heimat zwangsumgesiedelt. Die Vertreibung 1945 war eine Reaktion auf den Terror und die Grausamkeiten der Nationalsozialisten gegenüber der tschechischen Bevölkerung im besetzten Protektorat Böhmen und Mähren (s. S. 44f.). Zunächst wurde die deutsche Bevölkerung enteignet und zur Zwangsarbeit verpflichtet. An vielen Orten kam es dabei zu Gewalttaten gegen festgenommene Deutsche. Die Vertriebenen wurden in Lagern interniert, in denen aufgrund mangelnder Hygiene und geringen Lebensmittelrationen häufig Epidemien ausbrachen. Der rechtliche Rahmen für diese Zwangsaussiedlung wurde erst auf der Potsdamer Konferenz vom 2. August 1945 gelegt (s. S. 78f.). Mit den Vertriebenentransporten gelangten 1,2 Millionen Sudetendeutsche in die US-Besatzungszone und mussten nun eine neue Existenz gründen. Ein Beispiel für die gelungene Eingliederung der Vertriebenen in Bayern ist die 1946 gegründete Stadt Neugablonz im Allgäu.

Aus Gablonz wird Neugablonz. Neugablonz heißt der zweitgrößte Stadtteil der Stadt Kaufbeuren und ist eine nach dem Zweiten Weltkrieg auf Betreiben der bayerischen Staatsregierung gegründete Vertriebenengemeinde. Dort siedelten sich viele Sudetendeutsche aus Gablonz (Jablonec nad Nisou) im heuti-

gen Tschechien an. Gablonz an der Neiße war eine blühende, insbesondere für ihre Schmuckindustrie bekannte Stadt in Nordböhmen im Isergebirge mit mehr als 90 % Sudetendeutschen. Nach dem Kriegsende vertrieb man die deutschstämmige Bevölkerung auch aus Gablonz. Während sich die Flüchtlinge aus einer Stadt in verschiedene Teile des zerstörten Deutschlands verstreuten, kamen viele Leute aus Gablonz hier wieder zusammen.

Auf dem Gelände einer ehemaligen Munitionsfabrik entstand eine Vertriebenensiedlung; die neu aufgebaute Schmuck- und Glasindustrie trug rasch zum wirtschaftlichen Aufschwung der Stadt bei.

Im Stadtbild erinnern Denkmäler und das Isergebirgsmuseum an die frühere Heimat und an die Zeit der Vertreibung. Viele Straßen wurden nach den Stadtteilen von Alt-Gablonz und den umliegenden Bergdörfern benannt. Die Entwicklung einer guten Partnerschaft zwischen den beiden Städten Neugablonz und Jablonec soll einen Beitrag zur Versöhnungsarbeit leisten.

Neugablonz hat heute etwa 18 000 Einwohner. Die berühmte „Gablonzer Bijouterie" musste gegen Ende des 20. Jh. allerdings weitgehend billigeren Produkten aus Asien weichen.

M1 Neugablonz *(um 1950)*

M2 Vertriebenendenkmal in Neugablonz

M3 Aus Aufzeichnungen von Zeitzeugen

a) Schlimm waren jene dran, die vor ihrer endgültigen Austreibung monate-, ja jahrelang in Zwangsarbeitslagern oder bei Zwangsarbeitseinsätzen ihr letztes bisschen gerettete Kleidung und Wäsche verschlissen hatten. Es gab im
5 Lager Frauen und Kinder, die sich in ihre Schlafdecken hüllen mussten, wenn Wäsche gewaschen wurde, denn sie besaßen nur eine einzige Wäschegarnitur. Frau Fuchs, die Frau des letzten Lagerobmannes Alfred Fuchs, die mit ihrer Familie nach einer schlimmen Zeit der Verschleppung zur
10 Zwangsarbeit ins Innere Böhmens 1948 im Lager Riederloh ankam, besaß als einziges Kleidungsstück nur einen Morgenmantel aus blauem Samt, Alfred Fuchs nur eine zerrissene Hose, ein kariertes Hemd und eine Schlosserjacke, die beiden Töchter mussten sich ein Paar Schuhe teilen. Nadeln,
15 Nähzeug und Bügeleisen waren in dieser Frühzeit des Lagers Riederloh ebenfalls Kostbarkeiten und wurden unter Freunden ausgeliehen ...

Zitiert nach: www.dittert-online.de/neugablonz/lager6htm

b) *Aus Erzählungen von Frau Herta Jung (geb. 1924) vom 21. Mai 2003:*

... Am 4. Juli 1945 läutete schließlich ein Herr Kostlan, der zweithöchste Mann der Gemeinde, gegen 17.00 Uhr an ihrer Haustüre. Er versprach ihnen, weiterhin in ihrem Haus und zwar im ersten Stock wohnen zu dürfen. Er selbst würde das
5 unterste Stockwerk benutzen. Schließlich ließ er sich die Heizungsanlage genau erklären. Am nächsten Morgen stand dann in aller Frühe ein tschechischer Polizist. Je nach Rang trugen diese unterschiedliche deutsche Uniformen, z. B. der SS - an ihrer Türe. Er hielt ein in tschechischer Sprache ver-
10 fasstes Dokument in der Hand, welches die sofortige Ausweisung der Familie Jung verfügte. Zweifellos war dieses von dem besagten Herrn Kostlan am Tag zuvor vor seinem Besuch unterschrieben worden. „Unverkennbar", erzählte Frau Jung, „standen dem tschechischen Polizisten, der nur seine
15 Pflicht zu erfüllen hatte, die Tränen über so viel Gemeinheit in den Augen". Es half alles nichts: Innerhalb einer Stunde sollten sie mit je höchstens 30 kg Gepäck vor der Türe zum Aufbruch bereitstehen. Dies war die Zeit der „wilden Ver-

treibung"! Es fanden sich noch zwölf weitere Ausgewiesene
20 ein. Von Ort zu Ort ging es zu Fuß nach Gablonz in die Bürgerschule (Volksschule), in der Stroh zur Übernachtung ausgebreitet war. Am 6. Juli 1945 wurde die Familie am Bahnhof mit ihren Habseligkeiten, bestehend aus einigen Kleidungsstücken, unter strengster Bewachung in einen offe-
25 nen, staubigen Kohlewaggon verfrachtet und nach Grottau (Grenzort) gefahren. Was dann kam, war nach Frau Jung's Erzählung „fürchterlich". „Die Leute wurden aus den Waggons rausgeholt, die Rucksäcke durchsucht und was noch viel schlimmer war: die Frauen vor Männern einer strengen
30 Leibesvisitation unterzogen." Frau Jung kann sich genau erinnern, wie eine Frau geschlagen wurde, weil sie sich wehrte. Sie stand eine unglaubliche Angst aus, als der Moment immer näher kam, dass sie an die Reihe kommen würde. Durch einen geradezu unglaublichen Zufall stellten die
35 Tschechen beim vorletzten Waggon die Kontrollen ein: Ein Gewitter mit starken Regen setzte ein, sodass sie unbeschadet wieder in den Zug einsteigen durften. Bei einem Ort namens Ottendorf wurden sie letztendlich aus dem stehenden Zug geworfen und kämpften sich hungernd, nachdem sie das
40 letzte vom Regen durchnässte und verschimmelte Brot gegessen hatten, durch die Landschaft bis sie unterwegs bei Neustadt in Sachsen unerwartet Hilfe von der Bevölkerung erfuhren. Frau Jung erreichte Neugablonz, wo sie 1950 ein Betriebsgebäude kaufte und wieder Knöpfe herstellte.

Zitiert nach:

www.dittert-online.de/neugablonz/zeuge4/htm

1 Nenne die Ursachen für die Vertreibung der Deutschen aus Gablonz (M2 und Autorentext).
2 Erika Steinbach, die Präsidentin des Bundes der Vertriebenen (BdV), bezeichnete die Eingliederung der Vertriebenen als einen „Riesenkraftakt". Erkläre diesen Satz am Beispiel von Neugablonz (M1 und M3). Beziehe auch die Seiten 78–81 mit ein.
3 Vielleicht gibt es auch in eurem Heimatort Flüchtlings- bzw. Vertriebenenschicksale, worüber ihr nachlesen und in der Klasse berichten könnt. Erkundigt euch.
4 Zu Mahnmalen und Gedenkstätten in Bayern erweist sich der folgende Link im Internet als hilfreich: http://www.bund-der-vertriebenen.de/pdf-mahnmal/bayern-3.pdf. Zu den Zielen des „Bundes für Vertriebene" kannst du unter http://www.bund-der-vertriebenen.de/index.php3 nachlesen.

Straßennamen erzählen Geschichte(n)

Spurensuche auf der Straße. Straßennamen dienen nicht nur der Orientierung, sie erzählen auch Geschichte. Ab dem Mittelalter erhielten Straßen oft die Namen von dort ansässigen Handwerksberufen oder dem dort stattfindenden Markt, erst im Laufe der Zeit wurden Straßen und Plätze nach Ereignissen oder historischen Personen benannt, die der Bevölkerung zeitüberdauernd im Gedächtnis bleiben sollen. So finden sich Straßennamen, die an berühmte Politiker, Wissenschaftler oder Künstler erinnern: Gebrüder-Grimm-Weg, Mozart-Straße, Johannes-Kepler-Straße, Martin-Luther-Platz. Auch an wichtige Persönlichkeiten der Lokalgeschichte wird durch die Benennung von Straßen erinnert.

M1 Straßenschild in München

Veränderte politische Situationen führten immer wieder zu Umbenennungen von Straßen. So wurden in vielen Städten während der Zeit des Nationalsozialismus die wichtigsten Straßen oder Plätze nach Adolf Hitler benannt. In Garmisch-Partenkirchen erhielten zwischen 1933 und 1945 beispielsweise folgende Straßen neue Namen: Der Rathausplatz wurde in Adolf-Hitler-Platz umbenannt, die Rathausstraße zur Hans-Schemm-Straße.

M2 Kaffeedose aus den 30er-Jahren
Aus dem Nürnberger Hauptmarkt wurde der Adolf-Hitler-Platz.

Straßennamen können also einerseits den politischen Geist der Zeit widerspiegeln, andererseits geben sie auch Auskunft über historische Veränderungen. So finden sich in vielen deutschen Städten Wohngebiete, die nach dem Zweiten Weltkrieg entstanden sind und deren Straßen überwiegend die Namen ehemals deutscher Städte tragen: Danziger-Straße, Karlsbader-Straße oder Breslauer-Straße.

M3 Straßenschild in Ansbach

Auf diese Weise erinnerte man an die frühere Heimat vieler Deutscher, die geflohen waren oder nach dem Krieg vertrieben wurden. Gleichzeitig sollte die Benennung der Straßen als Integrationsfaktor für die neuen Mitbürger dienen.

M4 Straßenschild in Nürnberg

Straßennamen in der Diskussion. In mehreren bayerischen Städten, darunter Nürnberg, Ansbach und Bayreuth, wurden Gebäude oder Straßen nach Hans Meiser, dem ehemaligen Landesbischof der evangelisch-lutherischen Kirche in Bayern (1933–1955) benannt, da er sich während der NS-Herrschaft mutig der geplanten Gleichschaltung der evangelischen Landeskirchen widersetzte. Dieser Protest gegen die Politik der Nationalsozialisten führte sogar dazu, dass er unter Hausarrest gestellt wurde. Andererseits ging Meiser viele fragwürdige Kompromisse mit dem nationalsozialistischen Regime ein, um die Eigenständigkeit der Landeskirche zu retten, und äußerte sich bereits 1926 in judenverachtender Weise. Aufgrund dieser Kompromissbereitschaft und seiner antisemitischen Haltung gilt er heute als umstritten und die Benennung von Straßen nach ihm ist fraglich.

Straßennamen erzählen Geschichten

NS-Zeit:

Adolf-Wagner-Straße

1890	in Algringen/Lothringen geboren
bis 1914	Bergbaustudium an der Technischen Hochschule in Aach
ab 1914	im Ersten Weltkrieg mehrfach verwundet und ausgezeich
1919-1929	Leiter verschiedener Bergwerke
1923	am Hitlerputsch beteiligt
1924	bayerischer Landtagsabgeordneter (NSDAP)
1928/29	Gauleitung der Opferpfalz und des Großraums München; wird einer der wichtigsten Gauleiter und innerparteiliche „Stützen" von Hitler
1933/36	bayerischer Innen- und Kultusminister, stellvertretender Ministerpräsident
1934	maßgeblich beteiligt am Röhmputsch
1939	Reichsverteidigungskommissar
1944	Tod. Hitler nimmt am Begräbnis teil. Wagner wird den Ehrentempeln am Münchner Königsplatz beigesetzt

Adolf Wagner
(1890-1944)

heute:

Schulgasse

● Landsberg
am Lech

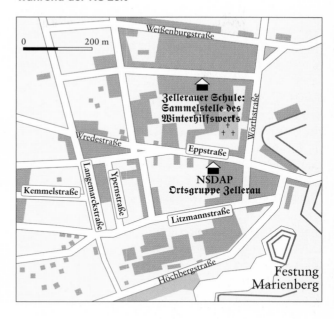

Folgende Straßennamen wurden geändert:

Kemmelstraße

Eppstraße

Langemarckstraße

Ypernstraße

Litzmannstraße

■ **GESCHICHTE AKTIV / KREATIV**
Projektidee: „Wir erforschen Straßennamen."

Sucht mithilfe eines Stadtplans und einer Stadtchronik nach Personen oder Ereignissen, die im Zusammenhang mit der Zeit der nationalsozialistischen Herrschaft oder der direkten Nachkriegszeit stehen.

Teilt die einzelnen Straßennamen untereinander auf und sucht in der Bibliothek und im Internet nach ausführlicheren Informationen. Bei Personen der Stadtgeschichte können euch Mitarbeiter des Stadtarchivs weiterhelfen.

Verfasst einen Text mit den wichtigsten Informationen über den Namenspatron der Straße und ergänzt diesen, wenn möglich, mir erläuternden Bildern.

Unternehmt einen Unterrichtsgang zu den einzelnen Straßen, deren Namen ihr erforscht habt, und macht von den Straßenschildern jeweils ein Foto.

Vergrößert mithilfe eines Overhead-Projektors einen Plan eurer Stadt und übertragt ihn auf geeignetes Papier (z. B. zusammengeklebte Tapetenrollen). Markiert gut sichtbar die Straßen, deren Namen ihr erforscht habt.

Entscheidet euch für eine Präsentationsform. Entweder ihr gestaltet zu jeder Straße ein anschauliches Plakat oder ihr verarbeitet eure Ergebnisse multimedial.

1 Informiert euch in eurem Heimatort oder in der nächstgrößeren Stadt über Straßennamen, die nach Städten in den ehemaligen deutschen Ostgebieten benannt sind. Schlagt im Atlas die Lage und den heutigen Namen dieser Städte nach.

2 Recherchiert im Internet, zu welchem Ergebnis die Diskussion um die Umbenennung von „Bischof-Meiser-Straße" gelangt ist.

3 Der Ausschnitt aus dem Straßenplan von Würzburg (M5) gibt einige Straßennamen zur NS-Zeit wieder. Finde heraus, welches Ereignis, welche Person mit der Nennung verbunden sind. Wie heißen die Straßen heute?

4 Macht Vorschläge für Straßennamen in einer Neubausiedlung. Argumentiert, weshalb ihr für die jeweilige Namensgebung seid.

Antisemitismus: auf einer pseudo-wissenschaftlich begründeten Lehre basierende rassistisch und sozial motivierte Judenfeindschaft; wendet sich gegen die politische und soziale Gleichstellung der jüdischen Bevölkerung; war ein zentraler Bestandteil der nationalsozialistischen Weltanschauung; die planmäßige Verfolgung der Juden gipfelte im millionenfachen Massenmord. ▶ Holocaust, ▶ Konzentrationslager, ▶ Novemberpogrom, ▶ Nürnberger Gesetze, ▶ Rassenlehre.

Autoritäre Regime (lat. auctoritas = Ansehen, Einfluss, Vollmacht): bei dieser Art von Regierung zählt nicht der Wille einer Mehrheit, sondern der eines Einzelnen oder einer Gruppe; anders als in einem ▶ totalitären Staat ist der Herrschaftsanspruch eines autoritären Regimes (oft auch unter dem Deckmantel einer Monarchie) insofern geringer, als es vom Staat noch unberührte – meist private – Bereiche gibt; Konflikte werden nicht offen ausgetragen, sondern durch Anordnungen beseitigt oder verdeckt; meist gibt es eine kleine, privilegierte Gesellschaftsschicht (z. B. Offiziere, Großgrundbesitzer, Parteifunktionäre).

Berlinblockade: Blockade Westberlins durch die Sowjetunion vom 24. Juni 1948 bis 12. Mai 1949; war eine Reaktion auf die ▶ Währungsreform in den Westzonen und den westlichen Sektoren Berlins und führte zur Versorgung Westberlins durch die westalliierte Luftbrücke.

Besatzungszonen: nach dem Zweiten Weltkrieg vorgenommene Aufteilung Deutschlands in vier Besatzungszonen, in denen die jeweilige Besatzungsmacht die staatliche Hoheitsgewalt ausübte; oberstes gemeinsames Organ zwischen 1945 und 1949 war der Alliierte Kontrollrat; er sollte Entscheidungen für Deutschland als Ganzes treffen und ein einheitliches Vorgehen in den Besatzungszonen gewährleisten.

Blockbildung: im Zusammenhang mit dem ▶ Kalten Krieg entstandene Bildung von einem von der Sowjetunion beherrschten Osten und einem von den USA beeinflussten Westen; zu den blockfreien Ländern gehören überwiegend Entwicklungsländer. ▶ Ostblock, ▶ NATO, ▶ Warschauer Pakt, ▶ Westintegration.

Containment-Politik (Eindämmungspolitik): Doktrin der amerikanischen Außenpolitik seit 1947; zielte auf Eindämmung der sowjetischen Expansion durch wirtschaftliche Unterstützung aller vom sowjeti-schen Einfluss gefährdeten Länder (▶ Marshallplan) und führte zum Aufbau militärischer Abwehrfronten in Westeuropa, Nahost, Asien und im Pazifik. ▶ NATO.

Deutsche Frage: Frage nach der deutschen Staatlichkeit; Problem nach dem Zweiten Weltkrieg, das Reichsgebiet von 1937, das auf verschiedene ▶ Besatzungszonen (1945–1949) bzw. in zwei Länder (ab 1949) aufgeteilt wurde, zu vereinen; Wiedervereinigungsgebot in der Präambel des Grundgesetzes (1949) verankert.

Deutsch-Französischer Freundschaftsvertrag: wurde am 22. Januar 1963 von Bundeskanzler Konrad Adenauer und vom französischen Staatspräsidenten Charles de Gaulle im Pariser Élysée-Palast unterzeichnet; sollte nach langer „Erbfeindschaft" und verlustreichen Kriegen den Weg zu einem friedlichen Nebeneinander ebnen; Vertrag verpflichtete beide Regierungen zu Beratungen bzw. Absprachen in allen wichtigen Fragen der Außen-, Sicherheits-, Jugend- und Kulturpolitik.

„Drittes Reich": Selbstbezeichnung des nationalsozialistischen Staates, der nach dem Heiligen Römischen Reich (962–1806) und dem Deutschen Reich (1871–1918) ein „drittes" Deutsches Reich darstellen wollte; heute wird damit auch die Zeit von 1933 bis 1945 beschrieben.

Eiserner Vorhang: in Anspielung auf den eisernen Vorhang im Theater geprägter Begriff; Bezeichnung für die Abschottung des ▶ Ostblocks gegen den Westen; eine hauptsächlich ideologisch unüberwindbare Grenze; insbesondere bezogen auf die Grenze zwischen der Bundesrepublik Deutschland und der DDR bzw. zwischen den kapitalistisch-marktwirtschaftlich orientierten Staaten des Westens und sozialistisch-planwirtschaftlichen Staaten Osteuropas.

Entkolonialisierung: Prozess der Beendigung der Kolonialherrschaft in den Staaten Asiens und Afrikas, vor allem nach 1945; die Entkolonialisierung erfolgte teilweise friedlich, teilweise durch gewaltsamen Widerstand der Kolonialvölker; sie ist noch nicht abgeschlossen, weil die von den Kolonialmächten geschaffenen politischen, wirtschaftlichen und kulturellen Strukturen in vielen Ländern größtenteils noch bestehen.

Entnazifizierung: im weitesten Sinn durch die ▸ Konferenz von Potsdam begründete Maßnahmen der Besatzungsmächte, NSDAP-Mitglieder aufgrund von Fragebögen und Prozessen zu bestrafen und aus verantwortlichen Stellungen fernzuhalten; die Hauptverantwortlichen wurden in Kriegsverbrecherprozessen abgeurteilt.

„Ermächtigungsgesetz" („Gesetz zur Behebung der Not von Volk und Reich" vom 23. März 1933): bildete die Grundlage zur Errichtung der NS-Diktatur; gab der Regierung unter dem Reichskanzler Adolf Hitler die Ermächtigung, ohne Zustimmung von Reichstag und Reichsrat sowie ohne Gegenzeichnung des Reichspräsidenten, Gesetze zu erlassen, die u. a. gegen die Weimarer Verfassung verstießen.

Europäische Einigung / Integration: schrittweise Übertragung staatlicher Hoheitsrechte auf gemeinsame überstaatliche Organisationen, die Angleichung der Wirtschafts- und Verteidigungspolitik und die Schaffung gemeinsamer politischer Strukturen mit dem Ziel einer politischen Union.

Faschismus: ursprüngliche Bezeichnung für das italienische Herrschaftssystem unter Mussolini; „fasces" (= Rutenbündel mit einem Beil) waren in der Antike Würdenzeichen der höchsten römischen Beamten; der Faschismus ist gekennzeichnet durch nationalistische, antidemokratische, antisozialistische und antikirchliche Einstellung; Partei und Staat waren nach dem ▸ Führerprinzip aufgebaut; der ▸ Nationalsozialismus bezeichnete sich nicht als „faschistisch", weil er eine deutsche und keine internationale Bewegung sein wollte; ab 1945 wurde im sozialistischen Machtbereich Osteuropas, insbesondere in der DDR, die NS-Diktatur sowie nachfolgend auch andere antikommunistische Bewegungen oder Parteien als „faschistisch" (= kapitalistisch) bezeichnet.

Flucht: s. Vertreibung

Führerprinzip (-staat): aus dem Militär übernommenes System von Befehl und Gehorsam von der Spitze nach unten; bedingungslose Treue zum „Führer" und seinen Befehlen; damit verbunden war auch der „Führerkult"; Prinzip steht im Gegensatz zur demokratischen Entscheidung und Mitbestimmung.

„Gleichschaltung": in Deutschland ab 1933 durchgeführte Vereinheitlichungen in den Bereichen Politik, Kultur und Soziales nach dem Willen der Nationalsozialisten durch Eingliederung in NS-Organisationen; diente der Kontrolle der Bevölkerung und der raschen Durchsetzung des NS-Gedankenguts. ▸ Führerprinzip, ▸ Führerstaat, ▸ totalitärer Staat.

Grundgesetz: vom Parlamentarischen Rat erarbeitete und am 23. Mai 1949 in Kraft getretene Verfassung für die Bundesrepublik Deutschland; der Name sollte den provisorischen Charakter unterstreichen; besondere Bedeutung haben aufgrund der Erfahrungen mit dem Nationalsozialismus die im Grundgesetz verankerten unveränderlichen Grundrechte.

Holocaust (griech. holos caustos = vollständige Verbrennung, Brandopfer), auch der Begriff „Shoah" (hebräisch = großes Unheil) wird verwendet: heutige Bezeichnung für die systematisch geplante Ermordung der europäischen Juden sowie der Sinti und Roma durch die Nationalsozialisten und ihrer Helfer während des Zweiten Weltkriegs; dem Holocaust fielen etwa sechs Millionen Juden und ungefähr 500000 Sinti und Roma aus allen Teilen des von den NS-Machthabern besetzten Europas zum Opfer.

Kalter Krieg: Bezeichnung für die machtpolitische, weltanschauliche sowie kulturelle Auseinandersetzung zwischen den Supermächten USA und Sowjetunion und den mit ihnen verbündeten Staaten zwischen 1948 und 1990; aufgrund des militärischen Gleichgewichts und der Vernichtungskraft moderner Waffen („Gleichgewicht des Schreckens") konnte trotz zahlreicher Krisen ein wirklich „heißer" Krieg verhindert werden. ▸ Ost-West-Konflikt, ▸ Stellvertreterkrieg.

Konferenz von Potsdam: vom 17. Juli bis zum 2. August 1945 dauerndes Treffen der Regierungschefs der Siegermächte USA, Sowjetunion und Großbritannien in Potsdam bei Berlin; anknüpfend an die Kriegskonferenzen in Teheran (1943) und Jalta (1945), verhandelten US-Präsident Truman, der sowjetische Diktator Stalin und der britische Premierminister Churchill (später Attlee) über das Schicksal des besiegten Deutschlands, wobei erste Meinungsverschiedenheiten zwischen den Westmächten und der Sowjetunion auftraten.

Konzentrations- (KZ) und Vernichtungslager: seit 1933; dienten dazu, politische Gegner ohne gesetzliche Grundlage einzusperren, sie zu misshandeln; oft kam es dabei zu Folter und Ermordung des Inhaftierten; zunehmend wurden auch Menschen jüdischer Abstammung sowie Sinti und Roma, Kriegsgefangene und andere den Nationalsozialisten Missliebige eingesperrt und millionenfach getötet, indem man ihre Arbeitskraft durch Zwangsarbeit systematisch ausbeutete; während des Zweiten Weltkriegs entstanden eigene Vernichtungslager, z. B. Auschwitz, wo eine fabrikmäßige Massentötung vorgenommen wurde. ▶ Holocaust.

„Kraft durch Freude" (KdF): Unterorganisation der „Deutschen Arbeitsfront" (DAF); sie bot zahlreiche kulturelle (u. a. Theater, Ausstellungen) und Freizeitaktivitäten an (Wochenend-, Ferienreisen zu vergleichsweise günstigen Preisen); besaß eine eigene Flotte und ein Seebad; ab 1938 konnten die Deutschen auf einen 1 000 Reichsmark teuren „KdF-Wagen" („Volkswagen") sparen; durch den Kriegsbeginn wurde nur die militärische Variante („Kübelwagen") hergestellt, die Sparer gingen leer aus.

Lebensraum/-politik: Versuch der Nationalsozialisten, die expansionistische Politik mit dem biologischen Prinzip des (Über-)Lebenskampfes zu rechtfertigen; lieferte den ideologischen Hintergrund für die Vertreibung und Ermordung der „rassisch unerwünschten" Bevölkerung der besetzten Ostgebiete, ihre „Germanisierung" und wirtschaftliche Ausbeutung; ▶ SS war Trägerin dieser Politik.

„Machtergreifung": Begriff wird in erster Linie mit dem Aufbau und der Festigung der nationalsozialistischen Herrschaft zwischen 1933 und 1934 verbunden; zu den einzelnen Stufen gehörten: Hitlers Ernennung zum Reichskanzler, die „Reichstagsbrandverordnung", das ▶ „Ermächtigungsgesetz" und die Gesetze zur Gleichschaltung des politischen, wirtschaftlichen und kulturellen Lebens; heutige Historiker sprechen von „Machtübertragung", weil sowohl Hitlers Ernennung zum Reichskanzler als auch das „Ermächtigungsgesetz" von bürgerlichen Parteien mitgetragen wurde.

Marshallplan (European Recovery Program = ERP): auf Anregung des amerikanischen Außenministers George Marshall 1947 entwickeltes Programm zum Wiederaufbau Europas; die westlichen Länder erhielten u. a. Rohstoffe, Maschinen und Nahrungsmittel; Kredite wurden gewährt; Amerika wollte damit auch erreichen, dass ein starkes Europa den kommunistischen Einfluss abwehren sollte ▶ Containment-Politik; die Sowjetunion verhinderte eine Einbeziehung der osteuropäischen Staaten und schuf im Gegenzug den Rat für gegenseitige Wirtschaftshilfe (RGW).

Münchner Abkommen: wurde am 29. September 1938 von den Regierungschefs Großbritanniens, Frankreichs, Italiens und Deutschlands in München unterzeichnet; damit gaben sie ihre Zustimmung zum Anschluss des Sudetenlandes an das Deutsche Reich, dessen Bevölkerung überwiegend deutschsprachig war und den Anschluss mehrheitlich wünschte; Großbritannien und Frankreich sahen diesen Beschluss als notwendige Maßnahme, um einen Krieg zu verhindern (Appeasement-Politik) und garantierten dafür den Fortbestand des tschechoslowakischen Reststaates; die Vertreter der Tschechoslowakei durften an dieser Konferenz nicht teilnehmen.

Nahostkonflikt: Konflikt zwischen Israel und den angrenzenden arabischen Staaten, in dessen Verlauf sich sowohl die USA als auch die UdSSR engagierten.

Nationalsozialismus: politische Bewegung in Deutschland, organisiert in der 1919 gegründeten Nationalsozialistischen Deutschen Arbeiterpartei (NSDAP) mit Adolf Hitler an der Spitze, die Deutschland in der Zeit von 1933 bis 1945 diktatorisch regierte; vertrat eine nationalistisch-aggressive Außenpolitik verbunden mit der Gleichschaltung des Staates auf allen Gebieten. ▶ Führerstaat, ▶ Gleichschaltung, ▶ Lebensraumpolitik.

NATO (North Atlantic Treaty Organization): westliches Verteidigungsbündnis, 1949 gegründet vor dem Hintergrund der amerikanischen Eindämmungspolitik gegenüber der Sowjetunion ▶ Containment-Politik; die Bundesrepublik Deutschland wurde am 9. Mai 1955 Mitglied ▶ Westintegration; das Bündnis trug während des ▶ Ost-West-Konflikts entscheidend zur Stabilität Westeuropas bei.

Nord-Süd-Konflikt: Konflikt wegen der ungerechten Einkommensverteilung zwischen den meist im Norden liegenden Industrieländern und den auf der südlichen Erdhalbkugel gelegenen Entwicklungsländern; vonseiten der Entwicklungsländer wird der Vorwurf erhoben, die Industrieländer nutzten ihre wirtschaftliche Macht, um die Abhängigkeit der Entwicklungsländer von ihnen zu festigen bzw. billige Preise und Löhne zu ihren Gunsten auszunutzen.

Notverordnungen: der Reichspräsident konnte Notverordnungen aufgrund von Artikel 48 der Weimarer Verfassung bei Gefährdung der „öffentlichen Sicherheit und Ordnung" und zur Wiederherstellung derselben erlassen; zudem durfte er die Grundrechte zeitweise ganz oder zum Teil außer Kraft setzen, ohne dass die Mehrheit im Reichstag zustimmen musste. ▶ Ermächtigungsgesetz, ▶ Präsidialkabinette.

Novemberpogrom: fand am 9./10. November 1938 statt; einer der ersten Höhepunkte des nationalsozialistischen Terrors gegen die Juden; in der NS-Propaganda auch als „Reichskristallnacht" bekannt; von den Nationalsozialisten als spontane Reaktion der Bevölkerung nach dem Attentat auf den deutschen Botschaftssekretär in Paris dargestellt, in Wirklichkeit aber von Propagandaminister Goebbels initiiert und vor allem von der SA ausgeführt; es kam dabei zur Zerstörung von Gotteshäusern und jüdischen Geschäften; viele Juden wurden ermordet oder in ▶ Konzentrationslager eingeliefert.

„Nürnberger Gesetze": Umsetzung der NS-Rassenlehre als Gesetze; in Nürnberg 1935 vollzogen; dabei wurde unterschieden zwischen Reichsbürgern mit politischen Rechten und Staatsangehörigen, wie den deutschen Juden, denen diese Rechte aberkannt wurden („Staatsangehörige minderen Rechts"); jeder Deutsche musste einen „Ariernachweis" erbringen, d. h. belegen, dass sich unter seinen Vorfahren keine Juden befanden.

Ostblock: Bezeichnung für die meist osteuropäischen Staaten unter der Führung der UdSSR von 1947 bis 1989; kennzeichnend war eine einheitliche Politik, die sich auf die Führungsrolle der jeweiligen kommunistischen Partei gründete.

Ost-West-Konflikt: entstand durch den ideologischen Gegensatz zwischen dem demokratisch regierten Westen und dem kommunistischen Ostblock; diesem begegneten die Westmächte mit der ▶ Containment-Politik und massiver wirtschaftlicher Hilfe ▶ Marshallplan; der Konflikt hatte die Spaltung Europas und die Bildung zweier deutscher Staaten zur Folge. ▶ Kalter Krieg.

Planwirtschaft: im Gegensatz zur ▶ sozialen Marktwirtschaft zentral organisierte Lenkung und Kontrolle der Wirtschaft durch den Staat, die Eigeninitiative und freien Wettbewerb mit im Voraus festgelegten Sollplänen verhindert.

Präsidialkabinette: deutsche Regierungen 1930–1933; waren nur vom Vertrauen des Reichspräsidenten abhängig; fand ein Gesetz nicht die Zustimmung der Reichstagsmehrheit, konnte der Reichspräsident den Reichstag auflösen; Gesetze wurden dann von dem jeweiligen Präsidialkabinett mit Gegenzeichnung des Reichspräsidenten als ▶ Notverordnung erlassen; die weitgehende Ausschaltung des Parlaments leitete das Ende der Weimarer Republik ein.

SED(-Staat/-diktatur): die „Sozialistische Einheitspartei Deutschlands" kontrollierte Staat und Gesellschaft der DDR; der Generalsekretär der SED besaß ein absolutes Weisungs- und Kontrollrecht gegenüber allen Organen und Institutionen und war dadurch der eigentliche Machthaber des Staates.

Soziale Marktwirtschaft: Wirtschaftsordnung der Bundesrepublik, die wirtschaftlich freies Handeln mit sozialer Gerechtigkeit verbindet; dabei schafft der Staat den Rahmen für individuelles Handeln und geordneten Wettbewerb, sorgt auch für gerechte Einkommens- und Vermögensverteilung und soziale Sicherheit; diese Wirtschaftsform wurde zur Grundlage des Wirtschaftsaufstiegs in der Bundesrepublik in den 50er-Jahren.

Shoah: siehe ▶ Holocaust

SS (= Schutzstaffel): paramilitärische Einheiten als Gegenpol zur Wehrmacht; wichtigstes Machtinstrument Hitlers; zunächst Leibwache Hitlers, wurde die SS unter dem Reichsführer Heinrich Himmler zum Instrument der Durchführung des NS-Terrors (u. a. zuständig für die ▶ Konzentrationslager); die Waffen-SS war als Konkurrenz zur Wehrmacht geschaffen worden; war für eine Vielzahl von Kriegsverbrechen vor allem in den besetzten sowjetischen Gebieten verantwortlich. ▶ Lebensraumpolitik.

Stalinismus: bezeichnet ein diktatorisches und bürokratisches System in sozialistisch-kommunistischen Parteien und Staaten, wie es erstmals unter Stalin praktiziert wurde; Durchsetzung der Politik (z. B. Zwangskollektivierung) mit Terrormaßnahmen; führte zum Tod von Millionen Menschen; auch nach Stalins Tod wurde dieses System beibehalten, es endete erst 1956 (Beginn der Phase der Entstalinisierung).

Stellvertreterkrieg: Konflikt während des ▸ Kalten Kriegs – von den beiden Supermächten, den USA und der UdSSR unterstützt, aber auch unter Kontrolle gehalten – der zwischen zwei kleineren Mächten ausgetragen wurde, z. B. Koreakrieg.

Totaler Krieg: Ausrichtung des öffentlichen Lebens, der Arbeitskraft der Bevölkerung und aller wirtschaftlichen Mittel auf die Kriegsführung eines Landes; wurde von Propagandaminister Goebbels nach der Kapitulation der 6. deutschen Armee in Stalingrad Anfang 1943 propagandistisch verkündet (Berliner Sportpalastrede) und zu Lasten der schon schwer betroffenen deutschen Bevölkerung umgesetzt.

Totalitarismus / totalitärer Staat: eine totalitäre Herrschaft hebt die Trennung von Staat und Gesellschaft auf; staatliches Handeln greift in alle Bereiche des öffentlichen und privaten Lebens; eine Ideologie benennt die Ziele des Staates, denen sich alle Individuen unterordnen müssen; eine Einheitspartei kontrolliert sämtliche Lebensbereiche, lenkt die Wirtschaft zentral; jeglicher Widerstand wird gewaltsam unterdrückt. ▸ Autoritäre Regime, ▸ Faschismus, ▸ Nationalsozialismus.

UNO (United Nations Organization): wurde 1945 mit (Haupt-)Sitz in New York mit dem Ziel gegründet, Frieden zu schaffen und zu erhalten sowie die Menschenrechte zu sichern; an der Spitze steht der Generalsekretär; wichtige Organe sind der Sicherheitsrat und die Vollversammlung; bekannte UN-Organisationen: Flüchtlingshilfswerk UNHCR und das Kinderhilfswerk UNICEF; die Missionen der Blauhelmsoldaten dienen zur Friedensicherung in Krisengebieten; heute sind 192 Länder Mitglied der UNO.

Vertreibung: Festlegung von den alliierten Siegermächten auf der ▸ Konferenz von Potsdam 1945, dass Deutschland die Provinzen Schlesien, Pommern und Ostpreußen teils an den wieder entstandenen Staat Polen und teils an die Sowjetunion abzutreten habe; eine Folge war die systematische Vertreibung der deutschen Bevölkerung aus allen ostmitteleuropäischen Staaten, die laut Abkommen „ordnungsgemäß und human" ablaufen sollte; etwa vierzehn Millionen deutsche Flüchtlinge und Vertriebene sollen ihre Heimat und auf der Flucht über zwei Millionen ihr Leben verloren haben.

Völkerbund: auf Vorschlag von US-Präsident Wilson 1920 in Genf gegründeter Bund von Nationen, um gemeinsam Konflikte zu lösen und den Frieden zu sichern; Vorläufer der ▸ UNO; Deutschland war von 1926 bis 1933 Mitglied.

Währungsreform (1948): zur Stabilisierung der schwachen Reichsmark wurde am 21. Juni 1948 in der westlichen Zone die Deutsche Mark (DM) eingeführt; jede Person erhielt sofort 40,- DM; Schulden wurden umgerechnet mit dem Kurs 10 Reichsmark (RM) zu 1 DM (10:1); Löhne und Mieten 1:1; Bargeld wurde zum Kurs 100 Reichsmark zu 6,50 DM umgetauscht; die Währungsreform verstärkte den bereits bestehenden Konflikt zwischen der UdSSR und den Westmächten; wurde einer der Auslöser für die ▸ Berlinblockade.

Warschauer Pakt: Gegengewicht zur ▸ NATO; von acht osteuropäischen Staaten und der Sowjetunion 1955 geschlossener „Vertrag über Freundschaft, Zusammenarbeit und gegenseitigen Beistand"; sowjetische Militärs standen an der Spitze; nach dem Zerfall des ▸ Ostblocks löste sich der Warschauer Pakt 1991 auf.

Weltwirtschaftskrise: wurde durch den dramatischen Kurseinbruch der New Yorker Börse am 25. Oktober 1929 ausgelöst; aufgrund der starken finanziellen Verflechtungen der USA mit Europa kam es zu einer weltweiten Wirtschaftskrise; Deutschland als einer der wichtigsten Schuldner der USA war besonders stark betroffen.

Westintegration: wirtschaftliche und politische Einbindung der Bundesrepublik in das westliche Bündnis, die u. a. mit dem Beitritt zur ▸ NATO 1955 vollzogen wurde; die Westintegration der Bundesrepublik war auch eine wichtige Etappe auf dem Weg zur ▸ europäischen Einigung.

Widerstand: in der NS-Zeit gab es unterschiedliche Reaktionen auf die totalitäre Herrschaft der Nationalsozialisten, beginnend mit passiver Ablehnung bis hin zu aktivem Widerstand in Form von Attentaten, wie die von Georg Elser oder der Gruppe um Oberst Graf Schenk von Stauffenberg; in den besetzten Gebieten kam es zu Partisanenbewegungen, die von den Militärs unerbittlich bekämpft wurden.

Die fett gedruckten Wörter gehören zum Grundwissen.

Agentur Karl Höffkes: S. 10/11 – Akg-images: S. 3.1, 4.1, 5.3, 11.1, 17.3, 34.1 (MARCO), 35.3, 80.1, 127.3, 133.6, 139.4, 154.1, 160.2 – Anthony Verlag, Beuerberg: S. 61 – AP Images: 145.4 – Archiv für Philatelie, Bonn: S. 120.1 – Artothek, Weilheim: S. 3.3 – Audi Archiv: S. 118.1 – Audi Media Services: S. 119.4 – August Horch Museum Zwickau GmbH: S. 119.5 – Axel-Springer Verlag/Infopool: S. 100 – Bayer. Staatsbibliothek München: S. 10.1, 25.4 – Behrend/CCC, www.C5.net: S. 143.2 – Bildarchiv Preussischer Kulturbesitz: S. 3.2, 4.2+3, 5.2, 6.3+4 (Hoffmann), 7.1, 19.1 (Hoffmann), 29.4, 46.1 (Kunstbibliothek SMB/Knud Petersen), 52.1 re. (Kunstbibliothek SMB), 77.3 (Mark Redkin), 83.5, 102.1, 116.1 (H. Hubmann), 121.3+4 (J. Moll) – Bridgman: S. 5.1 – bsv-Archiv: S. 6.6 – Bundesarchiv Koblenz: S. 7.4, 29.3 (Plak. 003-002-046), 36.1 (102-035 91A), 47.5 (101I-289-1091-26), 87.2a, 89.4 oben, 127.2 – Cinetext/Constantin: S. 68.2, Cinetext/RR: S. 69.3 – CIRIP/Alain Gesgon: S. 135 re., 136.1 – DHM, Berlin: S. 6.2, 10.2, 21.5, 46.1, 47.2, 52.1 li., 84.1, 111.4, 122.1, 126.1, 132.3, 141.2 – Die Neue Sammlung/Staatliches Museum für angewandte Kunst/Design in der Pinakothek der Moderne, München: S. 96.1 – Dittert Peter, Kaufbeuren: S. 156.3, 164.1+2, 165 – Dokumentationszentrum Reichsparteitagsgelände, Nürnberg: S. 32.2 – 360-Berlin/Jens Knappe: S. 134 u. – EPD Bayern, Foto: Fechter: S. 166.4 – Erich Schmidt Verlag: S. 28.1 – Ernst Barlach Lizenzverwaltung, Ratzeburg: S. 35.4 – Friedrich Florian, München: S. 166.1 – Getty Images/Hulton Archive: S. 146.1 – Ghetto Fighters House/Photo Archives, Western Galilee: S. 54.1 – Globus Infografik: S. 148.1, 149.4 – Halbritter/CCC, www.C5.net: S. 38.2 – Harper + Row Publishers, New York: S. 132.2 – Haus der Bayerischen Geschichte, Augsburg: S. 166.2 – Haus der Geschichte, Bonn/Mirko Szewczuk: S. 99.2, 115.2+3 – Haus der Geschichte, Bonn: S. 133.5 – Hessisches Landesmuseum Darmstadt: S. 6.1, 20.1 Historisches Archiv der Stadt Köln: S. 77.4 – Institut für Zeitungsforschung, Dortmund: S. 138.1 – Interfoto: 31 (Archiv Friedrich), 33.4 (Mary Evans), 53.5 (Karger-Decker), 87.2b, 109.5 (Archiv Friedrich), 128.1 (Rauch) – Jechnerer Dorina, Ansbach: S. 62.1, 166.3 – Jüdisches Museum Berlin: S. 40.1 – Jürgens Ost- und Europafoto: S. 120.2, 129.3 – Keystone: S. 17.2, 22.2 li. (Topham Picture Point), 75.3. 110.1, 117.4, 156.1, 158.1, 159.3 – Konrad-Adenauer-Stiftung, Bonn: S. 73, 74, 116.2 – Landesarchiv Berlin: S. 7.5 (H. Siegmann), 88.2, 124.2 (H. Siegmann) – Ludwig Forum für Internationale Kunst, Aachen/Foto: Anne Gold: S. 103 – Marcks Marie: S. 155.3 – Nolde Stiftung, Seebüll/Foto: bpk/Nationalgalerie, Freunde der Nationalgalerie, SMB, Jörg P. Anders: S. 35.5 – Photothek.net/Grabowsky: S. 163.5 – Picture Alliance/dpa: S. 7.3, 32.1, 58.1 (akg), 70.3, 75.2, 85.3 (akg), 95 (akg), 118.3, 119.6, 130.2, 142.1, 157 o., 161.3, 161.4 (akg), 163.3 – Picture Press, Hamburg: S. 11.2, 34.2 – Presse- und Informationsamt der Bundesregierung, Bonn: S. 90.1, 162.1 – Punch Library, London: S. 141.4 – Ritter Christian/www.p50.de: S. 118.2 – Schürer Hans, München: S. 76.1, 77.5 – Schuhbauer-von Jena, Stefan A., Planegg: S. 65 – Stadtarchiv Ansbach: S. 62.2 – Stadtarchiv München: S. 26.1 – Stadtarchiv Nürnberg: S. 41.3 (A 3975/N) – Stadtmuseum München: S. 87.2d (Inv.Nr. (D) 14.2/2), 93.5 (Inv.Nr. A (D) 14.10) – Stiftung Denkmal für die ermordeten Juden Europas. Panoramaansicht, Mai 2005, Foto: Boris Mehl: S. 56.1 – SV-Bilderdienst: S. 6.5, 16.1, 22.2 re., 27.2, 38.1, 39.5, 53.3, 67.6, 72/73, 78.1, 82.1, 92.1 li., 93.3, 106.2, 134 o., 140.1 (dpa), 144.1 – Ullstein: S. 7.2, 19.2 (Archiv Gerstenberg), 30.1 (Archiv Gerstenberg), 30.2, 33.3 (Archiv Gerstenberg), 44.1 (Archiv Gerstenberg), 50.1, 51.4, 53.4, 59.3 (Borgas), 60.2, 66.1 +2, 68.1, 76.2 (dpa), 92.1 re. (dpa), 94.2, 101, 108.1 (arrow), 112.1 (BPA), 114.1, 123.2, 125.3 (Auer), 129.2, 151.6 (dpa), 152.1 (Mendrea), 154.2, 158.2 (Wulf Reimer), 159.5 (C.T.), 160.1, 161.5 (Röhrbein) – Visum/Silke Reents: S. 71, 156.2 + 163.4 (J.A. Fischer) – Westfälisches Wirtschaftsarchiv, Dortmund: S. 130.1 – Wirtz Peter, Dormagen: S. 63 – www.kdvr.de: S. 107.4 – www.wir-in-berlin.de: S. 91 (Foto: Landesarchiv Berlin) – Zapiro/"Sowetan" 1998: S. 149.3 – VG Bild-Kunst, Bonn 2007: S. 139.4.

Aus: A. Weidenmann, Jungzug 2. Fünfzig Jungen im Dienst, Stuttgart 1936: S. 37.2

Umschlagvorderseite: Getty Images/AFP, Landesarchiv/H. Siegmann, Ullstein/AP.
Umschlagrückseite: akg images, DHM Berlin, A1 Pix/SGM.